KB194088

가려뽑은 법화경 명구

The Selected Phrases
of Saddharmapuṇḍarīka-Sūtra
© 2013 by Kim, Se Wun
Printed in Middlehouse Publisher & Design

가려뽑은 법화경 명구

진리·생명·실천의 연꽃

탄경 세운誕耿世運

미들하우스

머 리 말

　불교를 올바로 이해하기 위해서는 무엇보다 경전을 읽어야 한다는 말을 합니다만, 경전을 읽는다는 것 자체가 일반인에게는 말처럼 그리 쉬운 일이 아닙니다.

　물론 『법구경法句經』이나 『현우경賢愚經』처럼 전하는 내용이 비교적 간단한 시구거나 인과응보와 권선징악의 가벼운 가르침을 설하는 경전도 있어, 많은 이들이 쉽게 찾아볼 수 있는 것도 많습니다. 그러나 『아함경阿含經』이나 『반야경般若經』 등 조금 더 교학적인 이해를 필요로 하는 경전들은 그 안에 담겨진 사상만큼이나 등장하는 용어에서부터 인명과 지명, 고대인도의 신화나 비유담 등 일정 정도의 기초지식이 없으면 그 내용을 올바로 이해하기에 어려움이 너무도 많습니다.

　특히 불교의 최고 경전이라 일컬어지는 「법화경法華經」이나 『열반경涅槃經』 『화엄경華嚴經』에 이르러서는 더더욱 그렇습니다. 교학사적인 측면에서는 석가모니부처님 당대의 가르침이었다고 하는 『아함경』의 가르침을 기초로 하면서도 대승불교를 통해 나타난 『반야경』의 사상들을 포함하며 한층 더 발전된 교리를 담고 있기 때문이기도 하고, 기술의 측면에서는 완벽한 부처님의 위신력과 덕화를 표현하고자 한 고대 인도인들의 의미 깊은 암시와 비유들이 자주 등장하기 때문입니다.

　예로부터 우리 민족은 중국인들을 가리켜 허풍이 센 사람들이라고 해왔습니다만, 인도인들의 상상력도 그보다 더하면 더했지 결코 뒤지지 않는 민족이었습니다. 예를 들면 아주 오랜 세월을 표현하기 위해 겁劫이라는 시간 단위가 쓰이는데, 가로 세로와 높이가 각각 1유순由旬, 즉 12km 정도에 이르는 커다란 성에 가득 찬 겨자씨를 천인天人이 백년에 한 알씩 가져가 그것이 다 없어지는 시간이라고 합니다. 다른 예로는 사방 40리에 이르는 암석을 백년에 한번씩 하늘옷을 입은 천녀天女가 스치고 지나가 그것이 다 닳아 없어질 때까지가 1소겁小劫이고, 사방 80리의 돌이 닳아 없어지는 것이 1중겁中劫, 사방 8백리의 돌이 닳아 없어지는 것이 1대겁大劫이라고 합니다. 또 아주 많은 수를 표현하기 위해 항하사恒河沙, 즉 갠지스 강의 모래알을 이야기하는데, 경전에서는 한술 더 떠서 갠지스 강의 모래알 수만큼의 갠지스 강이 있어 그 모든 갠지스 강들의 모래알 수를 이야기합니다. 또한 진리를 만나는 환희의 순간은 하늘에서 온갖 꽃비가 쏟아지고 갖가지 기악이 울려퍼지는 가운데 천지가 동서남북과 위아래의 여섯 방향으로 진동한다는 식의 표현도 자주 등장합니다.

이런 문화적 상상력은 오늘날 법당의 후불탱화에서도 찾아볼 수 있습니다. 가운데 커다란 주불主佛을 중심으로 그 주변에 각기 크고 작게 표현된 보살과 불제자들, 그리고 천天·용龍·야차夜叉와 같은 신화적인 존재들은 그 크기만큼의 존재감을 표상한 것입니다. 말하자면 경전을 읽는 데도 경전이 이야기하려는 정확한 의도를 파악할 수 있는 또 다른 통찰력이 필요한데, 같은 예를 경전에 등장하는 무수한 불보살의 명호名號에서도 찾아볼 수 있습니다. 각각의 불보살佛菩薩이나 불보살이 계시는 불국토佛國土의 이름 등은 나름대로 불교가 지향하는 가치관을 담고 있어 그 명호나 이름만으로도 부처님의 가르침이 그리는 세계를 짐작해볼 수 있습니다.

본서는 천태종의 소의경전인 『법화경』을 일반인의 시각에서 쉽게 접근할 수 있도록 대표적인 문구들을 가려뽑고 해설을 덧붙여 전체적인 내용전개에서 벗어나지 않으며 경전의 주요 가르침을 일독할 수 있도록 기획되었습니다. 때문에 본문에 앞서 「법화경을 읽기 위하여」라는 개괄적인 해설의 글을 실었는데, 이것은 초기불교에서부터 대승불교의 흥기 등을 통해 『법화경』이 등장하게 된 배경과 그 주요사상을 개관한 것으로서, 불교사상에 대한 이해가 다소 부족하다고 느끼는 분들은 반드시 먼저 읽고 나서 본문을 읽어주시기 바랍니다.

　본래『법화경』은 고대 인도인들의 취향에 따라 만들어진 일대 서사시의 성격이 강하기 때문에 오늘날 현대인들의 눈에는 장대하고 찬란하게 서술하려 한 의도가 지나쳐 일견 황망하기도 하고 반복이 많아 지루하기도 합니다만, 본서를 통해서는 불교사상의 백미라고 할 수 있는 경전의 가르침을 경쾌하게 읽어나갈 수 있으리라 기대합니다.

　또한 본서를 기획하게 된 또 다른 이유가 있습니다. 저 나름대로 나이가 들어가면서 새삼 주위 모든 분들의 인연因緣에 감사하는 심경을 전하고 싶어서입니다. 저를 낳고 길러주신 부모님은 물론이고 부처님 법의 인연으로 이끌어주신 은사님의 은혜를 어찌 말로 다할 수 있겠습니까. 이 자리를 빌어 선망부모님의 극락왕생을 간절히 빌어봅니다. 아울러 때로는 출가수행자로 살아가면서, 때로는 종단의 중차대한 소임을 감당하면서 많은 이들의 도움이 저를 지탱하게 해주셨습니다.『법화경』에서도 '부처님은 오탁五濁의 악세惡世에 출현하신다'고 했습니다만, 이 어지럽고 힘든 세상을 살아가는 데 도반道伴의 공덕功德만한 것이 다시 없음을 깨닫고 깊이 머리 숙여 감사드립니다.

　아무쪼록 이 책을 통해 많은 이들이『법화경』을 올바로 이해하는 데 도움이 되기를 바라며, 혹시 본서에 미진한 부분이 있으면 그것은『법화경』의 흠결이 아니라 필자의 부족함을 밝혀둡니다. 부디 많은 이들이『법화경』에서 크게 강조하고 있는 보살행의 실천에 눈떠 용맹정진하는 여래의 사도가 되시기를 부처님 전에 기원합니다.

2013. 2. 15.

탄경 세운誕耺世運 합장

목 차

서장 법화경을 읽기 위하여

석가모니 당시의 인도사회와 사상동향

1. 정통 바라문교의 사상

'사캬sakya 족 출신의 성자'라는 뜻인 석가모니釋迦牟尼는 인류 역사상 유례가 없을 정도로 그 어떤 절대적인 신이나 신의 계시 따위에 의존하지 않고 스스로의 수행과 깨달음을 통해 불교라는 종교를 창시한 실존인물이다.

그가 태어난 기원전 6세기 무렵의 인도 북부지방은 인도아리안 족의 종교인 바라문교婆羅門敎가 전통종교로서 압도적인 우세를 점한 가운데 사문沙門이라 불리는 혁신사상가들이 나타나 각기 바라문교의 교의에 반기를 들고 자신들의 가르침을 펴고 있었다. 애초 석가모니도 그와 같은 사문의 한 사람으로 취급되고 있었는데, 이제 석가모니의 가르침을 보다 잘 이해하기 위해 당시 정통의 바라문교 사상과 불교에서 육사외도六師外道라고 부르는 다른 혁신계 사문들의 사상을 먼저 살펴볼 필요가 있다.

인도는 세계에서 가장 먼저 문명이 발생한 나라로서, B.C. 2500년 무렵 인더스 강 유역에 정연한 계획에 따라 세워진 도시문명이 형성되었다. 이 문명은 약 1,000년에 걸쳐 영화를 누렸는데, 최종적으로 북서쪽에서 이주해 들어와 펀잡 지방을 점거한 유럽계인 아리아인들에게 멸망되었다. 아리아인은 도시문명의 선주민보다 문화적으로 뒤졌기 때문에 도시문명의 대부분은 계승되지 않고 잊혀졌는데, 그 대신 아리아인들에 의해 구축된 것이 바라문교와 그에 입각한 사회체제였다. 바라문교는 B.C. 1500년부터 성립되기 시작한 것으로 여겨지는 『리그 베다Ṛg-veda』에 그 기원을 두고 있는데, 초기에는 그저 자연현상이나 추상적 관념들을 신으로 모시며 신에 대한 찬미 등 의례를 담고 있는 것이 베다의 내용이었다. 그런 전통은 자연스럽게 신에게 제사를 지내는 사제야말로 신의 의지를 좌우할 수 있다 여겨지며 세계를 창조한 창조신인 브라흐만梵의 혈통을 잇고 있다는 사제계급인 브라흐마나婆羅門를 정점으로 왕족이나 전사계급인 크샤트리야刹帝利, 서민인 바이샤吠舍, 노예인 슈드라首陀羅의 사성四姓 제도를 정착시켰다. 그들에 의하면 브라흐마나는 브라흐만 신의 입에서 태어났고, 크샤트리야는 옆구리, 바이샤는 생식기 및 슈드라는 발바닥에서 태어났다고 한다. 그리고 인간이나 동물은 죽으면 그 업業에 따라 다른 몸을 지니고 다시 태어난다는 윤회전생輪廻轉生을 굳게 믿었는데, 바라문교에서 이야기하는 업이란 평생 자신의 신분에 따른 도리를 충실히 수행하는 것으로 앞의 계급제도와 깊이 관련된 것이었다.

한편 바라문교에 의거하면서도 브라흐마나 계급 사이에 올바른 제의의 방식이나 세계의 창조와 구성 등에 대한 철학적 모색이 암암리에 꾸준히 이어졌는데, 『우파니샤드Upaniṣad』 문헌이 나타나는 B.C. 800~600년의 시기에는 우주의 발생에 대해 다음과 같이 설명하기에 이른다. 태초에 유일한 존재tad ekam sat가 욕심을 일으켜 지地·수水·화火·풍風의 사대四大라는 요소를 발생시키고 그것이 화합하여 각종의 복합물이 만들어지는데, 다시 그 속으로 그 존재가 명아命我의 상태로 들어가 관념과 물질名色이 되고 일체一切가 형성되었다는 것이다. 따라서 아트만ātman이라 부르는 인간의 자아와 우주의 근원이라 할 수 있는 창조신 브라흐만이 본질적으로 동일하다고 주장하며, 그런 앎을 중요시하였다. 다시 말해 창조신이자 세계의 원리라 할 수 있는 브라흐만이 곧 아트만과 같다는 범아일여梵我一如의 지혜에 의해 선정禪定을 닦음으로써 인간은 괴로운 생사生死의 윤회로부터 해탈解脫할 수 있다고 가르친 것이다. 이렇게 해서 브라흐만과 아트만, 업과 해탈이 바라문교의 중심적인 논제가 되었는데, 불교가 일어날 무렵의 바라문교 사상은 이 정도 수준에 이르고 있었다. 이런 바라문교의 사상은 하나가 전변轉變하여 많은 것이 되었고 다시 그 하나가 많은 것 속으로 들어가 본질이 되었다는 입장에서 전변설轉變說이라고 부르고, 하나의 원인 속에 이미 많은 결과가 존재한다는 뜻에서 인중유과론因中有果論이라고도 부른다. 아무튼 수행의 입장에서 바라문교는 고요한 숲속에 들어가 선정yoga을 닦으며 명상하는 수정주의修定主義를 채택하고 있었다.

2. 혁신계 사문들의 사상

한편 사회가 발달하며 왕족이나 상공인 계급의 실력이 크게 증장되면서 인도에서는 정통 바라문교에 대한 반발이 빈번하게 일어나게 되었는데, 석가모니 당시의 육사외도가 그들의 지원을 받으면서 등장한 혁신사상가 중의 대표적인 인물이었다. 그들은 바라문교의 사상에 반대해 대체로 우주의 궁극적인 실재를 물질적인 요소로 보고, 그 요소들이 모여서 자연과 인간의 모든 것을 성립시켰다는 생각을 가지고 있었다. 이러한 사상을 바라문교의 전변설에 대비해 적취설積聚說이라고 하며, 수행에 있어서도 고행苦行에 의존하는 경우가 많았다.

그러나 그들은 바라문교의 사상에 반발하고 있다는 점만이 공통점일 뿐 각자의 사상은 대단히 다양했다고 할 수 있다. 예를 들어 당시 가장 큰 세력을 지녔었다고 추정되는 순세파順世派의 경우 세상은 물질적 요소로만 구성되어 있어 죽으면 그것으로 끝이라는 단멸론斷滅論을 주장하고 있었다. 따라서 살아있을 때의 쾌락만이 유일한 가치라고 생각하고 있었다. 또 불교경전에 간혹 등장하는 사명외도邪命外道들은 다른 물질적인 요소들과 더불어 삶과 죽음도 일종의 불변의 요소라고 생각했다. 말하자면 생사윤회도 아무런 원인과 조건이 없는 것이며 해탈도 또한 그렇다는 것이다. 따라서 인간의 의지란 무력하기만 한 것일 뿐 사람의 운명은 우리도 모르는 사이에 이미 결정되어 있다는 숙명론宿命論을 펴고 있었다. 이외에도 선이나 악은 인간이 멋대로 정해놓은 것일 뿐 진실에서는 존재하지 않는 것이라는 도덕부정론道德否定論도 있었고, 인간이 진리를 있는 그대로 인식하는 것은 불가능하다는 불가지론不可知論도 있었다.

그리고 오늘날에도 인도에 존속하고 있는 종교인 자이나교의 창시자 니간타 나타풋타도 육사외도의 한 사람으로 등장하는데, 그는 영혼이 물질의 업에 속박되어 있어 현실과 같은 비참한 상태에 빠져 있다고 했다. 그래서 해탈을 위해서는 새로운 업의 유입을 막고 영혼을 정화하는 방법으로 육체에 고통을 주는 고행을 강조했다. 오늘날에도 자이나교의 수행자는 모든 욕망을 버리고 독신으로 유랑생활을 하며 불살생不殺生, 진실어眞實語, 부도不盜, 불음不婬, 무소유無所有의 엄격한 계율을 지니고 산다. 특히 극단적인 불살생과 무소유의 정신은 그들을 실오라기 하나 걸치지 않은 알몸으로 고행하게 하여 불교경전에서는 그들을 나형외도裸形外道라고 부르는데, 후대에는 흰 옷을 입는 백의파白衣派도 나타났다.

불교에서는 육사외도 이외에도 그릇된 견해의 종류로 육십이견六十二見을 들기도 하는데, 아무튼 이렇게 다양한 사고방식이 등장해 인간은 도대체 어떻게 살아야 할지 갈피를 잡을 수 없는 심각한 사상적 혼란과 종교적 방황을 일으키고 있었던 것이 불교가 출현할 당시의 인도였다.

석가모니부처님의 생애

1. 고타마 싯닷타의 출가와 수행
우주와 인생의 궁극적인 진리만이 중요하지 현실은 그저 반복되는 현상에 불과하다고 여기는 경향이 강한 인도인들은 예로부터 역사기술에도 그다지 큰 관심을 기울이지 않았다. 따라서 오늘날 인도의 역사를 연구하는 이들은 사료가 턱없이 부족하다는 공통된 제약에 부딪히지 않을 수 없는데, 불교의 경우도 마찬가지이다. 단적으로 이야기할 수 있는 것이 석가모니의 생애와 관련된 부분이다. 다만 이 자리에서는 여러 문헌들을 종합하여 비교적 객관적이라고 생각되는 부분들을 모아 석가모니가 어떻게 태어났고 어떻게 살았는지 살펴보고자 한다.

오늘날 세계 공통으로 쓰고 있는 불기佛紀에 따르면 석가모니는 B.C. 624년 히말라야의 남쪽 기슭 로히니 강 유역에 있던 카필라밧투迦羅衛라는 사캬 족 나라의 왕 숫도다나淨飯王과 그 아내 마야摩耶 사이에 맏아들로 태어났다. 당시 풍습에 따라 해산을 위해 마야 부인의 친정인 콜리拘利 성으로 가던 중 룸비니藍毘尼 동산에서 갑자기 산기를 느껴 태어났다고 하는데, 성은 사캬 족의 종성種姓인 고타마瞿曇였고 이름은 싯닷타悉達多라고 지어졌다. 태어난지 이레만에 친모인 마야 부인이 죽어 이모이자 양모인 마하파자파티摩訶波闍波提에게 양육이 맡겨졌는데, 그런 일을 제외하고는 어떤 어려움도 없이 어린 시절을 보낼 수 있었다고 한다. 태자의 신분이었으므로 당시 제왕이 갖추어야 할 온갖 학문이나 무예를 상당 수준으로 교육받은 것도 당연한 일이었을 것이다.

그러나 천성적으로 예민하고 섬세했던 태자는 성년이 되면서 생로병사生老病死라는 인생의 유한함에 눈을 떠 정신적으로 크게 번민하게 되는데, 그런 그를 현실에 잡아두기 위해 아버지 숫도다나 왕은 서둘러 같은 사캬 족인 콜리 성의 공주 야소다라耶輸陀羅와 결혼까지 시켰지만 끝내 아들 라훌라羅睺羅만을 낳아놓고 궁전을 빠져나와 출가出家하여 수행자가 되었다.

29세의 나이에 출가한 태자를 세상에서는 사문 고타마라고 불렀다. 그는 처음 당시에 명망이 높던 선정수행자 알라라 칼라마와 웃다카 라마풋타를 차례로 사사해 비상비비상처정非想非非想處定과 무념무상처정無念無想處定이라는 그들 수행의 최고 경지에까지 올랐지만, 만족할 수 없었다. 명상 중에는 고요한 마음의 안정이 가능했지만 명상에서 깨어나면 다시 일상의 상태로 돌아오게 되어 자신이 바라는 궁극적인 경지가 아니었기 때문이었다고 한다. 그래서 함께 교단을 지도하자는 스승들의 요청을 거절하고 떠나와 고행에 매진하게 된다.

그의 수행생활 중 가장 오랜 세월을 보냈다고 여겨지는 고행의 기간 동안 그는 거의 죽음 직전의 상태에 이르기까지 자신의 몸을 돌보지 않고 수행했지만, 자신이 구하는 만족할 만한 결과는 나타나지 않았다. 함께 수행하는 이들도 혀를 내두를 정도로 그의 고행은 격렬한 것이었지만, 아무래도 궁극적인 경지는 나타나지 않았다. 그래서 고행을 중단하기로 하고 네란자나尼連禪河 강물에 들어가 몸을 씻었다. 고행을 하는 사람은 자신의 몸을 돌보지 않는 것이 관례로 음식을 챙겨먹거나 몸을 깨끗이 하는 것조차 사치스러운 일로 받아들여졌으므로 그의 목욕은 곧 고행의 포기였던 것이다.

이후 그곳을 지나던 근처 마을 아가씨 수자타의 우유죽 공양供養을 받고 네란자나 언덕을 올라 마침 그늘이 좋은 핍팔라畢波羅 나무를 발견하고 그 아래 앉았다. 그리고 깊은 명상 끝에 크나큰 깨달음을 얻게 되었다고 하는데, 전설에 따르면 깨달음이 있기 직전 마왕魔王이 사문 고타마를 공격해왔다고 한다. 아마도 심리적인 대변이가 일어나기 직전 스스로 커다란 공포감에 휩싸였던 것을 이렇게 표현한 것이 아닐까 생각되는데, 아무튼 경전에서는 마왕의 공격을 격퇴하고 깨달음을 성취한 일을 수하항마樹下降魔라고 표현한다. '나무 아래에서 마왕을 항복시켰다'는 의미이다. 그리고 그가 앉았던 나무는 그의 깨달음을 기념하여 '깨달음의 나무'란 뜻의 보리수菩提樹라고 부르게 되었다. 그리고 이런 과정을 겪고 깨달음을 얻은 사문 고타마는 붓다buddha가 되었다. 붓다란 '깨달은 이'라는 뜻으로, 우리말에서는 부처님이라고 한다. 마침내 석가모니부처님이 탄생한 것이다. 이때가 출가한지 7년이 지난 그의 나이 36세 때이다. 부처님이 되었다는 것을 한문으로는 성불成佛이라고 한다.

2. 초전법륜과 전도 선언

깨달음을 얻고 나서 석가모니부처님은 자신이 성취한 바를 마음속으로 음미하며 상당기간 그대로 보리수 아래에 앉아 계셨다고 한다. 그때 전설에는 자신의 깨달음이 너무도 미묘하여 아무도 알아들을 수 없을 것이라 여기고 누구에게도 그 사실을 이야기하지 않으려 했다고 한다. 그런데 브라흐만 신이 그를 찾아와 세상 사람들을 구제하기 위해 가르침을 펴야 한다고 권한다. 경전에서는 그 사실을 범천권청梵天勸請이라고 기록하고 있다. 역시 최고의 진리를 증득한 이가 자신의 진리를 자신만의 안위를 위해 썩혀둔다는 것은 진리를 깨달은 이 부처님으로서 올바른 길이 아님을 반성하게 되는 과정을 신화적으로 표현한 것이라 여겨진다.

마침내 진리를 전파하기로 한 석가모니부처님은 처음 설법說法의 대상을 누구로 할지 고민하게 되는데, 한때 함께 고행하던 안냐타 콘단냐阿若憍陳如 등 다섯 비구比丘로 정하고 그들이 있다는 바라나시波羅奈로 길을 나섰다. 그들은 석가모니부처님이 고행을 그만두고 강물에 몸을 씻는 것을 보고 타락했다며 부처님의 곁을 떠났던 사람들이다. 그들을 찾아가는 길은 직선거리로 200km가 넘는 당시로서는 아주 먼 길이었다.

당시 다섯 비구는 녹야원鹿野苑이라 번역되는 바라나시의 미가다야라는 곳에 머물고 있었는데, 먼발치서 석가모니부처님이 다가오는 것을 발견하고 가까이 오면 아는 체도 하지 말자고 서로 약속했다. 그러나 인생문제에 대한 완전한 해결을 이룬 이의 조용하면서도 자신에

찬 풍모에 그들은 자기들도 모르는 사이 일어나 자리를 권했다고 한다. 그리고 그들을 대상으로 최초의 설법이 시작되는데, 그런 사실을 경전에서는 초전법륜初轉法輪이라 부른다. 법륜을 처음 굴렸다는 것으로 법륜이란 진리를 수레바퀴에 비유한 말인데, 수레바퀴의 생명이 구르는 데 있는 것처럼 진리도 널리 전파되어야 함을 일컫는 것이다.

초전법륜에서 부처님은 먼저 자신이 쾌락과 고행의 양 극단을 떠나 중도中道에서 깨달음을 이루었다고 말씀하셨다. 그리고 괴로움과 괴로움의 발생, 괴로움의 소멸, 괴로움의 소멸에 이르는 길에 관한 사성제四聖諦를 가르쳤는데, 며칠 동안 계속된 부처님의 가르침을 듣고 다섯 비구들 가운데 해탈을 이루는 이들이 생겨나기 시작했다. 안냐타 콘단냐가 그 처음이었다. 이렇게 부처님의 가르침에 따라 수행하여 깨달음을 이룬 이를 아라한阿羅漢이라고 하는데, 다섯 비구가 모두 깨달았을 때 경전에는 부처님을 포함하여 이 세상에 여섯 아라한이 있게 되었다고 한다. 경전에 자주 나오는 아라한의 상태란 '나의 생은 이제 다하였고 범행梵行이 세워졌으며 해야 할 바를 다해 스스로 다음 생後有을 받지 않을 것을 안다'고 되어 있다. 여기서 범행이 세워졌다는 것은 청정한 행이 가능하게 되었다는 것으로, 아라한이란 말하자면 세상에 대한 올바른 견해를 바탕으로 더 이상 어떤 번뇌도 일어나지 않는 상태에 이른 것이다. 이런 해탈을 불교에서는 다시 다른 말로 열반涅槃이라고 부른다. 윤회전생을 기정사실로 믿고 있던 인도의 모든 종교사상은 해탈을 추구했는데, 불교에서는 열반이 그것이라고 한 것이다. 열반이란 인도의 옛말 니르바나nirvāṇa를 소리나는 대로 옮긴 것인데, 본래는 '불어서 끈다吹滅'는 뜻으로 불을 끄듯 마음속 번뇌를 모두 없앤 상태를 일컫는다. 그리고 이 말을 한문으로 번역해 적멸寂滅이라고도 하고 멸도滅度라고도 한다.

한편 다섯 비구를 상대로 가르침을 펴기 시작했을 때 비로소 불교라는 종교가 세상에 출현하게 되었다. 다시 말해 교조인 부처님佛과

교리인 부처님의 가르침法 및 교단인 부처님의 가르침을 받아 수행하는 집단僧의 삼보三寶가 이루어진 것이다.

또한 부처님 일행이 아직 녹야원에 있을 무렵 인근 마을 부호의 아들인 야사耶舍가 부처님에게 출가하게 된다. 인생문제에 번민하던 끝에 이른 새벽 '아, 괴롭다'고 외치며 거리를 헤매던 그를 발견한 부처님이 그를 가르쳐 제자로 삼은 것이다. 앞서의 다섯 비구가 이미 출가한 상태에서 부처님의 제자가 된 것에 비해 야사는 재가在家가 부처님에게 출가한 최초의 제자였다. 그리고 그 소식을 듣고 찾아온 야사의 부모와 아내는 최초의 재가신자가 되었으며, 야사의 친구 50여 명도 함께 출가했다. 그리고 그들도 모두 깨달음을 얻게 되자 이윽고 부처님은 그들에게 각지로 흩어져 전도할 것을 명하게 된다.

그때 부처님께서 하신 말씀은 이런 것이었다. "너희들은 세상으로 나가 진리를 전하라. 세상 사람들의 이익과 안락을 위해. 두 사람이 한 길로 가지 마라. 나도 이제 우루벨라優留頻羅의 세나니가마로 가서 가르침을 펴겠다." 이 말 속에는 불교의 전파가 세상 사람들의 이익과 안락을 위해서라는 사실 이외에 여러 가지를 함축하고 있다. 먼저 60명 가까운 제자들이 각기 다른 환경에 가서 다른 이야기로 가르침을 전해도 같은 의미를 담게 될 것이라는 자신감이다. 그래서 한 사람이라도 더 만나 가르치도록 두 사람이 한 길로 가지 말라고 한 것이다. 또한 석가모니부처님도 스스로의 행로를 밝힌 것 역시 진리의 전파에 당신의 모든 것을 바쳤다는 사실을 짐작하게 한다. 그리고 그 결과 부처님 당시에 이미 불교는 인도를 벗어나 서역西域이나 지금의 이란 지방까지 퍼져나갔는데, 교통이나 통신이 불편했던 2,500여 년 전의 상황을 고려하면 이때부터 통일된 교단은 사실상 불가능했을 것으로 보인다. 출가자의 교단을 승가僧伽라고 하는데, 불교의 계율戒律을 모아놓은 『율장律藏』에서는 사방승가四方僧伽와 현전승가現前僧伽를 구분하고 있다. 사방승가란 부처님의 제자 모두의 승가를 가리키는데,

이는 사실상 이상적인 개념일 뿐이어서 예를 들면 승원이나 그 시설물들은 사방승가의 소유라고 한다. 그리고 현실적으로『율장』에서 부여하고 있는 승가의 의무 등은 모두 현전승가에 관한 것이다. 현전승가란 일정한 지역界 내에 있는 부처님의 제자 전원을 의미한다. 그러므로 나중에 부처님이 돌아가시고 나서 당시 부처님의 수제자였던 마하 캇사파摩訶迦葉가 부처님 생전의 가르침과 계율을 정리하여 편집하는 작업結集을 하지만, 그 결과를 계승하게 되는 것은 일부 교단에 불과했을 것으로 추정되는 이유이다. 이런 사실은 후대에 대승불교大乘佛敎의 출현과도 관련이 있을 수 있다는 추측을 가능하게 한다.

3. 평생을 바친 교화의 여정

아무튼 부처님의 가르침을 전하기 위한 여행은 그렇게 평생 계속되었는데, 그런 사이에 사리풋타舍利弗와 목갈라나目犍連를 위시한 수많은 제자를 배출하게 되고 그들 중 많은 수가 아라한의 경지에 이르게 된다. 특히 사리풋타와 목갈라나는 각각 지혜제일智慧第一과 신통제일神通第一로 칭송받던 부처님의 수제자였는데, 부처님보다 나이가 많았던 그들은 그 후 먼저 세상을 떠나게 되어 석가모니부처님 이후 불교의 교단은 마하 캇사파가 이어받게 되었다. 그리고 출가한 후 처음 고향 카필라밧투를 방문하게 되었을 때는 사캬 족의 청년들이 너도나도 부처님의 제자가 되겠다고 나서자 아버지 숫도다나 왕은 많은 가정에서 대가 끊길 것을 염려해 부처님에게서 '성년이 되지 않은 자는 반드시 그 부모의 허락을 받아 출가시키겠다'는 약속을 받기에 이른다. 그때 부처님의 동생 난다難陀와 아들 라훌라도 출가하였는데, 같이 출가한 부처님의 사촌동생 아난다阿難는 평생 부처님을 곁에서 시봉한 상수제자常隨弟子가 되었고, 또 다른 사촌동생인 데바닷타提婆達多는 후에 교단의 반역을 도모해 불교사상 최고의 악인이 되었다.

또한 숫도다나 왕이 죽고 나서는 부처님의 양모인 마하파자파티와

아내였던 야소다라가 부처님을 찾아와 출가를 희망했는데, 처음에는 거절했으나 세 차례에 걸친 간곡한 청을 받아들여 마침내 최초의 여성출가자가 탄생하게 된다. 이렇게 해서 불교교단은 남성출가자인 비구比丘와 여성출가자인 비구니比丘尼, 남성재가신자인 우바새優婆塞, 여성재가신자인 우바이優婆夷의 사부대중四部大衆으로 구성되게 되었다.

성불한 이래 쿠시나가라拘尸那伽羅에서 80세를 일기로 세상을 떠날 때까지 부처님의 한 평생은 그야말로 한 사람이라도 더 인생의 현실에 눈을 떠 참된 행복을 찾을 수 있도록 이끄는 여정이었다. 경전에는 노년에 이른 부처님이 길을 가던 중 한 나무 아래에 이르러 아난다에게 '여기 자리를 깔아라. 나는 등이 아파 여기서 잠시 쉬어야겠다'는 기술이 나온다. 평소 가르침을 구하는 이외에 자신에게 의지하지 말 것을 가르쳤고 스스로도 제자들과 똑같은 생활을 견지해온 그의 인간적인 면모를 볼 수 있는 구절이다. 그리고 그런 그가 죽음을 앞두고 마지막으로 제자들에게 행한 가르침도 '너희들은 진리를 등불로 삼고 자기 자신을 등불로 삼아야 한다'는 것이었다.

석가모니부처님의 가르침

1. 부처님 가르침의 근본입장

부처님의 가르침에 대해 초기경전에서는 왕왕 '부처님에 의해 잘 설해진 진리는 현실에 드러나는 것이고, 때에 따라 달라지지 않는 것이며, 와서 보라고 할 만한 것이고, 가까이 이끌어 들이는 것이며, 현명한 이라면 스스로 알 수 있는 것'이라고 기술하고 있다. 말하자면 있는 그대로의 현실을 직시한다는 입장에서의 여실지견如實知見이 부처님의 가르침이다. 그리고 '부처님이 세상에 나왔든 나오지 않았든

이 진리는 영원한 것으로서 나는 그것을 스스로 깨달아 부처님이 되었고 사람들을 위해 열어 보이고 드러내는 것'이라고 하고 있다. 또한 그 진리를 당신도 깨달아서 알아냈듯이 제자들도 스스로 깨닫도록 도와주는 입장에 있는 것이 부처님의 가르침이었다. 우리가 흔히 쓰는 말인 법문法門에도 그런 의미가 담겨 있다. 부처님의 가르침인 법문은 글자 그대로 '진리로 들어가는 문'이란 의미로, 초기불교 이래 계속 써온 단어이다. 따라서 불교를 공부하려면 스스로 깨우쳐 알아내려는 노력이 필요하며, 초기불교에서는 무작정의 믿음을 요구하기보다 그 어떤 선입견이나 편견에도 사로잡히지 않고 올바른 것을 올바르게 이해할 수 있는 청정심淸淨心만을 요구했다.

　그러면 부처님은 과연 어떤 입장에서 자신의 진리를 설파하고 있는 것일까. 먼저 당시의 다양한 종교사상들을 숙명론宿命論과 유신론有神論, 무인무연론無因無緣論으로 나누어 각각의 주장이 윤리적으로 잘못된 것임을 지적하셨다. 예를 들어 숙명에 의해 이 세상사가 결정되는 것이라면 살생殺生 등을 저질러도 당사자에게는 아무런 잘못이 없다고 하게 된다는 것이다. 왜냐하면 그가 그 행위를 한 것조차 숙명이기 때문이다. 마찬가지로 신의 의지에 의해 이 세상이 돌아간다거나, 아무런 원인과 조건이 없이 이루어진다는 주장 역시 그 사람의 행위가 신의 의지에 따른 것이거나 아무런 원인과 조건 없이 우연히 이루어진 것이 되므로 행위자에게 죄를 물을 수 없어 결코 옳은 주장이라고 할 수 없다는 것이 부처님의 입장이었다. 말하자면 인간에게는 스스로의 의지가 있어 그로부터 선악 등을 판단할 근거가 나온다는 것인데, 당시 바라문교의 계급제도와 관련해서도 태어난 출신이 아니라 그 사람의 행위에 의해 귀천을 이야기해야 한다고 했다. 또한 윤회를 결정한다는 업에 대해서도 자신의 신분에 따른 마땅한 도리가 아니라 행위의 옳고 그름에 따라 좋은 곳에 태어나기도 하고 나쁜 곳에 태어나기도 한다고 했다. 그리고 계급제도에 반대해 불교교단에서는 아무런 계급적 차별 없이 제자들을 받아들였으며, 남존여비의 차별이 대단히 심했던 당시 사회에서 여성출가자도 용납했던 것이 석가모니부처님이다.

그리고 그런 가운데 석가모니부처님은 만나는 사람마다 그 사람의 지적 수준이나 정신상태, 처해진 환경 등을 고려해 그때그때 적절한 가르침을 폈기 때문에 그 가르침을 수의설법隨宜說法이라고 한다. 더불어 상대편의 이해력을 점진적으로 개발시켜 마침내 진리를 깨닫게 한다는 입장에서 방편시설方便施設이라는 말도 쓴다. 원어로 보면 방편이란 '접근한다'는 뜻이고 시설은 '알아내게 한다'는 뜻이어서, 결국 부처님의 목적은 상대편도 제대로 이해하고 깨닫게 하는 것이지 자신의 가르침에 무작정 따르도록 하는 것이 아니었음을 알게 된다. 따라서 초기경전만을 보아도 대단히 다양한 교설들이 별다른 체계 없이 이리저리 뒤섞여 나오는 것처럼 보이고 그 분량 또한 상당한 양에 이르는데, 위와 같은 불교의 입장이 나올 수 있었던 근본교의에 대해 이 자리에서는 몇몇 주요개념들을 중심으로 개략적으로 살펴보기로 한다.

2. 불교에서 가르치는 세계의 구조

먼저 불교의 세계관에 대해 살펴보자. 『아함경阿含經』등 초기경전을 보면 석가모니부처님은 세상의 구조를 설명하기 위해 자주 일체一切란 무엇인가를 말씀하신다. 예를 들면 '일체는 십이처十二處다' '일체는 십팔계十八界다' '일체는 오온五蘊이다' '일체는 십이인연十二因緣이다' 하는 식이다. 말하자면 일체라는 말로 이 세상이 어떻게 이루어져 있는지를 설명한 것인데, 십이처를 예로 들어 보겠다.

부처님은 '일체는 십이처로, 그 이외에 다른 것은 없다'고 단언하셨다. 십이처의 처處란 '들어간다'는 뜻으로, 십이처란 12가지 분류 정도의 의미라고 할 수 있다. 그리고 그 12가지는 눈眼·귀耳·코鼻·혀舌

·몸身·마음意의 6가지 인식기관六根과 형태色·소리聲·냄새香·맛味·촉감觸·사물法이라는 6가지 인식대상六境을 가리킨다. 다시 말해 이 세계라는 것이 결국은 우리 눈에 보이는 빛깔과 형태, 우리 귀에 들리는 소리 등 우리의 인지능력 안에 있는 것만으로 이루어진 것이 아니냐는 말씀인데, 사실 현실에서의 우주만유와 삼라만상이 아무리 다양하다 해도 그것들은 결국 우리의 인식영역을 벗어나 있는 것이 아무것도 없다. 간혹 다른 종교들에서 초월적 존재들을 주장하고 있지만, 그것들이 실재한다는 증거는 없다. 그저 그것이 실재한다고 믿고 싶어하는 사람들의 생각을 통해서만 등장한다. 그래서 부처님은 한때 정통종교의 사제인 바라문婆羅門에게 이렇게 반문하신 적이 있다. "모든 것을 통달했다는 바라문으로서 일찍이 한 사람이라도 브라흐만 신을 본 자가 있는가. 만일 본 적도 없고 볼 수도 없는 브라흐만 신을 믿고 받든다면, 마치 어떤 사람이 한 여인을 사랑한다고 하면서 그의 얼굴을 본 적도 없고 이름도 거처도 모른다는 것과 무엇이 다른가?"

그런데 십이처에서 특이한 것은 인식기관과 인식대상 각각의 여섯 번째인 마음과 사물이다. 우리들은 눈으로 보고 귀로 듣는 것을 토대로 생각이라는 것을 한다. 그때 생각하는 기관을 마음이라고 본 것이고, 생각 속에 떠오르는 여러 사물이 그 대상이 된다. 마음이라는 인간의 정신활동은 대체로 인지知와 감정情, 의지意의 세 가지로 나누어 보는 것이 일반적인데, 특별히 십이처에서는 의지가 마음을 대표하고 있다. 그리고 그 마음의 대상은 적절한 어휘가 없어 앞에서는 그저 사물이라고 했지만, 정확히는 불교에서 사물, 존재, 진리, 가르침 등 여러 의미로 쓰이는 법法이다. 인도의 옛말 다르마dharma를 번역한 것인데, 이 말이 사물을 가리킬 때는 특별히 어떤 원인이 있으면 반드시 그에 상응하는 결과를 나타내는 '필연성을 지닌 것'이란 의미가 내포되어 있다. 따라서 십이처에서 인식주체가 되는 6가지 인식기관은 그대로 인간존재를 나타내고 인식객체인 6가지 인식대상은 인간을 둘러싼 자연환경을 가리키는데, 요약하자면 주체적이고 주관적인 인간의 의지와 그를 둘러싼 조건에 따라 필연적인 결과를 수반하는 자연환경으로 이루어진 것이 십이처를 통해 확인할 수 있는 불교의 세계관인 것이다.

두번째로 십팔계에 대해 살펴보자. 십팔계의 계界란 종류 내지 구성요소라는 뜻으로, 세계를 이루고 있는 18가지 요소가 십팔계의 의미이다. 그 십팔계는 십이처인 눈·귀·코·혀·몸·마음과 형태·소리·냄새·맛·촉감·사물에 인식기관 각각의 식별識을 보탠 것이다. 즉 눈의 요소眼界 등과 형태의 요소色界 등에 눈의 식별의 요소眼識界·귀의 식별의 요소耳識界·코의 식별의 요소鼻識界·혀의 식별의 요소舌識界·몸의 식별의 요소身識界·마음의 식별의 요소意識界를 가리킨다. 이것은 앞서 십이처가 인식기관과 인식대상으로 세계를 한정한 것에 비해 식별이라는 정신작용을 보탠 것이다. 말하자면 눈과 눈에 보이는 대상인 형태 등으로만 우리의 인식이 이루어진다면 세상을 있는 그대로 볼 수 있겠지만, 실제 우리는 있는 그대로의 세상을 보기보다 보고 싶은 대로 보는 경향이 강하다. 왜냐하면 과거에 보아둔 것에 대한 주관적 판단이 기억되었다가 비슷한 것이 보이면 거기에 선입견으로 작용하기 때문이다. 이런 식별의 요소를 추가함으로써 불교의 세계관은 보다 심리적으로 심화되고 있는데, 역시 세상을 있는 그대로 보기 위한 관찰의 태도가 돋보이는 세계관이라 할 수 있겠다.

다음 오온五蘊에 대해 살펴보자. 부처님은 '일체는 오온으로 그 이외에 다른 것은 없다'고 하셨다. 다시 말해 이 세상은 물질色·느낌受·생각想·작용行·식별識로 이루어졌다는 것인데, 앞서 십팔계의 분석을 보다 심리적으로 심화시킨 것이다. 우선 오온의 온蘊이란 본래 '근간根幹'이란 의미로, 오온은 세상을 이루는 5가지 근간 정도의 뜻이다. 부처님은 당시의 견해에 따라 모든 물질은 지地·수水·화火·풍風의 사대四大라는 요소가 각기 화합하여 이루어진 것이라고 보고 계셨는데, 십이처에서의 인식기관과 그 대상이 물질적인 형체라면 인간과 자연은 그 물질이라는 것에 의해 이루어졌다고 할 수 있다. 그러나 그런 물질만이 인간의 전부가 될 수는 없으니 그런 물질에는 스스로 사유하고 행동할 능력이 없기 때문이다. 따라서 물질을 바탕으로 거기에 인간의 사유작용인 느끼고 생각하고 작용하고 식별하는 정신적인 기능을 보탠 것인데, 이것은 특히 개체를 지속하려는 인간의 생명활동에 주안점을 둔 분류라고 할 수 있다. 말하자면 이 세상이라는 것이 우리의 인식영역 안에 한정된 것이라면 기실 그것은 물질적인 요소와 더불어 인식을 기점으로 그에 수반되는 정신작용으로 이루어졌다는 것이다. 특히 느낌이란 감수작용 내지 인식작용을 의미하고, 생각이란 그 인식에 의한 표상작용을 의미하며, 작용이란 그런 표상을 대상으로 일으키는 의지나 그것에 집착하는 경향성을 의미하고, 식별은 십팔계에서 설명했듯이 그것들을 내재화하고 선입견으로 작용하는 잠재의식을 의미한다. 아무튼 크게 보아 이 세상을 물질과 정신의 세계로 분류한 것인데, 특히 오온을 가지고 인간 존재를 가리킬 때는 오취온五取蘊이라는 말을 별도로 사용한다. 오온이 하나의 개체로 취착取着되고 있다는 뜻이다. 따라서 '오온과 오취온은 같은 것이라고도 할 수 없고 다른 것이라고도 할 수 없다. 오온에 탐욕이 있는 것이 오취온이라 할 수 있다'고 경전에서는 설명된다. 각설하자면 육체와 정신의 관계를 생명현상이라는 측면에서 특별히 정신에 중점을 두면서 관찰하고 있는 것이 오온의 가르침이다.

3. 이 세상 모든 존재의 속성

그러면 이와 같이 십이처나 십팔계, 오온 등으로 분류해볼 수 있는 이 세상은 어떤 속성을 지니고 있을까. 석가모니부처님은 그것들이 모두 무상無常·고苦·무아無我라고 단정하셨다. 예를 들면 '물질은 무상하고 무상한 것은 괴로움이며 괴로운 것은 무아이다. 느낌, 생각,

작용, 식별 또한 그와 같다'고 초기경전에 줄기차게 설해지는 것이 그것이다. 그러면 무상과 고, 무아란 구체적으로 어떤 의미를 담고 있을까.

우선 무상이란 영원하지 않다는 의미로, 인간이 태어나서生 늙고老 병들어病 죽는死 것처럼 우주의 삼라만상은 모두 생겨나生 머물다가住 변해서異 사라져가게滅 된다. 우리들은 이 변치 않는 진리를 잘 알고 있는 듯하지만, 현실에서는 늘 잊고 산다. 그때그때 눈앞에 놓인 대상에 대한 집착 때문이다. 그래서 백년이나 천년을 살 것처럼 생각하고 자기 앞에 놓인 재물이나 권력, 명예를 영원할 것처럼 본다. 탐욕이나 인색, 교만은 이런 생각에서 나오기 마련이다. 그래서 평생 남에게 제대로 된 선심 한번 못써보고 깊은 회한 속에 생을 마치는 사람이 얼마나 많은가.

다음에 무상한 것은 괴로움일 수밖에 없다. 불교에서는 인간의 감각을 괴로운 것苦과 즐거운 것樂, 괴롭지도 않고 즐겁지도 않은 것捨의 3가지三受로 나누기도 한다. 그러나 궁극적인 입장에서 그것들은 영원한 것이 아니기 때문에 괴로움이라고 보아야 한다. 말하자면 늘 자유롭고 건강하고 부유하고 싶은 우리의 염원과 다르게 현실은 무언가 문제가 있는 상황이라는 뜻이다. 인생을 괴로움으로 정의하는 이 가르침을 토대로 불교를 염세적인 종교라고 판단하는 이들이 있다. 그러나 이 괴롭다는 가르침은 우리의 현실을 있는 그대로 직시하자는 입장이지 결코 그 괴로움에 매몰되자는 것이 아니다. 오히려 해탈이나 열반의 길로 나아가기 위해 먼저 눈떠야 할 것으로서의 현실의 괴로움인 것이다.

그리고 불교에서는 괴롭기 때문에 무아라고 가르친다. 글자 그대로 하면 내我가 없다無는 말인데, 여기서 먼저 지적해두어야 할 것은 무아의 아는 본래 바라문교에서 자아의 본질로 여기던 아트만atman을 의미한다. 말하자면 지금 여기서 생각하고 말하고 행동하는 현상적인 나를 부정하는 것이 아니라 그런 나에게 변하지 않는 실체가 따로 존재한다는 생각을 부정한 것이다. 우리들은 습관적으로 내 몸과 내 생각에 집착한다. 그러다보면 어릴 때부터 성장하여 점차 늙어가고 있는 이 몸이 변함없는 나의 몸이므로 당연히 그 어디엔가 나의 영속성을 유지해주는 무언가의 실체가 있을 것으로 생각하기 쉽다. 그러나 인체 내에서는 각각의 세포들이 끊임없이 새로 분열하고 사멸하며 나의 몸이라는 전체적인 현상이 변화해가고 있을 뿐, 그 안에 이것이 반드시 나의 몸이라 할 수 있는 실체란 없다. 또한 나의 생각도 마찬가지다. 우리는 한번 먹은 자신의 마음이라는 것을 고집하려는 경향이 강하지만, 사실 생각이라는 것도 상황에 따라 조건지어진 것으로서 변하기 마련이다. 그리고 나의 실체 내지 본질이라면 영원히 변치 않아야 하고 또 내 마음대로 되는 것이어야 하지만, 무상하고 괴로우므로 실체 내지 본질이라고 할 수 없는 것이다. 초기경전에서 석가모니부처님은 제자들과 다음과 같은 대화를 자주 반복하고 계신다. "물질은 무상한가 무상하지 않은가?" "무상합니다." "무상한 것은 괴로움인가 괴로움이 아닌가?" "괴로움입니다." "무상하고 괴로운 것이라면 그에 대해 이것이 나의 것我所이고 이것이 나我라고 할 수 있을까?" "할 수 없습니다." "느낌과 생각, 작용, 식별도 또한 그러하다." 그럼에도 우리들은 그런 것들을 나의 실체인 양 집착하고 그런 아집에 의해 대립과 반목 등 괴로운 문제들을 발생시키고 있다.

그런데 이 무아의 가르침은 앞에서 살펴본 바와 같이 바라문교의 사상과 정면으로 충돌하는 것이었다. 다시 말해 바라문교에서는 우주의 창조자이자 본질인 브라흐만과 자아의 실체인 아트만이 같다는 범아일여의 깨달음에서 인생문제의 해결을 기대했지만, 불교에서는 그런 아트만을 부정하고 있기 때문이다. 또한 오늘날에도 많은 사람들이 인간은 영혼과 육체로 이루어져 있으며 육체는 눈에 보이듯 영원하지 않지만 영혼은 영원할 것으로 믿는다. 그런데 우리가 쉽게 믿는 그 영혼이라는 것이 부정되고 있는 것이다. 그리고 이런 점에서 불교의 가르침은 세계 어느 종교나 철학과도 대비되는 특유한 것이 되었다. 사실 불교의 입장에서 종교라는 것이 있다면 불교라는 종교와 불교 이외의 다른 종교들이 있다고 할 수 있는 것이다.

물론 부처님 당시에도 이 가르침은 쉽게 이해할 수 없는 것이어서 여러 가지로 오해를 사는 일이 많았다. 초기경전에도 그런 사실이 서술되어 있는데, '일체 작용이 무상하고 일체의 사물이 무아라면, 이 가운데 어떤 내가 있어 이렇게 알고 이렇게 본다고 말하는가' 하는 반문이 나오고 있다. 그러나 아트만이 없다는 가르침은 나를 절대적으로 부정하는 것이 아니라 오히려 참다운 나를 찾으려는 기초작업으로 보아야 한다. 내가 아닌 것을 나로 착각하고 있다면 참다운 나는 그 착각의 부정을 통해서만 나타날 것이다. 실제로 부처님은 '진리에 의지하고 자기 자신에 의지하라'고 가르치셨으며, '자기 자신 한 사람을 이기는 것이 백만 대군을 이기는 것보다 위대한 승리'라고 가르치고 계신다. 또한 도망간 도둑을 찾기 위해 숲속을 정신없이 헤매던 일행을 만나 '도망간 사람을 찾는 일과 자기 자신을 찾는 일 중 어느 것이 더 시급한가' 하고 물으셨던 일화도 초기경전에는 등장한다.

4. 불교의 핵심사상 연기의 세계관

그렇다면 이 세상은 어떤 이유로 무상·고·무아라는 속성을 띠게 되었을까. 부처님은 이 세상이 이렇게 돌아가는 원리를 연기緣起라는 가르침으로 해명하셨다. 연기란 '연緣하여 결합해서 일어난다 pratiyasamutpāda'는 뜻인데, 이 세상 모든 만물이 연기된 것이기 때문에 무상하고 괴로우며 무아라는 속성을 지니게 되었다는 것이다. 그러면 연기란 보다 구체적으로 어떤 의미를 지닌 가르침인지 단계를 밟아 살펴보기로 한다.

우선 연기로 설명되는 이 세상 모든 것은 인과因果의 관계 속에 놓여 있다. 흔히 '콩 심은 데 콩 나고 팥 심은 데 팥 난다'는 속담으로 설명할 수 있는 것처럼 일정한 원인因이 있어야 일정한 결과果가 나타난다. 콩을 심었는데 거기에서 팥이 날 수는 없기 때문이다.

그런데 세상일이 모두 그렇듯이 어느 것도 단일한 인과만으로 성립되는 것은 아니다. 예를 들어 콩을 심었다 할지라도 거기에 수분이나 햇빛, 적당한 온도 등의 조건이 제공되지 않으면 콩이 나지 않는다. 이처럼 여러 가지 원인因과 조건緣이 함께 작용하여 세상은 이처럼 이루어지고 있는 것이다. 이것을 원인과 조건, 즉 인연因緣이라고 한다. 사람이 제아무리 노력해도 조건이 갖추어지지 않으면 원하는 결과를 얻지 못하지만 조건이 아무리 충분해도 스스로 노력하지 않으면 마찬가지로 아무것도 이루지 못하는 이치가 바로 인연이 화합和合하지 못한 결과라고 설명할 수 있다.

한편 만물은 인과와 인연의 법칙에 따라 발생하고 소멸하지만, 개개의 사물들은 다시 서로가 서로를 의존해서 존립하고 있다. 예를 들면 자식이 있으려면 아버지가 있어야 하지만, 다시 아버지는 자식이 있어야 아버지인 것과 같다. 또한 어떤 것이 짧은 것이 되려면 상대적으로 긴 것이 있어야 하며, 긴 것은 짧은 것이 있어야 길다고 할 수 있는 것과 마찬가지이다. 이와 같은 이치를 상의상자相依相資라고 하는데, 초기경전에서는 '이것이 있으므로 저것이 있고, 이것이 생기므로 저것이 생긴다. 이것이 없으면 저것도 없고, 이것이 사라지면 저것도 사라진다'고 설명하고 있다. 또한 서로 기대어서 세워진 볏단에 비유하여 설명하기도 한다. 아무튼 우리가 살아가고 있는 이 세계는 거대한 천체에서부터 미생물에 이르기까지 모두가 서로 원인이 되기도 하고 결과가 되기도 하면서 우주의 신비스럽고 오묘한 현상을 전개시키고 있는 것이다.

그런데 이렇게 보면 이 세상 만물은 무상하지만 덮어놓고 무상한 것이 아니라 거기에 일정한 법칙이 있다는 것을 발견하게 된다. 인과와 인연, 상의상자가 그런 것이다. 따라서 무상한 속에 일정한 법칙이 상주하고 있어, 각각의 존재에는 그런 법칙이 머물고 있다는 의미로 경전에서는 법주法住라는 표현을 쓰고 있다. 또한 모든 존재는 그런 법칙을 요소로 해서 성립한다고 볼 수도 있는데, 경전에서는 그 뜻을 법계法界라고 표현하고 있다. 말하자면 모든 존재에는 일정한 법칙이 상주하고 있고 그 법칙이 존재의 성립근거라 할 수 있으므로, 불교에서는 그 존재 내지 사물들을 법法이라고 부를 수 있는 것이며 또한 앞에서 살펴보았던 일체一切를 다른 말로 모든 법이란 의미의 제법諸法이라고 하는 것이다.

이렇게 무상하고 괴롭고 무아인 존재 속에 상주하는 법칙성을 법성法性이라고 하는데, 그러한 법성은 어떤 구체적인 형상이 있는 것으로 보아서는 안된다. 생멸변화하는 모든 형상을 초월한 것이기 때문이다. 만일 어떤 형상이 있다면 그것은 일체의 존재와 그 생멸변화에 일관하는 법성이 아니다. 또한 그렇다고 해서 그 법성을 일체의 존재와 전혀 별개의 것으로 보아서도 안된다. 전혀 다른 것이라면 일체 존재의 생멸변화에 그런 법칙성이 나타날 수 없을 것이다. 따라서 법성과 존재는 같다고도 할 수 없고 다르다고도 할 수 없는 불일불이不一不異의 관계라고 볼 수 있다. 그리고 앞서 무아를 설명하면서 무아를 설한 참뜻은 참다운 자아를 찾기 위한 기초작업이라는 말을 했는데, 참다운 자아의 실체 내지 본질이란 바로 무상한 가운데 상주하는 이 법성이라고 해야 하지 않을까.

앞에서 설명한 일체의 구조나 그 속성 그리고 인과와 인연, 상의상자, 법성 등이 초기경전에서 밝히는 모든 존재의 실제 모습, 즉 제법실상法實相의 내용이라 할 수 있는데, 그 중에서도 특히 법성에 대한 앎을 불교에서는 명明이라고 부른다. 그리고 그러한 명이 없는 상태를 무명無明이라고 하는데, 무명으로 말미암는 사람들의 존재양식을 설명하고 있는 것이 십이인연十二因緣 내지 십이연기十二緣起라는 가르침이다. 경전에서는 무명으로 말미암아 작용行이 일어나고, 작용으로 말미암아 식별識이 일어나며, 다시 식별로 말미암아 관념과 물질 名色이 일어나는 식으로, 이어서 6가지 인식기관六入·접촉觸·느낌受·좋아함愛·가짐取·존재有·태어남生이 차례로 일어나는 까닭에 마침내 늙고 죽는 근심과 슬픔, 고통과 번뇌老死憂悲苦惱가 나타난다고 한다. 석가모니부처님은 본래 이 십이인연을 처음에는 거꾸로 사유하여 모든 연결고리의 궁극에 무명이 있음을 발견하셨다고 한다. 다시 말해 '무엇 때문에 늙고 죽는 근심과 슬픔, 고통과 번뇌가 있는가, 태어남이 있기 때문이다. 무엇 때문에 태어남이 있는가, 존재가 있기 때문이다' 하는 식인데, 이렇게 보는 것을 역관逆觀이라고 한다. 그리고 다시 무명으로 인해 작용이 있고 하는 식으로 관찰하는 것을 순관順觀이라고 하는데, 경전에서는 이 십이연기에 대한 역관과 순관을 통해 부처님이 깨달음을 이루게 되었다고도 한다.

5. 불교의 수행원리와 중도설

아무튼 이와 같은 현실에 대한 관찰들을 통해서 불교의 수행은 궁극적으로 무명을 없애는 것으로 나아가게 되는데, 그와 같은 수행의 이론이 사성제四聖諦이다. 사성제의 가르침은 이미 녹야원에서 다섯 비구를 대상으로 한 초전법륜에서도 설해진 것이었다. 그것은 괴로움에 관한 진리苦聖諦, 괴로움의 발생에 관한 진리集聖諦, 괴로움의 소멸에 관한 진리滅聖諦, 괴로움의 소멸에 이르는 길에 관한 진리道聖諦이다.

먼저 인생은 괴로움이라는 것이 괴로움에 관한 진리의 내용이다. 인생에는 태어나서生 늙고老 병들어病 죽는 것死을 위시하여 미운 것과 만나고怨憎會, 사랑하는 것과 헤어지며愛別離, 구하지만 얻지 못하는求不得 괴로움이 있다. 그래서 오온五蘊에 취착하는 개체, 즉 일반적으로 올바른 지혜가 없는 인간 삶五取蘊은 괴로움 그 자체라는 것이다.

또한 괴로움의 발생에 관한 진리는 그 괴로움이 아무 원인 없이 생겨난 것이 아니라 연기된 것이라는 가르침이다. 앞서 십이인연을 설명하면서 무명이 있어 마침내 늙고 죽는 근심과 슬픔, 고통과 번뇌가 있게 된다고 하였는데, 그런 과정이 괴로움의 발생에 관한 진리인 것이다.

그리고 괴로움의 소멸에 관한 진리는 괴로움이 발생한 원인을 없애면 괴로움이 사라지는 상태가 가능하다는 가르침이다. 말하자면 괴로움 자체가 연기된 것이므로 그 조건들을 없애면 괴로움은 자연히 사라질 수밖에 없을 것이다.

그래서 괴로움의 소멸로 이르는 길에 관한 진리에서는 괴로움을 소멸시킬 구체적인 방법이 제시되는데, 팔정도八正道가 그것이다. 말하자면 바른 견해正見·바른 생각正思·바른 언어正語·바른 행위正業·바른 삶의 방식正命·바른 정진精進·바른 기억正念·바른 명상正定인데, 여기에서 바르다는 것의 기준은 무엇일까.

초전법륜에서 석가모니부처님이 먼저 당신은 쾌락과 고행의 양극단을 떠나 중도中道에서 깨달음을 얻었다고 하셨다는 이야기는 이미 했다. 말하자면 그저 순간순간의 쾌락에 몸을 맡기고 살아가는 일반 범부들이나 해탈을 이루겠다고 스스로의 몸을 혹사시키며 고행하던 사문들의 태도를 함께 부정한 것이 중도인데, 중도에는 그 이외에도 더욱 많은 의미가 담겨 있다. 예를 들면 수행의 성과가 쉽사리 나타나지 않아 고민하는 제자에게 부처님은 현악기의 비유를 들어 중도를 설명하신 적이 있다. 현악기의 현을 알맞게 고루어야 제 소리를 내는 것처럼 수행도 너무 서두르거나 너무 나태해서는 안된다는 것이었다.

그러나 중도의 보다 깊은 의미는 다른 데 있다. 앞에서 무아를 설명하면서 당시에도 무아의 가르침에 대한 오해가 있어 '일체 작용이 무상하고 일체의 사물이 무아라면, 이 가운데 어떤 내가 있어 이렇게 알고 이렇게 본다고 말하는가'라고 반문한 경우가 있었다고 했는데, 그 대답으로 주어지는 것이 '세간世間의 발생集을 여실하게 바로 보면 세간이 없다는 견해가 있을 수 없고, 세간의 소멸滅을 여실하게 바로 보면 세간이 있다는 견해가 있을 수 없다. 여래는 두 끝을 떠나 중도에서 설한다'이다. 여기서 세간이란 일체나 세계와 같은 말로, 무아無我라고 할 때의 그 아我에 해당하는 것이다. 말하자면 잘못된 생각에 의해 연기된 것으로서, 그런 세간이 발생하는 측면에서는 없다고 할 수 없지만 소멸하는 측면에서는 있다고 할 수 없다. 이렇게 알고 이렇게 본다고 말하는 그 나는 무명을 바탕으로 연기된 나이다. 무아의 가르침에서는 그렇게 연기된 나까지 없다고 하는 것이 아니다. 있다有 없다無는 양극단을 떠난 중도의 입장에서만 올바로 알 수 있는 것이 무아의 가르침이다. 그리고 그런 중도의 입장은 세상은 영원한가常 영원하지 않은가斷, 정신과 육체는 하나인가一 다른 것인가異 등의 문제에 대한 판단에서도 마찬가지이다. 오늘날의 철학에서도 '신이 존재하는가 아닌가'에 대해 '신이 있다는 증거를 가지고 신이 없다는 견해를 반박할 수 없고 신이 없다는 증거를 가지고 신이 있다는 견해를 반박할 수 없어 판단을 중지한다'는 입장이 있는데, 석가모니부처님이 취한 태도가 바로 그와 비슷한 것으로서 일단은 이분법적인 판단을 중단하지만 궁극적으로는 양자를 모두 갈무리는 것이었다. 그리고 팔정도에서의 바르다는 기준은 이와 같은 중도인 것이다.

이야기를 다시 팔정도로 돌아간다면 이와 같은 중도의 입장에서 보고 생각하고 말하고 행동하며 출가자로서의 삶을 올바르게 영위하고 올바르게 정진하는 것이다. 그리고 바른 기억이란 이 세상이 무상하고 괴로움이며 무아인 것을 늘 기억하는 것이다. 우리들이 가장 쉽게 이해하는 무상이라는 현실에 대해서도 우리는 늘 까먹고 지낸다. 그래서 탐욕 등이 나타나고 어리석은 행동을 한다. 그것을 한시도 잊지 않으려는 노력이 바른 기억이다. 그리고 바른 명상 또한 그런 사실들에 정신을 집중하는 수련이다. 팔정도의 항목들은 언어로만 따지면 비교적 쉬워 보이지만 사실은 출가의 전문수행자들에게만 권해졌던 수행덕목이고, 석가모니부처님도 가장 수승한 수행법이라고 경전을 통해 말씀하신다.

한편 불교의 수행법을 계戒·정定·혜慧의 삼학三學으로 정리하기도 한다. 계는 재가의 신자들도 지키는 오계五戒를 의미하는데, 남을 해치지 않고不殺生·주어지지 않은 것을 훔치지 않으며不偸盜·음란하지 않고不邪婬·거짓말 하지 않으며不妄語·음주 등으로 정신을 흐트러뜨리지 않는不飮酒 생활을 가리킨다. 물론 재가자의 오계와 출가자의 오계는 그 엄격함에 차이가 있지만, 항목은 일단 일치한다. 그리고 정은 팔정도에도 나오는 명상수행을 가리키고, 혜는 지혜를 기르는 것이다. 앞서 기술한 불교의 여러 교설들을 올바로 이해함으로써 세상의 이치에 대해 스스로 여실지견如實知見을 성취하는 수행이 혜라고 할 수 있다.

석가모니부처님 이후의 불교

1. 석가모니부처님의 입멸

석가모니부처님은 애초부터 우리와 같은 한 인간이었으며, 당신이 특별히 신격화되는 것을 바라지 않으셨다. 물론 크나큰 깨달음을 성취했다는 차원에서 다른 사람들과 구분되는 것은 사실이지만, 절대적인 권능을 발휘하거나 무조건 믿어야 하는 신앙의 대상은 아니었다. 그렇지만 스스로의 수행으로 큰 깨달음을 성취하고 많은 이들을 해탈로 이끈 부처님이 다른 사람들처럼 수명을 다하셨을 때 당시의 불교도들은 나름대로 당황하지 않을 수 없었을 것이다. 그래서 우선 부처님의 죽음을 반열반般涅槃이라고 부르게 되었다. 앞서 해탈에 대한 불교의 입장이 열반이고 아라한들이 도달하는 경지라고 했는데, 반열반은 그런 열반 가운데서도 완전한 열반이라는 뜻이다. 말하자면 부처님도 노년에 병고를 겪었고 아무리 열반이 번뇌가 완전히 사라진 상태라고는 하나 그런 괴로움이 남아있었다는 것은 완전한 열반이 아니라고 보았기 때문이다. 이 완전한 열반을 한문으로는 원적圓寂이라고 번역한다.

한편 부처님께서 임종을 앞두고 있을 때 제자들은 부처님의 장례를 어떻게 해야 할지에 대해 물었다. 그때 부처님은 장례 따위는 재가자에게 맡기고 출가자들은 수행에만 매진하라고 말씀하셨다. 그렇게 해서 부처님의 유해는 재가자들에 의해 화장되고, 남겨진 유골, 즉 사리舍利는 불탑佛塔에 봉안되어 향후 재가자들의 숭모의 대상이 되었다. 이슬람교가 알라 신이나 마호멧의 형상화를 금하고 있는 것처럼 부처님의 모습을 형상화하는 것은 불경스러운 일로 여겨져 그 시대에는 오늘날과 같이 불상을 조성하는 것은 꿈도 꿀 수 없었고, 불탑을 장식하며 부처님의 행적을 묘사하는 경우에도 법륜이나 보리수, 부처님의 발자국佛足跡 형상이 부처님을 대신했다. 불상이 조성되게 된 것은 기원전 327년 알렉산더가 북인도를 침입했다 돌아가며 남겨진 그리스인들의 왕국 박트리아의 문화로부터 영향을 받아서이다.

그러면 생전의 부처님은 초기경전에서 어떤 분으로 묘사되고 있었을까. 먼저 부처님의 깨달음은 아라한의 깨달음과는 차원이 다르다는 입장에서 무상정등정각無上正等正覺이라고 하였다. 위없이 바르고 평등한 깨달음이란 뜻인데, 인도의 옛말을 소리나는 대로 옮겨서는 아뇩다라삼먁삼보리阿耨多羅三藐三菩提라고도 하였다. 또한 오늘날 여래십호如來十號라고 하는 것도 부처님에게만 붙여지는 호칭이었다. '여실하게 오신如來 · 거룩한應供 · 바르게 두루 아는正遍知 · 지혜와 실천을 완성한明行足 · 행복으로 나아가신善逝 · 세상을 아는世間解 · 위없는無上士 · 사람을 길들이는調御丈夫 · 하늘과 인간의 스승이신天人師 · 깨달은 어른佛世尊'이 초기경전에 자주 등장하는 부처님이다. 여기에서 여실하게 오셨다는 것은 진리로부터 오셨다는 의미로 해석되고, 거룩하다는 것은 아라한과 같은 의미이다. 또한 하늘과 인간의 스승이라는 표현에는 인도인들의 신神에 대한 관념이 포함되어 있다. 인도의 옛말 데바deva를 한문으로 번역하여 천天, 즉 하늘이라고 한 것인데, 거기에는 브라흐만 신과 같은 절대적인 신격도 포함되지만 사람이 좋은 일을 하고 죽어서 인간보다 좋은 세상에 다시 태어나는 존재도 마찬가지로 하늘이라고 한다. 아무튼 한문으로 옮겼을 때는 각각이 명사형이지만, 남방불교에 전하는 초기경전에서는 마지막의 깨달은 어른을 제외하고 모두 형용사형을 취하고 있어 이렇게 번역했다.

2. 불신론과 불타관의 정립

  그런데 부처님이 돌아가시고 나서도 부처님에 대한 대중들의 존경과 숭배의 마음이 식을 줄 모르면서 부처님에게는 아라한과 비교할 수 없는 특별한 능력이 있었다는 믿음이 나타나게 되었다. 초기경전에서 이미 그 발단을 보이기 시작하는 삼명三明, 육신통六神通, 십력十力, 십팔불공법十八不共法 등이 그것이다. 여기에서 삼명은 과거세의 일을 아는 지혜宿命智·사람들의 생사 이후에 대해 아는 지혜生死智·번뇌가 완전히 다한 것을 아는 지혜漏盡智이다. 그리고 육신통은 삼명의 연장선상에서 신족통神足通·천이통天耳通·지타심통知他心通·숙명통宿命通·천안통天眼通·누진통漏盡通이다. 어디든 자유롭게 다닐 수 있고, 모든 소식을 들으며, 남의 마음을 알고, 모든 것을 보는 등 전지전능한 힘이 부처님에게 있었다고 믿게 된 것이다. 그리고 십력과 십팔불공법 역시 육신통 등을 포함하여 부처님에게만 나타나는 특별한 능력을 이야기한 것이다.

  또한 부처님의 모습에 대해서도 삼십이상三十二相 팔십종호八十種好를 갖춘 대단히 뛰어난 관상의 소유자라고 설명하게 되었다. 예를 들면 부처님의 정수리에는 상투처럼 살이 솟아나 있었고頂上肉髻相, 미간에는 흰 털이 나선형으로 나 있었으며眉間白毫相, 피부는 금색이었다는 것金色身相 등이 삼십이상의 내용이다. 팔십종호는 그보다 세부적인 묘사인데, 삼십이상과 팔십종호를 합친 것이 부처님의 모습이라는 뜻으로 쓰는 상호相好라는 말이다.

그리고 석가모니부처님이 그처럼 완벽한 인격체가 되신 것은 이생에서의 출가와 수행만이 아니라 무수한 생을 거듭하면서 갖가지 몸으로 구도求道와 선행을 계속해온 결과라는 생각에서, 민간신앙의 차원에서 부처님의 전생 이야기인 『본생담本生譚』이 무수히 만들어지게 되었다. 그 이야기들에서 부처님의 전신인 보살菩薩은 왕이나 부호, 도적 등 여러 직분의 인간이나 사자, 코끼리, 사슴 등의 동물로 등장해 여러 가지 선행으로 공덕을 쌓아 마침내 이 세상에서 부처님이 되신 것이라고 가르치고 있다.

이처럼 부처님에 대한 신격화가 진행되면서 다른 한편에서 부처님은 사후에 어떻게 되었을까에 대한 논의가 일어나기 시작했다. 그래서 석가모니부처님의 육신色身은 멸했지만, 불멸의 진리를 토대로 그것과 일체가 된 부처님의 본래 몸, 즉 법신法身은 영원하다는 생각이 나타났다. 그리고 그것을 뒤집어 부처님은 불멸의 진리를 토대로 본래는 영원한 존재지만, 사람들을 구제하기 위해 이 세상에 몸을 나투셨다고 생각하기에도 이른다. 그렇게 현실에 나투셨던 몸을 화신化身 혹은 응신應身이라고 하는데, 그런 부처님의 육신은 보통사람들과 같은 생멸의 관념을 적용할 수 없는 것이어서 그 소멸은 부처님이 자신의 의지를 가지고 선택한 것任意捨命이라고 했다. 그리고 이와 같은 2신론은 다시 3신론으로 발달한다. 법신과 응신에 이어 보신報身을 보탠 것이다. 보신이란 부처님이 과거 오랜 생을 윤회하면서 닦은 수행과 덕화가 현생에서 그 과보로 나타난 몸으로, 지혜智慧와 복덕福德이 무궁무진하다는 측면을 강조하는 개념이다. 응신은 석가모니부처님의 일생을 통해 보듯이 구체성을 지니고 있지만 시작과 끝이 있고, 법신은 시작도 끝도 없이 영원하여 보편성은 풍부하지만 추상적이다.

그래서 양자의 장단점을 보충할 만한 보신을 내세우기에 이른 것이다. 보신은 이른바 보편적이면서 구체적인 것이다. 말하자면 보신에 이르러 부처님은 인간이면서도 신적인 존재가 된 것이다. 이와 같은 논의를 불신론佛身論이라고 한다.

그런데 위의 불신론에서도 알 수 있는 것처럼 불멸의 진리라는 입장에서 부처님은 영원하다고 해도 너무 추상적이기 때문에 사람들의 마음에 충분한 만족을 주지 못했다. 그래서 구체적인 부처님의 존재를 구하게 되어 불신론과 병행해서 불타관佛陀觀이 발달하게 된다.

먼저 석가모니부처님을 모델로 한 부처님이 설정된다. 석가모니부처님은 진리의 입장에서 영원하지만 그 구체적인 모습을 현재는 볼 수 없다. 그래서 아득한 미래의 언젠가 석가모니를 대신한 부처님이 구체적인 모습으로 나타날 것이라는 기대가 생겼다. 이것이 미래불未來佛 사상이라고 일컬어지는 것이다. 미륵보살彌勒菩薩이 그 부처님에 해당한다. 미륵보살은 현재 도솔천兜率天에 있는데, 56억 7천만년이 지나 이 세상에 태어나下生 부처님이 되어 사람들을 구제할 것이라고 생각되었다. 또한 미래불 사상이 일어나기 전에 과거불過去佛 사상도 있었다고 한다. 석가모니의 위대한 인격에 대한 숭배의 마음에서 과거에도 부처님의 시대가 있었을 것이라 상상하여 여러 부처님이 과거에 있었다고 믿어지기에 이른 것이다. 요컨대 부처님이라면 석가모니부처님 한 사람이었던 것이 석가모니의 입멸入滅을 계기로 여러 부처님이 과거 내지는 미래에 상정되기에 이른 것이다.

미래불 다음에 일어난 것이 내세불來世佛 내지 타토불他土佛 사상이다. 다시 말해 미륵의 출현 때 함께 태어나지 않는 사람은 부처님을 만날 수 없는 것이 아닌가 하는 의문이 생기고, 그래서 현재에도 다른 세계에 가면 부처님을 만날 수 있을 것이라는 생각이 나타난 것이다. 그 대표적인 것으로 서방세계의 아미타불阿彌陀佛과 동방세계의 아촉불阿閦佛을 들 수 있다. 그리고 앞의 미륵과 관련해서도 후세 미륵의 출현까지 기다리지 않고 직접 미륵이 있는 도솔천에 태어나겠다는 上生 사고방식이 생겨난다. 미래불로서의 미륵신앙과 내세불로서의 아미타신앙은 후세에 이르기까지 성행하여, 특히 현실이 말세적 경향이 농후할 때에는 그 신앙이 더욱 활발하게 일어났다.

그런데 내세불 내지 타토불 사상이 발달하면서 바로 지금 이 세상의 어딘가에 부처님이 있다는 생각도 생겨나게 되었다. 이것이 현재불現在佛 사상이다. 게다가 방위의 한정도 넘어서 현재 시방에 부처님이 충만하게 존재한다는 사상까지 나타났다. 그리고 더 나아가서는 『법화경法華經』이 성립하고 나서도 한참 뒤의 일이지만, 모든 사람들 안에 부처님의 종자가 존재한다는 여래장如來藏 사상까지 나타난다.

3. 석가모니부처님 사후의 승단

한편 석가모니부처님이 돌아가시고 나서 약 100년간 승단은 아무런 동요도 없었다. 생전에 부처님으로부터 직접 가르침을 받은 이들의 지도력이 그대로 존속되고 있었기 때문일 것이다. 그러나 B.C. 4세기 무렵에는 계율이나 아라한의 자격, 교리 등에 대한 견해차이가 발생하며 승단은 보수적인 상좌부上座部와 진보적인 대중부大衆部의 두 파로 분열하게 된다. 그리고 각 파가 다시 분열을 거듭해 B.C. 1세기경까지 모두 20부파部派가 성립하게 되는데, 이 시대를 부파불교시대라 부른다.

왕족이나 상공업자들의 후원으로 승원僧園에 머물며 안정적인 생활이 가능했던 부파불교시대 각 부파에서는 각 부파별로 전승되는 부처님의 가르침에 대한 전문적인 연구들이 행해졌다. 석가모니부처님은 만나는 상대의 근기根機를 살펴 그에 알맞는 가르침을 베푸셨으므로 그 가르침을 모아놓은 경전들이 언뜻 보기에는 산만하고 단편적인 면이 없지 않았다. 그래서 그런 가르침들을 분석하여 체계화시킬 필요가 있었는데, 그러한 연구를 아비달마阿毘達磨라고 불렀다. 그리고 그 결과 불교의 성전은 부처님이 돌아가시고 나서 마하 캇사파의 주도로 편집된 부처님의 교설을 중심으로 한『경장經藏』과 계율에 관한 사항을 담은『율장律藏』에 아비달마의 논서들을 모은『논장論藏』이 보태어져『삼장三藏』이 되었다.

그런데 부파불교의 아비달마 교학은 전승된 부처님의 가르침을 체계화하는 데는 큰 기여를 했지만, 부처님의 가르침을 자신들의 전승에만 한정시키고 지나치게 번쇄한 훈고학적 해석을 덧붙여 그것을 난해하고 무미건조한 것으로 만들어갔다. 불교의 궁극적 목적을 무위無爲의 열반涅槃에 있는 것으로 해석하고 이상적인 인간상은 그러한 열반을 이루는 아라한으로 보았다. 그래서 전문적인 교학을 연구하며 철저하게 수행하는 출가자가 아니고는 불교를 행하기 어렵게 만든 것이다.

대승불교의 출현과 공사상의 발달

1. 새로운 불교운동의 대두

부파불교시대의 승단이 각 부파별로 아비달마 교학에만 몰두하며 일반 대중들로부터 소외되어가고 있을 때 새로운 불교의 개혁운동이 일어났다. 대승불교大乘佛敎라는 것이 그것으로, '큰 탈것大乘'이라는 그 이름에서도 알 수 있듯이 당시 승단이 자신의 해탈에만 관심을 기울이고 대중 교화에 소극적이었던 모습을 '작은 탈것小乘'이라 비판하며 불교 본연의 모습인 적극적이고 능동적인 사회적 실천을 주장한 것이다. 그것이 어떻게 등장했는지에 관한 역사적 기록이 전혀 없어 오늘날 대승불교 성립에 관한 연구는 그 결과물인 대승경전들을 통해 추정해볼 수밖에 없는 한계가 있지만, 불교학계에서는 대체로 다음과 같이 설명하고 있다.

먼저 석가모니부처님의 사후 재가신자들은 불탑佛塔에 대한 공양供養을 중심으로 부처님에 대한 추억을 더듬으며 신행생활을 영위했던 것으로 보이는데, 그때 불탑 주변에 자리 잡고 재가신자들에게 부처님의 생애 등을 이야기해주며 그들의 신행을 안내하던 소수의 출가자 무리가 있었을 것으로 추정된다. 그들의 이야기 중 특별히 부처님의 『본생담』은 재가신자들에게 새로운 영감을 주었을 것이다. 말하자면 『본생담』 속에서의 부처님의 전신은 여러 신분이나 때로는 동물로 등장해 갖가지 선행으로 이웃들을 돕고 진리를 구하기 위한 용맹정진을 멈추지 않아 마침내 부처님이 되었다고 한다. 따라서 현재의 자신들도 신분과 직업은 제각각이지만, 부처님의 전생을 본받아 살아간다면 언젠가는 스스로도 부처님이 되지 않을까 하는 희망이 싹트기 시작한 것이다. 그래서 그들은 스스로를 본래 부처님의 전생을 가리키던 말인 보살菩薩이라고 자부하기 시작했다. 보살은 '깨달음의 중생衆生' 정도의 의미로, '깨달음을 구하는 중생' 내지는 '깨달을 중생'이라 할 수 있다. 또한 기성의 승단처럼 아라한의 해탈이 아니라 부처님의 깨달음, 즉 아뇩다라삼먁삼보리를 종교적 목표로 삼았다. 그래서 대승의 교도가 된다는 것은 부처님의 깨달음을 구하는 마음을 내는 것이었다. 그것을 경전에서는 아뇩다라삼먁삼보리심阿耨多羅三藐三菩提心 혹은 줄여서 보리심菩提心을 낸다고 한다. 그리고 그들의 이념은 상구보리上求菩提 하화중생下化衆生이었다. 말하자면 '위로는 깨달음을 구하고 아래로는 중생들을 제도하는 것'이었다. 역시 대중들에 대한 교화에 무관심했던 당시의 승단에 대한 비판이 담긴 태도였다. 또한 앞서 부처님의 전도 선언을 설명하던 중 불교에서는 애초부터 통일된 교단이 불가능하지 않았을까 하는 의문을 제기했는데, 역사에는 기록되지 않은 채 특정 부파에 속하지 않으며 자신들 방식대로 부처님의 가르침을 전승해온 교단이 존재했을 수도 있다. 그리고 그들이 자신들의 이해를 바탕으로 대승불교의 이념을 지도했을 가능성도 생각해볼 수 있다는 것이 필자의 생각이다.

2. 대승경전의 출현

아무튼 대승불교운동은 혁신적인 소수 출가자들의 지도와 재가신자들의 적극적인 참여로 발생하였을 것으로 추정되는데, 어느 정도의 세력이 형성되자 그들은 먼저 대승경전들을 만들어내기 시작한다. 특히 재가자들의 참여가 상당했다는 것은 경전에 선남자善男子·선여인善女人이란 표현이 자주 등장하는 것에서도 확인할 수 있다. 양가집 자제 정도의 의미로, 출가자가 아닌 재가신자를 설법의 대상으로 하고 있는 것이다.

그리고 본래 경전이란 부처님의 가르침을 전하기 위한 것이었지만 처음부터 문헌의 형태를 띠고 성문화되어 있었던 것은 아니다. 부처님 당시의 승가는 부처님께서 어느 때 어느 곳에서 이러이러한 가르침을 펴셨다는 내용을 운문이나 산문의 형태로 가다듬어 암송하며 전승하였다. 또한 다른 나라 사람들에게 불교를 전도할 경우 다른 언어로 바꾸어 가르침을 펴는 데도 상당히 자유로웠다. 그러나 시간이 지남에 따라 부처님 가르침의 원형을 보존해야 한다는 차원에서 성문화할 필요성이 대두되었고, 그 결과 오늘날까지 전해져오는 것이 동남아시아 불교권에 전승되는 팔리어로 된『니카야』이고 그와 비슷한 내용을 한문으로 번역한 것이『아함경阿含經』이다. 이 경전들은 부처님의 가르침을 비교적 원형 그대로 전하고 있다는 점에서 초기불교의 사상을 연구하는 데 없어서는 안될 기초자료가 되고 있다.

그런데 대승의 경전들은 오늘날 문헌학적 연구를 통해서 알 수 있는 그 최초의 등장이 서력기원 전후이다. 부처님께서 돌아가신지 5백여 년이 지난 후에야 비로소 등장하므로 대승경전은 처음부터 부처님의 가르침이 아니라는 주장이 강하게 제기되었다. 대승의 입장에서 소승小乘이라고 폄하되던 기성 승단의 입장이 주로 그러했는데, 이런 그들의 주장을 대승비불설론大乘非佛說論이라고 한다.

그러면 대승경전은 어떤 이들이 어떤 경로로 편찬한 것일까. 불행히도 역사적 자료가 남아 있지 않아 그런 저간의 사정을 확인할 길은 전혀 없다. 다만 추정해볼 수 있는 것은 대승불교운동의 지도적 위치에 있었던 선각자들이 나름대로 깊은 사유와 명상을 통해서 자신들이 이해하고 있었던 부처님 가르침의 올바른 정신을 당시 사람들이 잘 이해할 수 있도록 부처님께서 누군가를 상대로 설법하신 것처럼 편집한 것이 아닐까 하는 정도다. 자신의 생각을 부처님 말씀처럼 엮었다는 것이 일종의 명의도용이라는 입장에서 도덕적으로 정당하지 못한 것 아닌가 하는 의문이 들 수 있지만, 자신이 속해 있는 철학사조나 자신을 가르친 스승 때문에 자신이 그런 생각을 하게 되었다고 여겨 스스로의 독창적 사유 자체도 자신의 학파나 스승의 이름으로 발표하는 것이 자연스러웠던 인도인들의 입장에서는 큰 문제가 아니었다. 그보다는 대승경전들에 담겨 있는 사상이 부처님의 근본정신을 올바로 반영하고 있는가가 더 큰 문제였는데, 오늘날 대부분의 학자들이 인정하는 바에서는 대승비불직설大乘非佛直說이라는 표현을 쓴다. 말하자면 대승경전은 부처님께서 직접 설한 가르침은 아니지만, 그것이 전혀 부처님의 가르침과 다른 것은 아니라는 입장이다. 일반적인 경전의 형식을 충실히 따랐다는 점에서만이 아니라 대승경전의 내용들을 면밀히 살펴보면 『아함경』이나 『니카야』 속의 무수한 비유와 설화들이 그대로, 혹은 보다 발전된 형태로 등장하는 등 초기불교 안의 상당한 문화적 콘텐츠들을 자연스럽게 계승하고 있는 점에서 그렇다는 것이다. 그러면서 새로운 차원에서 부처님 가르침의 근본정신에 대해 새롭게 일깨우고 있다.

한편 대승경전들은 대부분 산스크리트어로 전승되고 있다. 산스크리트어는 바라문교에서부터 그들의 종교문헌들에 쓰여 일종의 표준어 역할을 했던 언어로 부처님 당시에도 통용되고 있었지만, 부처님은 산스크리트어에 대비하여 토속어를 의미하는 프라크리트어, 특히 그 중에서도 마가다 국의 언어인 마가디어를 주로 사용하여 설법했을 것으로 추정된다. 『니카야』에 쓰인 팔리어도 프라크리트어의 일종인데, 그것이 널리 유포되었던 지역과 시기가 부처님과는 달라 부처님이 쓰신 언어는 아니었다고 한다. 아무튼 대승경전들이 주로 산스크리트어로 전해진다는 사실은 대승불교가 당대 인도의 철학사조들 가운데 주류의 하나로 역할했던 증거라고 사료된다.

3. 반야경의 등장과 공사상의 강조

대승경전 중 최초로 성립된 것은 몇몇 『반야경般若經』들로 추정되는데, 거기에서는 먼저 부처님의 근본 가르침에 대한 부파불교의 오해를 논박하는 것이 주된 내용이 되고 있다. 예를 들면 무아無我와 연기緣起의 가르침에 관한 것인데, 본래 바라문교의 전통이 뿌리 깊었던 인도의 풍토상 승단에 출가하여 전문교육을 받았다 하더라도 아트만을 부정하는 불교의 가르침을 올바로 이해하기는 쉽지 않았을 것이다. 그 대표적인 것이 승단의 여러 부파 중 하나인 설일체유부說一切有部의 '삼세실유三世實有 법체항유法體恒有'라는 해석이다. 말하자면 이 세상의 변화는 마치 영화필름의 각 장면처럼 순간순간의 실체三世들이 순차적으로 나타났다 사라지는 것이며, 각 존재들도 그것을 이루는 요소法體들이 이리저리 조합되어 변화하는 것이란 해석이다. 따라서 부처님의 무아의 가르침은 실체라고 할 만한 것이 없다는 것인데, 다시금 그 근저에 무언가가 있긴 있다는 유론有論으로 잘못 해석된 것이다. 또한 부파에 따라서는 무상無常과 무아를 허무虛無로 해석하여 허무주의의 사고방식에 빠져 있는 무리도 있었다. 그래서 그런 그릇된 이해들을 바로잡기 위해 『반야경』에서는 공空이라는 개념을 적극적으로 등장시키고 있다.

본래 초기경전에서도 무아나 연기와 같은 말로 공이란 단어가 등장한다. 다만 초기경전에서의 공은 '비었다'는 뜻의 쑨야sūnya로 주로 형용사형이 쓰였는데, 대승불교에서는 공한 성품空性이라는 뜻의 쑨야타sūnyatā를 자주 쓰고 그에 대해 적극적인 해명을 가함으로써 부파불교의 오해를 불식시키고 있는 것이다. 예를 들면 『반야경』 중에는 이런 말이 나온다. "물질色을 공하게 함으로써 물질의 공色空이 아니다. 물질이 곧 공이고, 공이 곧 물질이다." "공 안에 멸滅이 있는 것도 아니고, 또한 멸하도록 하는 것도 없다. 모든 법이 마침내 공한 것이 곧 열반涅槃이다." 또 『반야경』과 동일한 계통인 『유마경維摩經』에서는 '물질이 곧 공이고, 물질이 소멸해서 공이 되는 것이 아니다. 물질의 성품 자체가 공이다'라고 한다. 이 말들은 오늘날 우리가 자주 대하는 『반야심경般若心經』의 '물질이 공과 다르지 않고 공이 물질과 다르지 않아, 물질이 곧 공이고 공이 곧 물질'이라는 구절과 같은 의미를 전하고 있는 것이다. 초기경전의 용어로 바꾸어 설명한다면 '물질을 무아가 되게 해서 물질이 무아라는 것이 아니라'는 뜻이다. '물질 그 자체가 무아의 속성을 띠고 있어 무아'라는 것이다. 이것은 앞서 중도中道를 설명하는 자리에서 이야기했던 것처럼 있는가有 없는가無나 영원한가常 영원하지 않은가斷, 하나인가一 다른가異 하는 것을 따지는 양극단적인 사고방식으로는 이해할 수 없는 것이다. 그렇게 양극단에 사로잡힌 사고를 초기불교에서부터 전도顚倒된 사고, 다시 말해 뒤집힌 생각이라고 한다.

아무튼 연기와 무아의 가르침은 이 모든 삼라만상의 근원적인 존립 근거를, 말하자면 그 안에 내재된 진리, 즉 법성法性임을 암시하고 있는데 비해, 대승불교의 공사상에서는 그것을 공空 내지 공성空性이라고 단언하고 있는 것이다. 그렇다면 어떤 차이가 있는 것일까. 초기경전의 가르침들을 통해 나타나는 부처님의 입장은 누구나 스스로 깨닫게 하기 위해 언어에서도 대단히 섬세하게 배려하여 자못 소극적이거나 부정적인 표현을 자주 쓰셨던 것에 비해 대승불교는 부처님의 근본정신을 잇는다는 대의명분하에 적극적이고 긍정적인 표현을 구사하고 있는 것이다.

예를 들면 석공관析空觀과 체공관體空觀이라는 말이 있다. 소승불교, 특히 앞서 거론한 설일체유부에서는 물질色을 요소적으로 분석하여 공하다는 결론에 도달하는데, 이런 태도를 석색입공관析色入空觀, 줄여서 석공관이라고 한다. 결국 있다有와 없다無의 양극단적인 사고방식에서 나온 해석이라고 할 것인데, 이런 점은 무상과 무아를 허무로 본 입장도 마찬가지이다. 그에 비해 대승불교는 삼라만상을 공 그 자체로 보았다. 이것을 체색입공관體色入空觀, 줄여서 체공관이라고 한다.

또한 『반야경』에서는 공공空空 혹은 공역부공空亦復空이라는 말이 나온다. 공도 역시 공하다는 뜻인데, 사물이 공하다는 것은 사물에 공이라는 '것'이 있다는 뜻이 아니라는 의미이다. 사물 그 자체의 속성이 공이라는 사실을 표현한 말이 이 공공 혹은 공역부공이다. 허무주의자들은 온통 다 허무하다는 '것'에 사로잡혀 그것에 집착하는데, 그것을 비판하기 위한 말이었다.

『유마경』에 등장하는 불이不二라는 말도 있다. 이것은 공의 관념을 서로 상대적인 양자에 적용한 것이다. 불이라는 말을 알기 쉽게 남녀를 예로 들어 설명하면, 남녀 어느 편이나 각각 독립되고 고정된 실체를 가지고 남자나 여자로 존재하는 것이 아니라 여자가 있어서 남자, 남자가 있어서 여자라는 식으로 상의상관相依相關하면서 남자는 남자로 존재하고 여자는 여자로 존재하고 있는 것이다. 이것이 남녀 양자에 관한 실상이다. 이런 사실을 표현하여 둘이 아니라고 했던 것이다. 왜냐하면 공이란 여러 가지 존재가 무로 돌아가는 것을 이야기한 것이 아니고, 또한 그렇게 이해하여 허무주의에 빠져드는 것도 아니기 때문이다. 사사물물이 상의상관하여 전체가 하나를 이루면서 각각 생성하고 요동하는 그런 모습, 그런 실상을 이름하여 공이라고 했던 것이다. 이것을 인식론 내지 실천론의 각도에서 바꿔 말하면 공이란 사사물물을 있는 그대로 객관적으로 일부분에 사로잡히지 않고 전체적으로 관찰하는 것이고, 그렇게 함으로써 자신의 주체적인 실천이 생겨나는 것이다. 앞에서 예로 들었던 남녀의 양자에 관해 말한다면 남녀불이 내지 공이란 남녀의 어느 쪽을 부동의 것으로 고정시키고 절대시하여 한 편을 다른 편에 종속시키는 것도 그릇된 것이고 각기 관계없는 독립되고 고정된 존재로 간주하는 것도 그릇된 것이라는 의미이다. 그렇다고 해서 남자도 여자도 아닌 것으로 돌아가는 것을 의미하는 것도 아니다. 남자는 남자로서, 여자는 여자로서 각각의 담당과 개성을 충분히 주체적으로 발휘하면서도 한 몸인 것을 말한 것이다. 역으로 말하면 남녀불이 내지 공이 근본이 되어 참으로 남녀의 양자가 각각 주체적으로 살아나는 것이다.

4. 대승불교의 실천론

아무튼 이와 같은 사상적 토대를 가지고 대승불교는 적극적이고 능동적인 사회적 실천을 주창할 수 있었는데, 경전에 등장하는 불국토장엄佛國土莊嚴이라든가 성취중생成就衆生이라는 말이 그것이다. 대승경전에는 여러 불국토가 대단히 아름다운 모습으로 장엄되어 있는 것이 자주 묘사되는데, 그것이 암시하는 바는 우리가 살아가는 바로 이 땅을 그와 같이 꾸며야 한다는 것이다. 그때 시각적인 아름다움은 진리의 활현임을 명심해야 한다. 진리가 널리 퍼져 진리가 세상을 움직이는 밑바탕이 되는 세계, 다시 말해 지극히 윤리적이고 정의로운 세상을 만들어나가야 하는 것이 대승불교도가 이루어야 할 불국토장엄이다. 성취중생이라는 말도 마찬가지이다. 중생이라는 말은 모든 생명체를 일컫는 것이지만, 불교의 입장에서는 깨달음이 없는 존재이다. 그들을 깨달음의 세계로 이끌어 들이는 것 역시 대승불교도의 사명이다.

그래서 대승의 불교도에게는 육바라밀六波羅蜜이라는 실천덕목이

주어진다. 보시布施·지계持戒·인욕忍辱·정진精進·선정禪定·지혜智慧
가 그것인데, 초기불교의 그것들과 차이가 나는 것은 각각에 바라밀
波羅蜜이라는 말이 붙는 것이다. 바라밀이란 도피안到彼岸이라고 번역
되는데, '피안에 이른 상태'를 의미한다. 말하자면 보시바라밀이란 완
성된 보시 내지 보시의 완성이란 의미로, 그저 무언가를 남에게 베푸
는 보시와는 차별이 있는 것이다. 다시 말해 초기불교에서의 보시는
남을 위해 재물을 베푸는 것으로, 재가신자들은 오계를 지키는 것과
함께 보시를 행함으로써 내세에 좋은 곳에 태어난다고 가르쳐졌다.
그러나 대승불교에서의 보시바라밀은 일체가 공하다는 지혜를 바탕
으로 그 어디에도 집착하지 않는 보시이다. 또한 계를 지키는 것, 욕
됨을 참아내는 것, 바르게 노력하는 것, 명상을 행하는 것 역시 마찬
가지인데, 그것들은 모두 마지막의 지혜바라밀이 바탕을 이루고 있어
완성될 수 있다는 것이다. 여기서 지혜란 인도의 옛말에서 유래된 반
야般若라고도 하는 말로, 그 내용은 역시 모든 존재는 자성自性이 공하
다는 것이다. 따라서 반야바라밀般若波羅蜜이란 초기불교에서의 생사
生死와 대비되는 열반涅槃보다 한 차원 높은 개념이라 할 수 있다. 『반
야경』의 한 종류인 『금강경金剛經』에서 '보살이 무수한 중생을 구제했
다 해도 실제로 구제된 중생은 하나도 없다. 왜냐하면 보살에게 아상
我相·인상人相·중생상衆生相·수자상壽者相이 있으면 보살이 아니기 때
문이다'라고 한 것이 이런 의미이다. 여기에서 아상 등은 나라는 생
각, 사람이라는 생각, 중생이라는 생각, 목숨이 있는 것이라는 생각
을 가리키는데, 우주의 삼라만상이 공하다는 지혜에 입각할 때 모든
것에 대한 분별이 없어지기 때문이다. 무상無相이라는 말로 표현되기
도 하는 것으로, 공한 진리는 특정한 모습을 지닌 것이 아니라는 뜻이
다. 『반야심경』에서 '이 모든 법의 공한 모습은 생겨나지도 않고 멸하
지도 않으며 더럽지도 않고 깨끗하지도 않으며 늘어나지도 않고 줄어
들지도 않는다'고 한 것이다. 그러므로 공을 있는 그대로 본다는 것은

분별을 떠난 상태이고, 다시 분별하는 마음마저도 이미 사라져버린 상태이다.

이와 같은 대승불교의 근본정신은 지혜智慧와 자비慈悲, 원력願力으로 다시 정리해볼 수 있다. 여기에서 지혜와 자비란 '위로는 깨달음을 구하고 아래로는 중생들을 교화한다'는 입장이다. 그런데 앞서 밝힌 대로 보살로서는 깨달음을 구하여 부처님이 되는 것이 지상과제지만, 깨달음을 먼저 얻고 난 후 중생들을 교화하는 것이 아니다. 깨달음 얻기 위해 중생들을 교화하는 것이고, 중생들을 교화하기 위해 깨달음을 구하는 것이다. 그래서 보살에게는 원력이라는 것이 필요하다. 원력이란 '한없이 원하는 힘'이다. 이것은 다른 말로 서원誓願이라고도 하고 행원行願이라고도 한다. '실천을 위한 맹세'라는 의미이다. 『화엄경華嚴經』에서는 '허공계虛空界가 다하고 중생계衆生界가 다하며 중생의 업業이 다하고 중생의 번뇌가 다한다면 보살의 행원도 다하겠지만, 허공계 내지 번뇌가 다하지 않기 때문에 보살의 행원도 다하지 않는다'는 이야기가 나온다. 여기에서 대승불교가 기도하고 있는 깊은 종교성이 드러나는 것이다.

법화경의 탄생과 그 삼대사상

1. 법화경의 출현과 그 배경

『법화경』의 현존하는 한역본은 286년에 축법호竺法護가 번역한 『정법화경正法華經』 10권 27품, 406년 구마라집鳩摩羅什이 번역한 『묘법연화경妙法蓮華經』 7권 27품(후에 8권 28품), 601년에 사나굴다闍那崛多와 달마급다達摩笈多가 번역한 『첨품묘법연화경添品妙法蓮華經』 7권 28품의 셋이다. 세번째의 『첨품묘법연화경』은 두번째의 구마라집 역을 보정한 것이다. 이외에 네팔 등지에서 발견된 사본들을 바탕으로 영국인 케른H. Kern이 일본의 난조 후미오南條文雄와 출판한 산스크리트어 원전이 있는데, 케른은 다시 그것을 영어로 번역해서 1884년 옥스포드에서 『The Saddharmapuṇḍarīka ; or The Lotus of the True Law』라는 제목으로 출판했다. 본서는 『고려대장경高麗大藏經』에 수록되어 있는 구마라집 번역의 『묘법연화경』을 저본으로 중화전자불전협회中華電子佛典協會가 교정하여 CD로 출간한 CBETA판Rev. 1.38(Big5), 完成日期 : 2009/12/17을 저본으로 하고 있는데, 문장부호는 현대어역에 맞추어 필자가 일부 수정하였다.

　아무튼 『법화경』은 『반야경』 『유마경』 『화엄경』 『아미타경阿彌陀經』 등과 함께 대승불교의 제1기에 등장한 것으로 여겨진다. 더 정확히는 A.D. 50년경에 그 최초의 원시부분이 성립되고 3세기 무렵에는 대체로 완성되었다고 보는 것이 학계의 견해이다. 그런데 원시부분이 성립된 A.D. 50년 무렵은 이미 『반야경』의 가장 오래된 것들도 완성된 시기여서, 대승불교와 소승불교의 대립이 정점을 이루고 있던 시기이다. 『반야경』의 주장에 의하면 '소승은 부처님이 될 씨앗을 불태워버린 무리'라고까지 했다. 여기에서의 소승이란 물론 부파불교의 승단을 가리키고 있는 것이 당연하지만, 거기에 한 부류를 더 보태어 설명한다. 말하자면 기성의 승단은 부처님의 말씀을 듣고 수행한다 하여 성문聲聞이라고 했는데, 불교는 애초부터 현명한 사람이라면 스스로 깨달을 수 있는 것이란 입장이어서 부처님의 가르침에 의존하지 않고 스스로 깨달으려 수행하는 이들도 인정하고 있었다. 그들을 벽지불辟支佛 또는 독각獨覺이라고 했는데, 그들이 깨달으려 하는 진리가 연기의 이치였으므로 연각緣覺이라고도 했다. 그리고 그런 입장에서 성문을 사성제와 팔정도를 익히는 무리라고 하면, 벽지불은 십이인연을 깨달으려는 무리이다. 그 성문과 연각에 대승불교의 보살을 보태어 삼승三乘이라고 불렀다. '세 가지 탈것'이란 의미였는데, 『법화경』의 최초 성립기는 그런 삼승의 극단적인 대립에 조절이 필요한 시기였다. 또한 모든 것이 무상하여 끊임없이 변해간다는 입장에서 부처님의 가르침도 정법正法·상법像法·말법末法의 시대를 거쳐 언젠가는 대중들에게서 완전히 잊혀져버릴 것이라는 위기감도 어느 정도 고조되어 있던 시기였다.

2. 법화경의 성립과정

다시 『법화경』의 성립과정을 살펴보면 대략 세 기간으로 나누어 보는 것이 최근 학계의 입장이다. 다시 말해 『법화경』의 최초 부분은 제2 「방편품方便品」에서부터 제9 「수학무학인기품授學無學人記品」까지로, 그 중에서도 산문의 뒤에 그 뜻을 게송偈頌으로 다시 거듭하는 부분이 먼저 성립되었을 것으로 본다. 『법화경』의 원시부분이라 하겠는데, 실제로 그 부분의 게송들만을 따로 뽑아서 읽어도 이야기의 전개에 아무런 문제가 없을 뿐 아니라 오히려 산문에서는 빠져있는 상세한 정황묘사까지 발견하게 된다. 『법화경』의 전반적인 기술방식은 고대의 서사시적인 경향이 강한데, 특히 이 부분에서는 깊은 사유와 명상을 통해 스스로의 사상을 시구로 읊어낸 선각자들의 체취를 느낄 수 있다.

이어서 제12 「제바달다품提婆達多品」을 제외한 제10 「법사품法師品」부터 제22 「촉루품囑累品」까지와 제1 「서품序品」을 두번째 성립된 부분으로 본다. 「제바달다품」은 구마라집이 처음 『법화경』을 번역했을 때는 없었던 부분이다. 말하자면 구마라집이 번역해낼 당시에는 『법화경』이 모두 27품으로 되어 있었는데, 그 후 『첨품묘법연화경』이 번역되면서 그 부분이 구마라집이 번역한 『법화경』에도 보태어져, 오늘날 전해지는 구마라집 번역의 『법화경』이 28품이 된 것이다. 그리고 제1의 「서품」이 이 시기에 성립하게 된 것은 앞의 최초 부분 『법화경』과 그 맥락을 통일시키기 위한 의도였다고 보인다.

그리고 나서 『법화경』의 다른 부분들이 독립된 사상이나 신앙으로 존속하다가 차례로 『법화경』 안으로 편입돼 들어왔다고 본다. 이런 『법화경』의 구성이 3세기 무렵에는 완성되었다고 보는 것은 그 당시 활동한 용수龍樹의 『대지도론大智度論』에 『법화경』의 마지막 품까지가 소개되고 있기 때문이다.

　그런데 이런 추정이 가능한 것은 『법화경』의 내용을 면밀히 검토한 결과이다. 최초 부분의 『법화경』에서는 부처님이 소승인 성문들을 상대로 설법을 하고 있는데, 다른 부분에서는 보살들을 상대로 한다. 제1「서품」역시 보살들끼리의 논의가 주요 내용을 이루고 있으므로 최초 부분과 두번째 성립된 부분을 통일시키고자 한 의도를 엿볼 수 있다. 또한 최초 부분에서는 성문들도 부처님이 될 것이라고 수기授記를 주는 것이 대체적인 내용이지만, 두번째로 성립된 부분에서는 보살들에게 적극적인 포교의 사명을 부여하고 있다. 여기서 수기란 '너는 언제 어디에서 어떠한 부처님이 될 것'이라는 부처님의 보증 내지 예언이다. 반면에 부처님이 어떠한 사명을 부여하는 것은 부촉付囑 내지 촉루囑累라는 말을 쓴다. 그것을 통해 부처님은 장래에 진리를 사회적으로 널리 전파시킬 것을 보살들에게 당부하신다. 역시 대승불교의 대승불교다운 모습이 가장 뚜렷하게 드러나는 대목이다. 그런데 여기서 주목해보아야 할 것은 제22「촉루품」의 위치이다. 보통 대부분의 경전이 부처님께서 설법을 마치고 그 가르침을 널리 펼 것을 부촉하므로 「촉루품」은 일반적으로 경전의 맨 마지막에 놓이는데, 구마라집의 『법화경』이나 산스크리트어의 『법화경』 원전은 중간에 들어있는 것이다. 따라서 두번째 성립된 부분의 『법화경』은 거기서 끝났다는 것을 알 수 있다. 또한 최초 부분의 『법화경』은 불탑을 사리탑舍利塔만으로 한정하고 있는데, 두번째 성립된 부분에서는 경탑經塔을 권장하고 있다. 사리탑은 석가모니부처님이 돌아가시고 나서 석가모니부처님의 유골을 예경하기 위해 만들어진 것인데 비해 경전을 봉안하고 탑을 만든다는 것은 진리야말로 대승의 보살들이 받들고 지켜내야 할 근본정신임을 나타내는 것이다. 또한 최초 부분의 『법화경』에서는 산문이 나오고 반드시 게송이 그 내용을 반복하는 데 비해 두번째 성립된 부분은 반드시 그렇지 않다. 그리고 최초의 부분에서는 경전을 수지受持·독송讀誦·해설解說하라고 나오지만, 두번째로 성립된 부분에서는 거기에 서사書寫, 즉 베껴 쓸 것이 보태어진다. 말하자면 아직까지 경전을 암송하여 전하던 시기에서 어느덧 성문화하기 시작한 흔적이라고 할 수 있다.

그리고 이어서 제23 「약왕보살본사품藥王菩薩本事品」을 위시한 나머지 부분과 제12 「제바달다품」이 제각기 편입되어 지금의 『법화경』을 성립시켰다고 보는데, 예를 들어 유명한 제25 「관세음보살보문품觀世音菩薩普門品」을 보면 이전까지의 『법화경』 내용과 아무 관련이 없는 관음신앙觀音信仰이 주된 내용을 이루고 있다. 말하자면 관음신앙이 일어나면서 본래 따로 독립되어 있던 경전이 『법화경』으로 편입된 증거이다. 또한 제26 「다라니품陀羅尼品」 같은 경우 대승불교가 서서히 밀교密敎와 융합되어가는 과정의 흔적으로 보인다.

3. 법화경의 삼대사상

그러면 『법화경』은 과연 어떤 사상을 담고 있기에 오랜 옛날부터 최고의 대승경전이란 찬탄을 받아온 것일까. 먼저 『법화경』은 전통적으로 제1의 「서품」에서부터 제14 「안락행품安樂行品」까지와 제15 「종지용출품從地涌出品」부터 마지막의 「보현보살권발품普賢菩薩勸發品」까지의 두 부분으로 나누어 그 사상을 이해하려는 경향이 있었는데, 천태종의 창시자인 천태대사天台大師도 그 견해에 따라 그 앞부분을 적문迹門이라 했고, 뒷부분을 본문本門이라 했다. 그리고 적문의 중심부를 제2 「방편품」으로 보았고, 본문의 중심부를 제16 「여래수량품如來壽量品」으로 보았다. 이제 그런 이해를 바탕으로 법화경의 중심사상을 살펴보기로 한다.

먼저 제2「방편품」의 주된 내용은 성문·연각·보살의 삼승은 방편方便이고 일불승一佛乘만이 진실眞實이라는 것이다. 앞서 『법화경』의 출현시기는 소승과 대승 간의 대립이 첨예한 시기라고 했는데, 이제 『법화경』을 통해 그 대립을 지양하고 하나의 더 큰 체계로 이끌어가려고 한 것이 『법화경』의 목적이었다. 그리고 그 하나의 더 큰 체계라는 것이 일불승인 것이다. 「방편품」에서 석가모니부처님은 먼저 이렇게 말씀하신다. "모든 부처님의 지혜는 매우 깊고 한량이 없으며 그 지혜의 문門은 이해하기 어렵고 들어가기 어려워 일체의 성문이나 벽지불이 알 수 없는 바다." 그런데 그런 말씀 끝에 갑자기 부처님의 생각이 바뀌어 더 이상 말씀하기를 꺼리신다. '부처님이 성취한 가장 희유하고 이해하기 어려운 법은 오직 부처님과 부처님만이 궁구해낼 수 있는 모든 법의 실상實相'이기 때문이라는 것이다. 그러자 사리불이 말씀해주시기를 청하고 부처님은 다시 거부하기를 두번 거듭한다. 그런데 그때 제자들 가운데 5천명에 이르는 대중이 자리에서 일어나 부처님께 예를 표하고 물러간다. 자신들은 이미 부처님의 가르침을 충분히 알고 있다 여긴 것이다. 경전에서는 그런 그들을 증상만자增上慢者, 즉 거만한 자라고 표현하고 있다. 그런 그들을 부처님은 말리지 않고 지켜보신다. 그리고 나서 '나의 지금 이 대중은 지엽枝葉은 없고 순전히 정실貞實만 있다'며 사리불의 세번째 간청에 마침내 말씀하신다. "모든 부처님은 오직 일대사인연一大事因緣 때문에 세상에 출현하신다… 모든 부처님은 중생들에게 부처님의 지견知見을 열어 청정함을 얻게 하고자 세상에 출현하시고, 중생들에게 부처님의 지견을 보여주고자 세상에 출현하시며, 중생들이 부처님의 지견을 깨닫게 하고자 세상에 출현하시고, 중생들을 부처님 지견의 도에 들어가게 하고자 하기 때문에 세상에 출현하신다." 이것이 단적으로 일불승의 내용이다. 성문이나 벽지불, 보살로 나뉜 부처님의 가르침이 있어 각기 자신들의 입장이 참된 부처님의 가르침이라고 믿고 있지만, 본래 부처님이 이 세상에 출현하신 까닭은 중생들에게 부처님의 지견을 열어開 ·보이고示·깨달아悟·들어가게入 하기 위해서라는 것이다. 일찍이 다른 경전에 이런 말씀은 없었다. 말하자면『법화경』에서야 부처님이 세상에 출현하시는 이유가 밝혀지고 있다. 그러면 성문·벽지불·보살의 삼승을 설하신 까닭은 무엇일까. 중생들은 온갖 욕망에 집착하고 있기 때문에 그 본성에 따라 가지가지 인연과 비유로 설명해줄 수밖에 없었기 때문이다. 그런 것들은 모두 방편이었다. 이제 때가 되었기에 부처님은 가르침의 핵심을 설하고 계신다. 이렇듯 결정적인 선언이 나오기 위해서 앞서 부처님의 설법 중에 5천명이나 되는 대중이 자리에서 일어나 돌아가는 충격적인 광경이 벌어지기까지 한 것이다. 천태대사는 특히 '오직 부처님과 부처님만이 궁구해낼 수 있는 모든 법의 실상實相'을 일승묘법一乘妙法이라 하여 우주의 통일적인 진리로 여겼다. 아무튼 이후 제3「비유품譬喩品」부터「수학무학인기품」까지는 역시 삼승은 방편이고 일불승만이 진실이라는 입장을 여러 가지 비유로 거듭 설명하고 소승인 성문들에게 성불의 수기를 하고 있다. 이어 제10「법사품」부터 제14「안락행품」까지는『법화경』이 최상의 경전이며 그것을 홍포할 사명이 보살들에게 있음이 밝히고 있다. 특히 제11「견보탑품見寶塔品」에서는 아득한 옛날 입멸入滅한 다보여래多寶如來의 불탑佛塔이 출현해『법화경』이 최상의 진리임을 증명한다. 따라서 적문의 핵심사상은『법화경』에서 밝히고 있는 우주의 통일적인 진리라고 할 수 있는 것이다.

다음 본문이 시작되는 제15「종지용출품」에서는 다른 세계에서 온 보살들이 사바세계娑婆世界에서의 포교를 자청하는데, 석가모니부처님은 그것을 받아들이지 않고 '이 사바세계에는 본래 수많은 보살들이 머물고 있어 그들이야말로 당신의 뒤를 이어 포교에 종사할 것'이라고 한다. 부처님의 말씀이 끝나자 실제로 무수한 보살들이 대지에서 솟아나와 석가모니부처님 앞에 이른다. 그러자 사람들이 놀란 눈으로 부처님께 '이 보살들은 어디에서 무엇 때문에 왔는가'를 묻는다. 그때 부처님은 '그들은 사바세계의 아래 허공에 머무는 자들로, 그들 이야말로 자신의 미래의 제자'임을 밝힌다. 그러자 사람들은 다시 '깨달음을 얻고 부처님이 된지 얼마 안되는 석가모니부처님에게 그렇게 수많은 게다가 숙달된 제자들이 있다고 생각할 수 없다'며 그것은 마치 '25세 정도의 청년이 백세의 노인을 가리켜 자신의 아들이라고 하는 것과 같다'고 의문을 던진다. 그리고 그에 대한 부처님의 대답이 제16 「여래수량품」에 나온다. 한 마디로 '나는 실제로는 부처님을 이룬 이래 무량무변 백천만억 나유타那由他 겁'이라는 것이다. 여기서 나유타란 천억을 이르는 말로, 상상을 초월하는 엄청난 세월을 이렇게 말한 것이다. 다시 말해 부처님은 영원한 존재임이 선언되고 있는 것이다. 앞서 석가모니부처님 이후의 불교를 설명하면서 석가모니부처님이 돌아가신 후 육신色身은 소멸하지만 부처님의 가르침은 영원하다는 측면에서 법신法身이라는 개념이 등장한 것을 이야기했는데, 이제 『법화경』에서는 그런 추상적인 개념을 뛰어넘어 석가모니부처님이 바로 영원한 부처님이라고 한다. 그런 이유를 경전에서는 이렇게 설명한다. "여래如來는 삼계三界의 모습을 여실히 알고 보니, 생사生死에서 혹은 물러서거나 혹은 나옴이 없고, 또한 세상에 있는 자도 멸도滅度하는 자도 없으며, 참된 것도 아니고 헛된 것도 아니며, 같지도 않고 다르지도 않아, 삼계와 같지 않게 삼계를 본다. 이 같은 일을 여래는 밝게 보아 착오가 없다." 말하자면 유有·무無 등 양극단적인 사고에 생각이 전도된 중생들은 태어나고 죽는 것이 이 세상의 모습이라고 알고 있지만, 부처님은 그렇게 보지 않으므로 영원하다는 것이다. 그러면 쿠시나가라에서 돌아가신 부처님은 어찌된 일일까. 부처님은 이렇게 설명하고 계신다. '만일 부처님이 오랫동안 세상에 머물면, 덕이 옅은 이들은 선근善根을 심지 않아 빈궁하고 하천하면서도 오욕五欲에 탐착貪著해 기억과 생각이라는 허망한 견해의 그물 속으로 들어

갈 것이다. 만일 여래가 항상 계셔서 불멸不滅하는 것을 보면 다시 교만한 마음을 일으키거나 싫증내고 게으른 마음을 품어 만나기 어렵다는 생각과 공경하는 마음을 낼 수 없을 것'이기 때문에 방편으로 반열반般涅槃의 모습을 보이셨지만, 실제로는 아직도 어딘가에서 설법을 계속하고 계신다고 한다. 그렇지만 생각이 전도된 중생들은 여전히 가까이 있어도 부처님의 신통력 때문에 부처님을 보지 못한다는 것이다. 이것이 천태대사가 본 본문의 핵심사상이다. 천태대사는 그것을 구원본불久遠本佛이라고 표현했는데, '아주 오랜 옛날부터의 본래 부처님'이란 뜻이다. 다시 말해 부처님을 통해 볼 수 있는 영원한 생명이라 할 수 있겠다.

　그런데 일승묘법과 구원본불의 사상이 뛰어나기는 하지만, 그에 대한 설명이 『법화경』 전체를 통해서 보면 지극히 부분적임을 알 수 있다. 오히려 『법화경』의 성립과정을 설명하면서 두번째로 성립된 부분, 특히 「제바달다품」을 제외한 제10 「법사품」부터 제22 「촉루품」까지를 보면 역시 현실의 어려움을 무릅쓰고 진리의 전파를 위해 매진하는 보살들의 모습에 크게 강조점이 놓여 있음을 알게 된다. 그런 보살들의 실천하는 자세를 경전에서는 여래사如來使, 즉 여래의 사도라고도 하고, 또 그런 이들의 공덕이 대단함을 설하기도 한다. 아무튼 『법화경』 전체를 일관하는 핵심사상은 보살들의 구체적인 실천행이라 할 수 있어, 진리와 생명과 실천이 『법화경』의 삼대사상이 되고 있는 것이다. 그 자세한 내용은 이어지는 다음 장들을 통해 독자들이 직접 확인해보기 바란다.

제1장 이제 곧 크나큰 법을 설하려 하시니 序品

이와 같이 나는 들었다. 한때 부처님께서 왕사성王舍城 기사굴산耆闍崛山 중에 큰 비구比丘 대중 1만2천 인과 함께 계셨으니, 그들은 모두 아라한阿羅漢이어서 이미 모든 새는 것漏이 다하여 다시 번뇌煩惱가 없고 스스로의 이익됨을 얻어 모든 맺힌 것結을 없애고 마음이 자재自在함을 얻었다.

如是我聞. 一時, 佛住王舍城耆闍崛山中, 與大比丘衆萬二千人俱, 皆是阿羅漢, 諸漏已盡, 無復煩惱, 逮得己利, 盡諸有結, 心得自在.

팔만사천의 부처님 가르침 중 최고의 경전이라고 하는 『법화경法華經』은 그냥 우연히 나타난 것이 아니다. 오늘날의 문헌학적 입장에서 본다면 초기불교의 가르침을 비교적 충실히 전하고 있다는 『아함경阿含經』이나 남방불교의 『니카야』를 기초로 하면서, 그 후 대승불교大乘佛敎의 흥기에 따라 가장 먼저 나타난 대승경전들인 『반야경般若經』의 가르침들을 배경으로 『법화경』의 가르침은 시작된다.

그러면서도 이것이 부처님의 가르침이라는 점에서 『아함경』이래 경전들의 전통적인 서술방식을 그대로 따르고 있다. '나는 이와 같이 들었다'의 '나'는 부처님의 입멸入滅 후 일차결집一次結集 때 『경장經藏』을 암송한 부처님의 제자 아난阿難을 가리킨다. 부처님께서 돌아가시고 나서 부처님의 가르침을 후대에 올바로 전하기 위해 처음 편집하는 자리에서 평소 부처님을 가까이서 모셨던 아난은 '나는 이와 같이 들었다'는 말로 자신이 부처님께 들은 말씀들을 회고하기 시작한 것이다. 그리고는 한때 부처님께서 어디에서 누구들과 계실 때 등 그 경전이 설해지게 된 동기들이 기술되는데, 『법화경』은 부처님께서 왕사성의 기사굴산에서 모두가 아라한인 비구 1만2천 명과 함께 계실 때 설해진 것이라고 한다. 왕사성은 부처님 당시 중인도의 강대국 마가다의 수도이고, 기사굴산은 뜻으로 번역해서 영취산靈鷲山이라고도 한다. 지금도 그 정상에는 부처님의 설법터가 보존되어 있다.

그런데 여기에서 아라한이란 경전에서 설명하고 있는 것처럼 모든 새어나오는 번뇌의 기미가 없어 다시 번뇌를 일으키는 일이 없고 스스로에게 이익되는 바를 얻어 그 어떤 맺힘이나 속박이 없이 마음이 자재함을 얻은 이를 말한다. 그들은 초기불교 이래 부처님의 가르침에 따라 수행하여 최고의 경지에 이른 이들이다.

이어서 경전에는 그 자리에 함께 하고 있었던 다른 대중들을 열거하고 있는데, 먼저 학學·무학無學이라 하여 지금 배우고 있는 사람과 이미 다 배운 사람 2천 명, 부처님의 양모였던 마하바사바제摩訶波闍波提 비구니比丘尼와 그 권속 6천 명, 부처님의 아내였던 야수다라耶輸陀羅 비구니와 그 권속을 들고 있다.

그리고는 보살마하살菩薩摩訶薩 8만 명도 그 자리에 있었다고 하는데, 보살이란 대승불교에서 크게 대두된 부처님의 제자 그룹으로 보살마하살은 그 가운데서도 지도자적 입장에 있는 존재를 가리킨다.

그리고 이어서 석제환인釋提桓因과 그 권속, 4대 천왕天王과 그 권속, 자재천자自在天子와 대자재천자大自在天子 및 그 권속, 사바세계娑婆世界의 주인인 범천왕梵天王 등과 그 권속, 여덟 용왕龍王과 그 권속, 네 긴나라왕緊那羅王과 그 권속, 네 건달바왕乾闥婆王과 그 권속, 네 아수라왕阿修羅王과 그 권속, 네 가루라왕迦樓羅王과 그 권속이 있었다고 한다. 이들은 바라문교의 신들과 천룡팔부天龍八部라고 해서 고대 인도신화에서 유래하는 신적神的인 존재들로, 모두 불법佛法을 수호하는 임무를 맡고 있다.

이어서 위제희韋提希의 아들 아사세왕阿闍世王도 여러 백천 권속과 함께 각기 부처님의 발에 예배하고 한쪽으로 물러나 앉는다. 위제희는 부처님의 열렬한 지지자였던 마가다 국왕 빔비사라의 부인으로서, 빔비사라 왕이 죽은 후 왕위를 이은 것이 아사세왕이었다.

그때 세존世尊께서 네 무리 대중들에 둘러싸여 공양供養과 공경恭敬과 존중尊重과 찬탄讚歎을 받으시고, 모든 보살菩薩들을 위해 대승경大乘經을 설하셨으니, 이름이 무량의無量義이고 보살을 가르치는 법法이며 부처님께서 호념護念하시는 바였다. 부처님께서 그 경을 설하고 나서 가부좌跏趺坐를 짓고 앉아 무량의처삼매無量義處三昧에 드시어 몸과 마음을 고요히 하셨다.

爾時世尊, 四衆圍遶, 供養 · 恭敬 · 尊重 · 讚歎, 爲諸菩薩說大乘經, 名無量義, 教菩薩法, 佛所護念. 佛說此經已, 結加趺坐, 入於無量義處三昧, 身心不動.

이렇게 부처님께서 네 무리의 대중들에 둘러싸여 공양과 공경, 존중과 찬탄을 받으시고 보살들을 위한 대승의 가르침을 폈으니, 그 이름이 『무량의경無量義經』이며 부처님께서 옹호하시며 마음에 담아두고 계시는 가르침이었다고 한다.

현존하는 대장경 안의 『무량의경』은 『법화경』 『관보현보살행법경觀普賢菩薩行法經』과 함께 '법화삼대부法華三大部'의 하나로 일컬어지는데, 중생들의 번뇌가 무량無量하여 부처님의 설법이 무량하고 부처님의 설법이 무량하여 그 의미가 무량하지만, 그 무량한 의미는 한 가지 법法에서 생겨나는 것으로서, 그 한 가지란 곧 무상無相이라는 가르침을 담고 있다.

그런데 여기서 무상이란 『반야경』들에서 강조하고 있는 공空의 이치와 같은 뜻으로, 초기불교 이래 불교의 핵심적인 가르침인 무아無我를 더욱 극명하게 밝힌 것이다. 말하자면 모든 것이 덧없고無常 괴롭고苦 실체가 아니라는無我 입장에서 이 세상 모든 현상은 서로 얽혀서 함께 일어난 것이라는 연기緣起의 가르침이 『아함경』 등 초기불교의 가르침이었고, 그렇게 본질적인 의미에서 이 세계는 텅 빈 것이기 때문에 심지어는 그것이 부처님의 가르침이라 할지라도 집착하여 얽매이지 않는 삶의 자세를 가르친 것이 초기 대승불교의 가르침이었다.

그렇게 부처님은 『무량의경』을 모두 설하시고 나서 가부좌를 짓고 앉아 그 경의 내용을 깊이 명상하는 무량의처삼매에 드시자 하늘에서는 만다라꽃 등 수많은 꽃들이 비처럼 내렸고 세계가 동서남북과 위아래 여섯 방향으로 흔들렸다. 삼매란 마음이 고도로 집중되어 편안한 상태를 말한다. 그러자 그 자리 모여 있던 모든 대중들은 일찍이 없었던 경험들을 얻고 환희하여 합장合掌하고 부처님을 일심一心으로 우러러보았다.

그때 부처님께서 미간백호상眉間白毫相의 광명을 놓아 동방 1만8천 세계를 치우침 없이 두루 비추시니, 아래로는 아비지옥阿鼻地獄에 이르고 위로는 아가니타천阿迦尼吒天에 미쳤는데, 그 세계에서 그 땅의 육취六趣의 중생衆生을 모두 다 보고, 또 그 땅에 계신 현재의 모든 부처님을 보며, 그 모든 부처님이 설하시는 경經의 법을 들었다.

爾時佛放眉間白毫相光, 照東方萬八千世界, 靡不周遍, 下至阿鼻地獄, 上至阿迦尼吒天, 於此世界, 盡見彼土六趣衆生, 又見彼土現在諸佛, 及聞諸佛所說經法.

삼매에 들어 계신 부처님은 미간백호상에서 빛을 비추어 동쪽의 1만8천 세계를 낱낱이 비추신다. 말하자면 요즘의 빔 프로젝터처럼 빛을 비추어 영상으로써 다른 세계들의 모습을 그 자리에 모인 대중들에게 보여주신 것인데, 특별히 그 방향이 동쪽이다. 인도인들의 관념에는 동쪽과 서쪽이라는 방위에 과거와 미래라는 시간적 의미가 포함되어 있다. 해가 떠온 방향인 동쪽은 지나간 시간인 과거를 의미하고 해가 질 서쪽은 앞으로 다가올 미래이다. 예를 들어 지금 서방정토西

方淨土 극락세계極樂世界에서 설법하고 계신다는 아미타阿彌陀부처님은 우리가 장래에 만나야 할 부처님인 것처럼 지금 부처님이 보여주고 계시는 동방의 세계는 과거의 세계이다.

본문 중에서 아비지옥이란 무간지옥無間地獄이라고도 하는데, 지옥 가운데 가장 낮은 곳을 의미한다. 괴로움이 한 순간도 멈추지 않는다고 해서 무간無間이라고 하는 것이다. 또한 아가니타천은 하늘 가운데 가장 높은 곳을 가리키는 말로 유정천有頂天이라고도 한다. 그리고 육취란 육도六道라고도 하는데, 중생이 윤회하는 지옥地獄·아귀餓鬼·축생畜生·수라修羅·인간人間·천天의 여섯 가지 세계를 가리킨다.

아무튼 그 과거의 1만8천 세계를 맨 아래부터 맨 위까지 치우침 없이 비추어 그 땅에 사는 중생들과 그곳의 부처님들, 그리고 그 부처님들의 설법을 보고 듣게 하시며, 그곳의 비구·비구니와 재가의 남녀신자가 수행修行하여 득도得道하는 것과 보살들이 보살도를 행하는 것, 모든 부처님이 열반涅槃하시는 것, 부처님이 열반하신 후 부처님의 사리舍利를 위해 칠보七寶로 탑塔을 세우는 것을 보여주셨다. 말하자면 과거세의 모든 부처님들과 그 부처님의 설법, 사부대중의 수행과 득도, 보살들의 보살행, 부처님의 열반과 사리탑의 건립 등을 보여주심으로써 이제부터 설하려 하시는 『법화경』 이전의 불교를 모두 망라하고 계신 것이다.

그때 미륵보살彌勒菩薩이 이런 생각을 했다. '지금 세존께서 신통변화의 모습을 나타내셨으니, 어떤 인연因緣으로 이런 상서로움이 있는가? 지금 부처님께서는 삼매三昧에 들어계시니, 이 불가사의不可思議하고 희유稀有한 일이 나타난 것을 누구에게 물어야겠는가? 누가 대답해줄 수 있을까?'

爾時彌勒菩薩作是念 : '今者世尊現神變相, 以何因緣而有此瑞? 今佛世尊

入于三昧, 是不可思議·現希有事, 當以問誰? 誰能答者?'

그러자 대중 가운데 있던 미륵보살에게 한 가지 의문이 들었다. '왜 이런 이적이 나타난 것일까. 부처님은 삼매에 들어 계시니 이런 불가사의한 일이 일어난 까닭을 누구에게 물어보아야 할까.' 그리고는 다시 생각하기를 '문수사리법왕자文殊師利法王子는 과거에 무수한 부처님들을 가까이 모시며 공양했으니, 이런 광경을 본 적이 있을 것이다. 그에게 물어보아야겠다'고 하였다.

그때 다른 대중들도 같은 궁금증을 가지고 있었으므로 미륵보살은 그 대중들을 대신하여 문수사리보살에게 물었다. 그리고는 부처님께서 미간백호상에서 비춘 빛으로 인해 자신이 본 저 동방 1만8천 세계에서의 일들과 왜 이런 상서로움이 있는가 하는 의문점을 아름다운 게송偈頌으로 읊어 문수사리보살에게 다시 한번 물었다.

그때 문수사리文殊師利가 미륵보살마하살과 모든 대사大士 및 선남자善男子 등에게 말했다. "내가 헤아려 생각하건대, 지금 부처님께서는 크나큰 법法을 설하시고, 큰 법의 비를 내리시며, 큰 법의 나팔을 부시고, 큰 법의 북을 치시며, 큰 법의 이치를 설명하려 하신다."
爾時文殊師利語彌勒菩薩摩訶薩及諸大士·善男子等 : "如我惟忖, 今佛世尊欲說大法, 雨大法雨, 吹大法螺, 擊大法鼓, 演大法義."

그러자 문수사리보살이 미륵보살을 비롯한 여러 보살과 대중들에게 '자신의 생각으로는 부처님께서 이제 곧 크나큰 법을 설하실 것'이라고 대답했다. 본문 중에서 대사는 현자賢者를 가리켜 보살과 같은 의미이고, 선남자는 양가집 자제 정도의 의미이다.

아무튼 문수사리는 이어서 자신의 과거 경험을 이야기하는데, 과거 모든 부처님들께서 이런 상서로움을 보이시고는 곧 큰 법을 설하셨다

는 것이다. 예를 들면 한량없이 아득한 과거에 일월등명여래日月燈明如
來라는 부처님이 계셔서 정법正法을 설하셨는데, 그 설법은 처음도 좋
고 중간도 좋고 마지막도 좋았으며, 그 뜻은 심원하였고 그 말씀은 훌
륭했으며, 순수하여 잡된 것이 섞이지 않은 맑고 청정한 행의 모습을
갖추었다고 한다.

"성문聲聞을 구하는 자를 위해서는 사제법四諦法에 따라 설하여 생로병
사生老病死로부터 제도해 마침내 열반涅槃에 이르게 하셨고, 벽지불辟支
佛을 구하는 자를 위해서는 십이인연법十二因緣法에 따라 설하셨으며,
모든 보살들을 위해서는 육바라밀六波羅蜜에 따라 설하시어 아뇩다라
삼먁삼보리阿耨多羅三藐三菩提를 얻게 해 일체 종류의 지혜를 이루게 하
셨다."
"爲求聲聞者說應四諦法, 度生老病死, 究竟涅槃 ; 爲求辟支佛者說應十二
因緣法 ; 爲諸菩薩說應六波羅蜜, 令得阿耨多羅三藐三菩提, 成一切種智."

또한 일월등명여래께서는 그 설법으로 무수한 중생들을 구제하셨
으니, 경전의 기술처럼 성문을 구하는 자에게는 사성제四聖諦와 팔정
도八正道의 가르침으로 생로병사에서 벗어나 해탈을 얻게 하셨으며,
벽지불을 구하는 자에게는 십이인연의 법을 설하셨고, 보살들에게는
육바라밀을 설하시어 부처님의 깨달음과 같은 깨달음을 얻게 하시어
모든 것을 다 아는 지혜를 얻게 하셨다는 것이다.

그리고 그 부처님이 열반에 드시자 다시 일월등명여래라는 이름의
부처님이 출현하시어 중생들을 제도하셨는데, 마찬가지로 같은 이름
의 부처님들이 2만 분이 계셔 똑같이 중생들을 제도하셨다고 한다.

그런데 그 마지막 부처님이 아직 출가하기 전 왕으로 계셨을 때 여
덟 왕자가 있었는데, 아버지가 부처님이 되셨다는 소식을 듣고 그 여
덟 왕자도 모두 출가하여 부처님의 제자가 되었다고 한다. 그리고 그

마지막 부처님이 지금처럼 『무량의경』을 설하시고 무량의처삼매에 드셔서 똑같은 상서로움을 보이신 다음 삼매에서 깨어나 『법화경』을 설하시고는 덕장德藏이란 보살에게 장차 부처님이 될 것이라 수기授記하시고 열반에 드셨다는 것이다.

또한 그때 그 자리에 묘광보살妙光菩薩이라는 이가 있었는데, 『법화경』을 받아 지니고 오랜 동안 사람들에게 설하여 마침내는 여덟 왕자를 모두 성불成佛하게 하였다고 한다. 그 여덟 왕자 중 마지막으로 성불한 이가 연등불然燈佛이었으며, 연등불의 8백 제자 중 게으름을 잘 피우는 구명求命이라는 이가 있었는데, 그 구명이 미륵보살의 전생前生이며, 묘광보살이 바로 오늘날의 문수사리라고 했다.

> "지금 이 상서로움을 보니 그때와 다름이 없어 그런 이유로 헤아리건대, '오늘 여래如來께서는 대승경을 설하실 것이니, 그 이름은 묘법연화妙法蓮華로 보살을 가르치는 법이며 부처님께서 호념하시는 바다.'"
>
> "今見此瑞, 與本無異, 是故惟忖 : '今日如來當說大乘經, 名妙法蓮華, 教菩薩法, 佛所護念.'"

그리고는 문수사리보살의 이야기가 이어진다. '이제 이 상서로움은 과거 경험했던 것과 다름이 없어 오늘 부처님께서는 보살을 가르치는 법이며 부처님께서 옹호하여 마음에 두고 계시는 『묘법연화경妙法蓮華經』, 줄여서 『법화경』을 설하실 것'이라고.

그런 다음 경전에서는 문수사리보살이 대중 가운데서 다시 한번 그 뜻을 펴고자 일월등명여래에서부터 연등불, 묘광보살, 구명에 이르기까지의 같은 이야기를 게송으로 읊는다.

> "지금의 이 모습은 그때의 상서로움과 같으니, 이것은 모든 부처님의

방편方便이다. 이제 부처님이 광명을 놓아 실상實相의 이치를 드러내시려는 것이다. 모든 사람은 이제 알게 될 것이니 합장하고 일심으로 기다리면 부처님께서 법의 비를 내릴 것이어서 도道를 구하는 자를 충족시켜주실 것이다. 삼승三乘을 구하는 모든 이들이여, 만약 의심스러운 바가 있으면 부처님께서 끊어주실 것이고 아무런 남김없이 사라지게 하실 것이다."

"今相如本瑞, 是諸佛方便. 今佛放光明, 助發實相義. 諸人今當知, 合掌一心待, 佛當雨法雨, 充足求道者. 諸求三乘人, 若有疑悔者, 佛當爲除斷, 令盡無有餘."

그렇게 문수사리보살이 읊은 게송의 마지막 대목이다. 부처님께서 보이신 상서로움은 전에 자신이 경험한 것과 같아 실상의 이치를 밝혀주시려는 모든 부처님들의 방편이니, 합장하고 일심으로 기다리면 알게 될 것이라는 이야기이다.

제2장 부처님은 일대사인연으로 출현하시니 方便品

그때 세존께서 삼매三昧로부터 평안하고 고요히 일어나시어 사리불舍利弗에게 이르셨다. "모든 부처님의 지혜智慧는 매우 깊고 한량이 없으며 그 지혜의 문은 이해하기 어렵고 들어가기 어려워 일체의 성문聲聞이나 벽지불辟支佛이 알 수 없는 바다."

爾時, 世尊從三昧安詳而起, 告舍利弗："諸佛智慧甚深無量, 其智慧門難解難入, 一切聲聞·辟支佛所不能知."

『법화경』 제2 「방편품方便品」은 부처님께서 무량의처삼매에서 깨어나시어 부처님의 십대제자 중 첫번째인 지혜제일智慧第一 사리불에게 말씀하시는 것으로 시작된다. 요컨대 부처님의 지혜는 몹시 깊고 한량이 없으며 그 지혜의 문은 이해하기 어렵고 들어가기 어려워 성문이나 벽지불들은 알 수 없는 것이라는 말씀이다.

이어서 부처님의 지혜를 성문이나 벽지불이 쉽게 알 수 없는 이유가 열거된다. 예를 들면 부처님은 일찍이 백천만억의 수없는 부처님을 가까이 모시고 그 부처님들의 무량한 도법道法을 다 수행하여 매우 깊은 미증유未曾有, 즉 일찍이 없었던 법을 성취했기 때문이라고 한다. 또한 부처님은 성불하신 이래 온갖 인연과 비유로 법을 설하고 수없는 방편으로 중생들이 모든 집착에서 벗어나도록 인도했는데, 여래는 방편方便과 지견知見의 바라밀波羅蜜을 이미 다 구족했기 때문이라고 하셨다. 또한 여래의 지견이 광대하고 심원한 것은 사무량심四無量心과 사무애지四無礙智, 십력十力, 사무소외四無所畏, 선정해탈삼매禪定解脫三昧에 끝없이 깊이 들어가 미증유의 법을 성취하셨기 때문이라고 한다. 여기서 사무량심은 자慈·비悲·희喜·사捨로 중생들에 대해 무한히 자애롭고 대하고 가련하게 여기며 함께 기뻐하고 평등하게 바라볼 수 있는 마음이고, 사무애지란 법法·의義·사詞·변辯으로 가르침과 그 의미, 언어, 논리에 걸림이 없는 지혜를 말한다. 또 십력은 도리에 맞는지 맞지 않는지 여부, 업業과 그 과보果報, 각종 선정禪定에 관한 것 등 부처님만이 지닌 열 가지 특별한 능력을 뜻하고, 사무소외는 정등각正等覺·누영진漏永盡·설장법說障法·설출도說出道로 부처님이 설법에 임할 때 스스로 큰 깨달음을 얻었다는 자신감과 번뇌가 영원히 사라졌다는 자신감, 제자들에게 깨달음에 장애가 될 가르침을 설하지 않는다는 자신감, 해탈의 법을 설한다는 자신감이다. 그리고 여래가 갖가지를 분별하여 모든 법을 잘 설하고 언설이 유연하여 중생의 마음을 즐겁게 하는 것 역시 부처님이 무량무변한 미증유의 법을 성취하셨기 때문이라는 것이다.

> "그만 두자, 사리불이여, 더 말하지 않겠다. 왜냐하면 부처님이 성취한 가장 희유稀有하고 이해하기 어려운 법法은 오직 부처님과 부처님만이 궁구해낼 수 있는 모든 법의 실상實相이니, 이른 바 모든 법의 이와 같은 모습과 이와 같은 성질, 이와 같은 몸체, 이와 같은 힘, 이와 같은 작용, 이와 같은 원인, 이와 같은 조건, 이와 같은 결과, 이와 같은 보답, 이와 같은 근본과 지말의 궁극이 평등함이니라."
>
> "止, 舍利弗! 不須復說. 所以者何? 佛所成就第一希有難解之法, 唯佛與佛乃能究盡諸法實相, 所謂諸法如是相, 如是性, 如是體, 如是力, 如是作, 如是因, 如是緣, 如是果, 如是報, 如是本末究竟等."

　　그런데 부처님의 마음이 바뀌었다. 아무리 해도 성문이나 벽지불은 알아듣지 못할 것이라는 생각 때문이었다. 그래서 부처님은 사리불에게 '더 말하지 않겠다'고 하시면서 '부처님이 깨달은 가장 희귀하고 이해하기 어려운 진리는 오직 부처님들끼리만 완전히 알 수 있는 이 세상 모든 존재의 실제 모습'이라고 하신다. 그리고 그 모든 존재의 실제 모습이란 그것들이 어떤 모습과 성질, 몸체, 힘, 작용, 원인, 조건, 결과, 보답을 지녔으며 그 근본에서부터 지말에 이르는 궁극이 평등함에 관한 것이라고 하셨다.

그런데 모든 존재의 실제 모습이라고 하는 이상의 열 가지를 천태대사는 십여시十如是라고 하여 천태사상의 핵심이라 할 수 있는 일념삼천설一念三千說의 근거로 삼고 있다. 일념삼천설이란 한 마음 안에 삼천의 세간이 구비되어 있다는 가르침으로 우리들이 마음먹기에 따라 자신이 살아가는 세상이 지옥도 되고 불국토도 된다는 것인데, 그 삼천 세간의 한 요소가 십여시인 것이다.

아무튼 부처님은 다시 게송으로 같은 내용을 반복하시는데, 역시 이 세상의 중생들은 보살 가운데 믿음이 견고한 자들을 제외하고는 부처님을 알지 못한다는 것이다. 그리고 모든 부처님의 말씀이 다르지 않으니 부처님이 설하시는 가르침에 큰 믿음의 힘을 내라고 하신다.

"지금 세존께서는 무슨 까닭에 성의를 다해 방편方便을 칭찬하고 찬탄하시면서 '부처님께서 얻은 법은 매우 깊고 이해하기 어려워 말하는 바가 있어도 그 뜻을 알기 어려우니, 일체의 성문이나 벽지불이 다다를 수 있는 바가 아니다'라는 말씀을 하시는가. 부처님은 해탈解脫이라는 하나의 뜻을 설하셨고 우리들 역시 그 법을 얻어 열반涅槃에 도달했는데. 지금 이 말씀이 뜻하는 바를 모르겠다."
"今者, 世尊何故慇懃稱歎方便而作是言 : '佛所得法甚深難解, 有所言說意趣難知, 一切聲聞·辟支佛所不能及.' 佛說一解脫義, 我等亦得此法到於涅槃, 而今不知是義所趣."

그러자 그 자리에 있던 대중들 사이에 동요가 일어났다. 특히 부처님이 성불하신 후 녹야원鹿野苑에서 가장 먼저 부처님의 가르침을 듣고 아라한이 될 수 있었던 야약교진여를 위시한 천2백 명의 아라한과, 성문이나 벽지불이 되겠다고 마음을 낸 비구·비구니와 재가의 남녀신자들에게 이런 의문이 들었다. '부처님은 스스로의 방편을 자랑스럽게 말씀하시면서도 부처님께서 얻은 법은 매우 깊고 어려워 말해봐야 성문이나 벽지불이 알 수 없다 하시는 이유가 무엇인가. 부처님께서는 오직 해탈에 대해 가르치셨고 우리들은 그 가르침에 의해 열반을 얻었는데, 지금 하시는 말씀은 무슨 뜻인지 모르겠다.'

그러자 이런 대중들의 의심을 알고 사리불이 나서서 부처님께 말씀드렸다. "부처님께서는 무슨 의미로 부처님의 가장 큰 방편과 심히 깊고 미묘하여 알기 어려운 법을 칭탄하십니까?" 그리고는 게송으로 다시 같은 뜻을 말씀드렸다. 특히 주위 대중들의 의심하는 바를 이야기하며 모든 성문 중의 제일이라는 자신조차 그 뜻을 모르겠다고 설법해주실 것을 청한다. 그러나 부처님은 거절하신다. "그만 두자, 그만 둬. 더 말하지 않겠다. 만일 이 일을 말하면 일체 세간의 모든 하늘과 사람들이 모두 놀라고 의심할 것이다."

> "세존이시여, 오직 원컨대 설해주십시오. 오직 원컨대 설해주십시오. 왜냐하면 이 모임의 무수한 백천만억 아승지阿僧祇의 중생들은 일찍이 모든 부처님을 뵈었고 모든 근기根機가 매우 뛰어나며 지혜가 밝아 부처님께서 설하시는 바를 들으면 곧 공경하며 믿을 수 있을 것입니다."
> "世尊, 唯願說之, 唯願說之! 所以者何? 是會無數百千萬億阿僧祇衆生, 曾見諸佛, 諸根猛利, 智慧明了, 聞佛所說, 則能敬信."

그런데 사리불은 다시 간청한다. 그 자리에 모인 대중들 중에는 일찍이 많은 공덕을 쌓아 근기가 뛰어나고 지혜가 밝아 부처님이 설하시면 공경하며 믿을 수 있는 이들이 많을 것이라고. 그런 다음 사리불은 다시 게송으로 같은 뜻을 밝힌다. 본문 중의 아승지라는 말은 무수無數 혹은 무앙수無央數라고 번역하는데, 이루 헤아릴 수 없이 큰 수를 의미한다. 일설에는 10의 59승이라고도 한다.

아무튼 부처님은 '거만한 자들이 가르침을 들으면 공경하지 않고 믿지 않을 것'이라며 다시 거절하시고, 사리불의 세번째 간청과 게송이 이어진다. '부처님은 그동안 무수한 무리들을 교화하셨으니 부처님의 법을 들으면 크게 환희심을 낼 것'이라고. 그렇게 사리불이 세번이나 간청하자 부처님은 마침내 법을 설하시겠다고 하시며 '잘 듣고 잘 생각하라'고 하신다. 불교경전들을 살펴보면 부처님은 아무리 들어주기 어려운 부탁도 누군가가 세번 간청하면 반드시 들어주시는 것이 일반적인 상례이다.

이런 말씀을 하실 때 모임 가운데 있던 비구·비구니·우바새·우바이 5천 명이 자리에서 일어나 부처님께 예를 올리고 돌아갔다. 왜냐하면 그 무리는 죄의 뿌리가 심중하고 거만하여 얻지 못한 것을 얻었다 하고 깨닫지 못한 것을 깨달았다 하는 등 이런 허물이 있어 머물러 있지 못했다. 세존께서는 아무 말씀하지 않으며 막지 않으셨다. 그리고 나서 부처님께서 사리불에게 말씀하셨다. "나의 지금 이 대중은 지엽枝葉은 없고 순전히 정실貞實만 있다. 사리불이여, 이와 같은 건방진 자들은 돌아가는 것이 좋다. 그대는 이제 잘 들어라, 너를 위해 설하겠다."

說此語時, 會中有比丘·比丘尼·優婆塞·優婆夷五千人等, 即從座起, 禮佛而退. 所以者何? 此輩罪根深重及增上慢, 未得謂得·未證謂證, 有如此失, 是以不住. 世尊默然而不制止. 爾時佛告舍利弗: "我今此衆, 無復枝葉, 純有貞實. 舍利弗! 如是增上慢人, 退亦佳矣. 汝今善聽, 當爲汝說."

그런데 그때 그 자리에 있던 대중 5천 명이 부처님께 예를 올리고 자리를 떠난다. 그들은 나름대로 부처님의 가르침을 다 알고 있다고

자만하여 더 이상 들을 이야기가 없을 것이라 생각한 건방진 자들이었다. 그런 건방진 태도를 경전에서는 증상만增上慢이라 표현하고 있는데, 얻지 못한 것을 얻었다 말하고 깨닫지 못한 것을 깨달았다고 말하는 등 죄의 뿌리가 깊은 자들이다. 그런 그들이 떠나는 것을 아무 말 하지 않음으로써 말리지 않은 부처님은 그들이 떠나고 나서 사리불에게 '이제 나의 대중에는 가지나 이파리는 없고 바른 열매만 있다'고 하시며 법을 설하시겠다고 하신다.

사리불이 받들어 즐겨 듣겠다고 하자, 부처님은 다시 '이 같이 묘한 법은 모든 부처님이 때가 되어야 설하시는 것으로, 우담발화優曇鉢華가 때가 되어야 한번 피는 것과 같다'고 하시고 '부처님의 가르침은 결코 허망하지 않음'을 강조하신다. 우담발화는 전설 상의 꽃으로 일설에는 3천 년에 한번 핀다고도 하고, 부처님의 출현이나 열반 등 극히 상서로운 일이 있을 때만 피는 꽃이라고도 알려져 있다.

> "모든 부처님은 오직 일대사인연一大事因緣 때문에 세상에 출현하신다. 사리불이여, 어찌하여 모든 부처님은 일대사인연 때문에 세상에 출현하신다고 하는가? 모든 부처님은 중생들에게 부처님의 지견知見을 열어 청정함을 얻게 하고자 세상에 출현하시고, 중생들에게 부처님의 지견을 보여주고자 세상에 출현하시며, 중생들이 부처님의 지견을 깨닫게 하고자 세상에 출현하시고, 중생들을 부처님 지견의 도에 들어가게 하고자 하기 때문에 세상에 출현하신다."
>
> "諸佛世尊唯以一大事因緣故出現於世. 舍利弗! 云何名諸佛世尊唯以一大事因緣故出現於世? 諸佛世尊, 欲令衆生開佛知見, 使得清淨故, 出現於世；欲示衆生佛之知見故, 出現於世；欲令衆生悟佛知見故, 出現於世；欲令衆生入佛知見道故, 出現於世."

그리고 마침내 부처님의 가장 성취하기 어려운 묘한 법에 관한 설법이 시작된다. '모든 부처님이 세상에 출현하시는 것은 오직 하나의 큰 인연 때문이니, 그 하나의 큰 인연이란 중생들에게 부처님의 지견을 열어 청정함을 얻게 하려 함이고, 부처님의 지견을 보여주려 함이며, 부처님의 지견을 깨닫게 하려 함이고, 부처님의 지견의 길에 들어가게 하려 함'이라는 것이다.

이 이야기는 다시 말해 불교의 목적은 어디까지나 중생들을 부처님이 되게 하기 위한 것 이외에 다른 것이 아님을 의미한다. 초기불교 이래 많은 이들이 부처님의 가르침에 따라 아라한과를 얻고 해탈하여 윤회輪廻의 속박에서 벗어났지만, 그것이 불교의 궁극적 목적은 아니라는 것이다. 불교의 목적은 대승불교의 보살들이 목표했던 것처럼 아뇩다라삼먁삼보리阿耨多羅三藐三菩提, 다른 말로 무상정등정각無上正等正覺이라는 석가모니부처님의 깨달음과 똑같은 깨달음을 얻게 하기 위해서라는 것으로, 이런 목적 때문에 모든 부처님들이 세상에 출현하신다는 것이다.

부처님께서 사리불에게 말씀하셨다. "모든 부처님은 단지 보살을 교화教化하시니, 모든 행위는 항상 한 가지 일을 위해서인데, 오직 부처님의 지견을 중생들에게 보이고 깨닫게 하기 위해서이다. 사리불이여, 여래는 단지 일불승一佛乘 때문에 중생들을 위해 설법하시고, 나머지 다른 것은 없으니, 이승二乘이 있고 삼승三乘이 있겠느냐. 사리불이여, 일체 시방十方의 모든 부처님의 법 역시 이와 같다."
佛告舍利弗: "諸佛如來但敎化菩薩, 諸有所作, 常爲一事, 唯以佛之知見示悟衆生. 舍利弗! 如來但以一佛乘故, 爲衆生說法, 無有餘乘, 若二·若三. 舍利弗! 一切十方諸佛法亦如是."

이어서 부처님께서 사리불에게 말씀하신다. '모든 부처님은 단지 보살만을 교화하시며, 모든 부처님의 일은 항상 한 가지를 위해서이니, 그것은 중생들에게 부처님의 지견을 보이고 깨닫게 하는 것이다. 때문에 부처님은 일불승을 위해 중생들에게 설법하시며, 이승二乘이니 삼승三乘이니 하는 것은 없다. 시방의 모든 부처님의 가르침도 이와 같다'는 것이다.

여기서도 불교의 궁극적인 목적은 일불승, 즉 중생들이 부처님이되게 하기 위함이라는 사실을 다시 강조하고 있다. 성문·벽지불이라는 이승도, 성문·벽지불·보살이라는 삼승도 불교 본연의 목적은 아니었다. 이것은 다른 모든 부처님의 가르침에서도 똑같다는 것이다. 천태종天台宗에서는 회삼귀일會三歸一이라는 표현을 쓰는데, 세 가지를모아 하나로 돌아간다는 뜻으로 삼승을 지양하고 일불승을 향한다는 『법화경』의 바로 이런 사상을 반영한 것이다.

아무튼 부처님의 설법은 계속된다. '과거의 모든 부처님과 미래의모든 부처님, 현재 시방의 한량없는 부처님들이 갖가지 인연과 비유의 말씀으로 법을 설하시는 것도 일불승을 위해서'라고. 그처럼 '석가모니부처님도 중생들의 여러 욕망과 마음속의 집착된 바를 알고 그본성에 따라 갖가지 인연과 비유의 말씀과 방편력으로 법을 설하시지만, 결국 그것은 일불승이라는 일체 종류의 지혜를 알게 하고자 함'이다. 그리고는 다시 강조하신다. '시방세계에는 이승도 없거늘 어찌 삼승이 있겠느냐'고.

> "사리불이여, 모든 부처님은 오탁악세五濁惡世에 나오시니, 이른바 겁劫이 혼탁하고 번뇌가 혼탁하며 중생이 혼탁하고 견해가 혼탁하며 목숨이 혼탁한 것이다. 이와 같이 사리불이여, 겁이 혼탁하고 어지러울 때는 중생의 허물이 중하여 아끼고 탐내며 질투하여 여러 착하지 않은 근기를 성취하기 때문에, 모든 부처님이 방편의 힘으로써 일불승一佛乘을 분별하여 세 가지로 설하신다."

> "舍利弗! 諸佛出於五濁惡世, 所謂劫濁·煩惱濁·衆生濁·見濁·命濁. 如是, 舍利弗! 劫濁亂時, 衆生垢重, 慳貪嫉妬, 成就諸不善根故, 諸佛以方便力, 於一佛乘分別說三."

그러면『법화경』이전의 가르침에 따라 불교를 수행해온 이들에게는 하나의 의문이 생기지 않을 수 없다. 불교의 목적은 일불승뿐이고 이승이나 삼승은 필요 없는 것이라면 왜 부처님께서 구태여 이승과 삼승을 설하셨을까. 그에 대한 대답이 이 구절이다. '모든 부처님은 시대와 번뇌, 중생, 견해, 목숨이 혼탁한 오탁악세에 나오신다. 시대가 혼탁하고 어지러운 때에는 중생들에게 여러 허물이 많으므로 일불승을 방편으로 분별하여 세 가지로 설하신다'는 것이다. 본문 중에서 겁이란 아주 긴 세월을 이야기하는데, 여기에서는 그저 시대 정도로 이해해도 되겠다.

그리고는 부처님의 설법이 이어진다. '만일 나의 제자가 스스로를 아라한이니 벽지불이니 칭한다면, 모든 부처님께서 단지 보살만을 교화하시는 일을 알지 못하는 것이니, 그들은 부처님의 제자가 아니고 아라한이 아니며 벽지불이 아니다. 또 스스로 이미 아라한이 되었다고 하며 아뇩다라삼먁삼보리를 구할 생각이 없다면 그들은 교만한 자이다. 만일 비구가 참된 아라한이 되려면 이 법을 믿어야 한다'고.

> "부처님이 멸도滅度하신 후 눈앞에 부처님이 없다는 생각을 하지 말아라. 왜냐하면 부처님이 멸도하신 후 이와 같은 경전들을 받아 지니고 읽고 외우며 뜻을 이해한다면, 그런 사람은 만나기 어렵겠지만, 만일 다른 부처님을 만난다 하더라도 이 법 가운데에서 문득 해결을 얻을 것이다. 사리불이여, 그대들은 일심으로 부처님의 말씀을 믿고 이해하여 받아 지녀야 한다. 모든 부처님의 말씀은 허망함이 없으니, 나머지

승은 없으며 오직 일불승뿐이다."

"除, 佛滅度後, 現前無佛. 所以者何? 佛滅度後, 如是等經受持讀誦解義者, 是人難得, 若遇餘佛, 於此法中便得決了. 舍利弗! 汝等當一心信解受持佛語. 諸佛如來言無虛妄, 無有餘乘, 唯一佛乘."

부처님께서 다시금 강조하신다. '부처님이 멸도하신 후라도 눈앞에 부처님이 안계신다고 생각하지 말라. 왜냐하면 부처님이 멸도하신 후에라도 몹시 드물겠지만 이 경을 받아 지니고 그 뜻을 이해하는 사람이 있다면, 다른 부처님을 만날지라도 이 가르침에서 궁극의 깨달음을 얻을 것이기 때문이다. 부처님의 말씀은 허망하지 않으니 일심으로 믿어야 한다. 이승이나 삼승은 없으며 오직 일불승만이 있다'고.

그리고 나서 부처님은 게송으로 이상과 같은 가르침을 다시 한번 반복하신다. '중생의 근기가 미치지 못하여 삼승을 설했지만, 이제 때가 되었으므로 일불승을 설한다. 과거·현재·미래의 부처님도 모두 이 법을 설하신다. 이 가르침을 믿으면 반드시 성불할 것이다'라고.

"우둔한 근기는 작은 법을 즐기고 생사生死에 탐착하며 모든 부처님의 한량없는 깊고 묘한 도를 행하지 않아 여러 괴로움에 시달리므로, 그들을 위해 열반涅槃을 설했다. 나는 이 방편을 베풀어 부처님의 지혜에 들도록 했지만, 그대들에게 불도佛道를 이룰 것이라고는 일찍이 설하지 않았다."

"鈍根樂小法, 貪著於生死, 於諸無量佛, 不行深妙道, 衆苦所惱亂, 爲是說涅槃. 我設是方便, 令得入佛慧, 未曾說汝等, 當得成佛道."

이 구절은 부처님의 게송 가운데 한 대목으로, 근기가 우둔한 중생들은 작은 법을 즐기고 생사에 집착하여 부처님의 참다운 가르침에 따라 수행하지 않으므로 괴로움에 시달린다는 것이다. 그래서 방편으로 열반을 설해 부처님의 지혜에 들도록 하였지만, 아직 부처님이 될 것이라고는 설하지 않았다고 하신다. 역시 부처님의 방편을 강조한 대목이다.

"내가 비록 열반을 설했지만 그것은 참된 멸도가 아니니, 모든 법은 본래부터 항상 스스로 적멸寂滅한 모습이다. 불자佛子가 도道를 행하고 나면 내세來世에 부처님이 될 것이다."
"我雖說涅槃, 是亦非眞滅, 諸法從本來, 常自寂滅相. 佛子行道已, 來世得作佛."

역시 부처님의 게송 중 한 대목이다. 성문과 벽지불을 위해 방편으로 열반을 설했지만 그것은 참된 멸도가 아니며, 모든 법은 본래부터 적멸한 모습이라고 하신다. 『반야심경般若心經』의 가르침에 따르면 세간에 대한 여실지견인 공空한 모습은 무상無相이어서 '생겨나지도 않고不生 멸하지도 않으며不滅 더럽지도 않고不垢 깨끗하지도 않으며不淨 늘어나지도 않고不增 줄어들지도 않는다不減'고 한다. 적멸의 모습이란 그런 것이다. 아무튼 불자가 올바른 도를 행하면 반드시 부처님이 될 것이라는 가르침이다.

"모든 부처님께서 멸도하시고 나서 어떤 사람이 착하고 부드러운 마음을 지니면, 이와 같은 모든 중생은 모두 불도佛道를 이룰 것이다. 모든 부처님께서 멸도하시고 나서 사리舍利에 공양하고자 하여… 만일 너른 들판 가운데에 흙을 쌓아 부처님의 묘를 이루거나, 혹은 아이들이 장난으로 모래를 모아 부처님 탑을 지어도, 이와 같은 사람들은 모두 다 불도를 이룰 것이다."
"諸佛滅度已, 若人善軟心, 如是諸衆生, 皆已成佛道. 諸佛滅度已, 供養舍利者… 若於曠野中, 積土成佛廟, 乃至童子戲, 聚沙爲佛塔, 如是諸人等, 皆己成佛道."

이 구절도 부처님의 게송 가운데 한 부분으로, 일불승에 대한 믿음이 얼마나 중요한가를 가르치는 대목이다. 마음만 착하고 유연하게 해도 불도를 이룰 것이고, 부처님이 멸도하신 후 사리에 공양하고자 탑묘를 만드는 이는 두말할 것도 없이 어린아이가 장난삼아 모래로 불탑을 지어도 반드시 성불하게 된다고 하고 있다.

경전에서는 이어서 여러 가지 공양구로 불상佛像을 장엄하거나 부처님의 그림을 그리거나 노래로 부처님의 덕을 찬양하는 데 작게 한마디만 내도 모두 불도를 이룰 것이라고 한다. 또한 산란한 마음으로 꽃 한 송이만 부처님 그림에 공양해도, 부처님에게 예배한다고 합장만 하거나 한 손만 들거나 혹은 머리만 잠깐 숙여도 그들은 점차 무수한 부처님을 뵙고 부처님이 될 것이라는 것이다. 일불승에 대한 믿음만 있으면 언젠가는 우리 모두 불도를 이룰 것이라는 가르침이다.

"사리불이여, 마땅히 알라. 모든 부처님의 법이 이와 같아 만억의 방편으로 마땅한 바에 따라 설법하시니, 배우고 익히지 않는 자는 그것을 깨닫지 못한다. 그대들은 모든 부처님이 세상의 스승임을 이미 아니, 마땅한 바에 따른 방편의 일에 다시 의혹을 품지 말고 마음에 큰 환희를 내면 반드시 부처님이 될 것을 스스로 알게 된다."
"舍利弗當知! 諸佛法如是, 以萬億方便, 隨宜而說法, 其不習學者, 不能曉了此. 汝等旣已知, 諸佛世之師, 隨宜方便事, 無復諸疑惑, 心生大歡喜, 自知當作佛."

부처님 게송의 마지막 대목이다. 부처님의 방편은 마땅한 바에 따른 것隨宜이니, 의혹을 품지 말고 환희로 받아들이면 마침내 부처님이 될 것을 스스로 알게 된다는 말씀이다.

다시금 「방편품」의 내용을 요약하자면 부처님께서 이승이나 삼승을 설하신 것은 중생들을 불법으로 이끌어 들이기 위한 방편이었고 일불승만이 불교의 본래 목적이라는 것이다. 따라서 일불승을 설하는 부처님의 가르침에 깊은 믿음을 지니게 되면 미래에는 언젠가 모두 성불하게 된다는 것이다.

제3장 삼계는 불타는 집과 같으니 譬喩品

그때 사리불이 뛸 듯이 환희하며 곧장 일어나 합장한 채 존안尊顔을 우러러보며 부처님께 말씀드렸다. "지금 세존으로부터 이 법음法音을 듣고 마음에 즐거움을 품어 미증유未曾有를 얻었습니다… 세존이시여, 저는 예로부터 밤낮으로 매양 스스로 책망했지만, 이제 부처님으로부터 일찍이 들은 바 없는 미증유의 법을 듣고 모든 의심과 후회를 끊어 몸과 마음이 편안하고 상쾌하며 안은함을 얻었습니다. 오늘에야 참으로 불자佛子임을 알았으니, 부처님의 입으로부터 태어났고 법으로부터 화생化生했으며 부처님 법을 나누어 가졌습니다."

爾時舍利弗踊躍歡喜, 即起合掌, 瞻仰尊顔而白佛言："今從世尊聞此法音, 心懷勇躍, 得未曾有… 世尊! 我從昔來, 終日竟夜每自剋責, 而今從佛聞所未聞未曾有法, 斷諸疑悔, 身意泰然, 快得安隱. 今日乃知眞是佛子, 從佛口生, 從法化生, 得佛法分."

'모든 부처님은 오직 중생들에게 부처님의 지견을 열어 보이고 깨달아 들어가게 하기 위해 세상에 출현하시며, 때문에 삼승은 방편이었고 일불승만이 진실'이라는 「방편품」의 설법을 듣고 성문 가운데 지혜제일인 사리불이 가장 먼저 기쁨에 겨워 부처님께 고백한다. '저는 예로부터 부처님께 이와 같은 법을 들어 모든 보살이 수기를 받고 부처님이 되는 것을 보았는데, 부처님께서는 우리들을 소승의 법으로 제도하시니 어찌된 일인가 걱정했습니다. 그런데 이제 부처님의 법을 듣게 되니 몸과 마음이 편안해졌습니다. 오늘에야 제가 부처님의 입으로부터 태어났고 진리로부터 태어났으며 부처님의 진리를 나누어 가진 참으로 부처님의 자식임을 깨달았습니다'라고. 여기서 부처님의 입으로부터 태어났다는 것은 부처님 당시 인도의 정통종교였던 바라문교에서 브라흐마나와 크샤트리야, 바이샤, 슈드라의 사성계급이 각기 브라흐만 신의 입과 겨드랑이, 생식기, 발바닥에서 태어났다고 가르쳤던 것을 연상케 한다.

한편 보살들이 수기를 받는다는 것은 부처님으로부터 '너는 장차 어떤 세상에서 어떤 이름의 부처님이 될 것'이라는 예언을 듣는 것을 가리킨다. 말하자면 보살의 수행은 부처님이 되기 위한 것인데, 마침내 그것이 이루어질 것임을 부처님이 증명해주시는 것이다.

사리불은 이어서 같은 내용을 게송으로 다시 한번 반복한다.

그때 부처님께서 사리불에게 이르셨다. "내가 이제 하늘과 사람, 사문沙門, 바라문婆羅門 등 대중 가운데서 설한다. 나는 과거에 일찍이 2만억의 부처님 계신 곳에서 위없이 높은 도를 행한 까닭에 항상 너희를 교화하니, 너도 또한 긴 세월 나를 따라 배웠다. 내가 방편方便으로 너를 인도하였기 때문에 나의 법 가운데서 태어났다."
爾時佛告舍利弗 : "吾今於天·人·沙門·婆羅門等, 大衆中說. 我昔曾於二萬億佛所, 爲無上道故, 常敎化汝, 汝亦長夜隨我受學. 我以方便引導汝故, 生我法中.

그러자 부처님은 그런 사리불에게 '내가 과거 2만억의 부처님 계신 곳에서 위없는 도를 행했기 때문에 항상 너희를 교화하는 것으로, 너 또한 오랜 세월 나에게 배워 나의 법 가운데서 태어났다'고 하신다.

그리고는 '과거에 이미 부처님이 되는 길에 뜻을 둘 것을 가르쳤지만 사리불이 다 잊어버리고 이미 멸도滅度를 얻었다고 생각하기 때문에, 본래 원했던 도를 기억하게 하려고 모든 성문들을 위해 이 대승경을 설하니, 그 이름이 『묘법연화경』이며 보살을 가르치는 법이고 부처님께서 옹호하시는 바'라고 하신다.

이어서 부처님은 사리불에게 '미래세의 한량없는 겁을 지나며 천만억 부처님을 공양하고 정법正法을 받들어 보살이 행할 도를 모두 갖추고 화광여래華光如來라는 부처님이 될 것'이라고 수기하시며, 그 화광여래가 출현할 세상의 아름다움에 대해 설하신다. 그리고 '화광여래는 삼승의 법으로 설법할 것이며, 견만보살堅滿菩薩에게 화족안행여래華足安行如來라는 부처님이 될 것이라 수기한 다음 멸도할 것'이라고 하신다. 그리고 나서 그 같은 내용을 다시 한번 게송으로 읊으셨다.

그러자 비구·비구니·우바새·우바이의 사부대중과 하늘, 용, 야차, 건달바, 아수라, 가루라, 긴나라, 마후라가의 천룡팔부중이 사리불이 부처님께 수기를 받는 것을 보고 환희에 젖어 각각 옷을 벗어 부처님께 공양한다. 그리고 석제환인釋提桓人, 범천왕梵天王 등 무수한 천자天子들도 역시 하늘의 묘한 옷과 하늘의 만다라화曼陀羅華 등으로 부처님께 공양하니 하늘 옷이 허공중에서 머물러 돌고 하늘의 백천만 가지 기악이 울리며 하늘 꽃이 비오듯 내리는 가운데 '부처님께서 옛적 바라나波羅奈에서 처음 설법하시고 지금 또 다시 위없이 높고 가장 큰 법문을 설하신다'는 소리가 허공에서 들려온다. 그러자 모든 천자들이 그 뜻을 펴고자 게송을 읊고, 그런 가운데 사리불이 수기를 받은 감명을 토로하며 부처님에게 다시 사부대중들을 위해 그 인연을 설해주실 것을 간청한다.

그때 부처님이 사리불에게 말씀하셨다. "내가 일찍이 말하지 않았더냐? '모든 부처님은 가지가지 인연과 비유의 말씀으로 방편설법하시니, 모두 아뇩다라삼먁삼보리를 위해서'라고. 이 모든 설하는 바는 모두 보살을 교화하기 위해서이다. 그러나 사리불이여, 이제 다시 비유로써 이 뜻을 밝히겠으니, 모든 지혜를 지닌 자들은 비유로써 이해할 수 있을 것이다. 사리불이여, 어떤 나라의 성읍이나 촌락에 큰 장자長者가 있었다고 하자. 그는 나이가 늙었지만 재물이 한량없어 토지와 저택과 하인들이 많았다.

爾時佛告舍利弗：「我先不言：'諸佛世尊以種種因緣·譬喩言辭方便說法, 皆爲阿耨多羅三藐三菩提耶?' 是諸所說, 皆爲化菩薩故. 然, 舍利弗! 今當復以譬喩更明此義, 諸有智者以譬喩得解. 舍利弗! 若國邑聚落, 有大長者. 其年衰邁, 財富無量, 多有田宅及諸僮僕.」

그러자 부처님은 모든 부처님의 설법이 보살을 교화하기 위함이라는 말씀을 반복하시며, 이제 비유를 들어 다시 한번 설명하겠다고 하신다. 『법화경』의 유명한 일곱 가지 비유 중 첫번째인 '삼계화택三界火宅의 비유'가 설해지고 있다. 삼계가 모두 불타는 집이라는 의미인데, 여기에서 삼계란 욕계欲界·색계色界·무색계無色界로 각각 욕망이 지배하는 세계와 욕망이 없는 물질적인 세계 및 물질마저 없는 순수한 정신적인 세계를 가리킨다. 일종의 불교적 세계관의 하나이다.

아무튼 어느 곳에 나이는 들었지만 재물이 한량없이 많은 장자가 있었는데, 아주 오래된 어마어마하게 크고 넓지만 문이 하나밖에 없는 그의 저택에 불이 났다는 것이다. 장자란 백만장자나 억만장자라는 말을 통해 알 수 있듯이 큰 부자를 가리키는 말이다.

그리고 그의 집에는 백 명, 2백 명, 혹은 5백 명의 사람이 살고 있었고, 장자의 자식들이 열 명, 스무 명, 혹은 서른 명이 불이 난 줄 모르고 뛰어놀고 있었는데, 장자는 아이들을 구하기 위해 불이 난 사실을 일러주었다. 그러나 놀이에 빠진 아이들은 장자의 말을 믿으려 들지 않는다.

"그때 장자가 곧 이렇게 생각했다. '이 집은 이미 큰 불로 다 타버릴 것이며, 나와 모든 아들들은 곧바로 나가지 않으면 반드시 불에 태워질 것이다. 나는 이제 방편方便을 써서 모든 아이들이 똑같이 이 해로움을 면하게 해야겠다.'"

"爾時長者卽作是念 : '此舍已爲大火所燒, 我及諸子若不時出, 必爲所焚. 我今當設方便, 令諸子等得免斯害.'"

집이 불에 타는 위태로운 상황에서도 노느라 정신이 없는 자식들을 위해 장자는 방편을 써서 우선 아이들을 대피시켜야겠다고 생각한 것이다. 그리고는 아이들이 장난감을 좋아할 것을 알고 다음과 같이 아이들을 설득한다.

"너희들이 가지고 놀 것은 아주 드물어 얻기 힘든 것이니, 너희가 만일 갖지 않으면 나중에 반드시 후회할 것이다. 이와 같은 여러 가지 양이 끄는 수레와 사슴이 끄는 수레, 소가 끄는 수레가 지금 문밖에 있으니, 그것을 가지고 놀 수 있다. 너희들은 이 불타는 집에서 빨리 나가야 하니, 너희들이 바라는 대로 모두 너희에게 주겠다."

"汝等所可玩好, 希有難得, 汝若不取, 後必憂悔. 如此種種羊車・鹿車・牛車, 今在門外, 可以遊戲. 汝等於此火宅, 宜速出來, 隨汝所欲, 皆當與汝."

장자는 아이들을 집밖으로 내보내기 위해 양이 끄는 수레와 사슴이 끄는 수레, 소가 끄는 수레를 제시한다.

그러자 아이들은 그것을 차지하기 위한 욕심으로 앞 다투어 집밖으로 나간다. 아이들이 모두 안전하게 큰 길에 나와 앉은 것은 본 장자는 크게 안심하게 되고, 약속한 장난감을 달라는 아이들에게 장자는 약속한 것보다 더 좋은 크고 잘 생긴 흰 소가 끄는 각종 장식이 화려한 수레를 모든 아이들에게 평등하게 나누어준다. 왜냐하면 장자에게는 아주 많은 재물이 있어 온 나라에 나누어주고도 남을 만큼이어서 자식들에게 훨씬 좋은 것을 평등하게 줄 수 있었기 때문이다. 아이들은 처음 약속받은 바는 아니었지만 모두 만족하게 된다. 말하자면 양과 사슴, 소가 끄는 수레는 삼승에 비유한 것으로, 부처님의 방편은 생로병사生老病死에 시달리는 중생들이 그것에서 벗어날 수 있도록 유도하기 위한 것일 뿐, 부처님이 궁극적으로 이끄시는 바는 더 크고 호화로운 희고 큰 소가 끄는 수레, 즉 일불승一佛乘의 아뇩다라삼먁삼보리에 있다는 비유이다.

"사리불이여, 너의 뜻은 어떠하냐? 이 장자가 모든 자식들에게 동등하게 진귀하고 보배로운 큰 수레를 준 것이 허망한 것이냐?" 사리불이 말했다. "아닙니다, 세존이시여! 이 장자가 단지 모든 자식들을 불의 재난에서 벗어나게 하여 그 몸과 목숨을 온존하게 한 것만으로도 허망하지 않습니다. 왜냐하면 몸과 목숨을 온존하게 한 것만으로도 이미 좋은 장난감을 얻은 것이 되는데, 하물며 방편으로 저 불타는 집에서 구제한 것이야 말할 나위가 있겠습니까."

舍利弗! 於汝意云何, 是長者等與諸子珍寶大車, 寧有虛妄不?"舍利弗言:"不也, 世尊! 是長者但令諸子得免火難, 全其軀命, 非爲虛妄. 何以故? 若全身命, 便爲已得玩好之具, 況復方便於彼火宅而拔濟之."

앞의 비유에서 '장자가 처음 약속했던 것이 아닌 더 크고 좋은 것을 자식들에게 준 것이 일종의 허위가 아닌가' 하는 부처님의 질문에 사리불은 '그렇지 않으니 몸과 목숨을 구한 것만으로도 허망하지 않다'고 대답한다. 그리고는 '장자의 방편은 불난 집에서 아이들을 구출하기 위한 것이었고, 게다가 약속한 것보다 더 좋은 것을 주지 않았느냐'는 사리불의 답변이었다.

부처님께서 사리불에게 말씀하셨다. "옳다, 옳아! 네가 말한 바와 같다. 사리불이여, 여래도 역시 이와 같아서 곧 일체 세간世間의 아버지이다… 삼계三界라는 낡고 썩은 불타는 집에서 살려내는 것은 중생들을 생로병사와 근심과 슬픔·고뇌·어리석음·가려진 어두움·삼독三毒의 불길에서 건져내기 위함이니, 교화하여 아뇩다라삼먁삼보리를 얻게 하는 것이다."

佛告舍利弗:"善哉, 善哉! 如汝所言. 舍利弗! 如來亦復如是, 則爲一切世間之父… 而生三界朽故火宅, 爲度衆生生老病死·憂悲·苦惱·愚癡·闇蔽·三毒之火, 教化令得阿耨多羅三藐三菩提."

사리불의 대답을 듣고 마침내 부처님께서 말씀하신다. '불타는 집에서 자식들을 구한 장자의 비유에서와 같이 부처님은 일체 세간의 아버지'라고. 그리고는 '모든 두려움과 쇠퇴함, 번뇌, 근심, 환란, 무명, 어둠이 영원히 없어져 남은 것이 없고 한량없는 지견知見과 힘, 두려움 없음을 모두 성취하여 큰 능력과 지혜의 힘을 지니고 방편지혜의 바라밀波羅蜜을 구족하여 대자대비大慈大悲로 항상 게으름 없이 늘 좋은 일을 찾아 일체를 이익되게 하시는 부처님이 중생들을 삼계라는 불타는 집에서 구하시는 것은 생로병사 등에서 구제하여 아뇩다라삼먁삼보리를 얻게 하는 것'이라는 말씀을 하신다. 본문 중의 삼독은 탐貪·진瞋·치癡를 의미하는데, 각각 탐욕과 성냄과 어리석음으로 그 해로움이 독약과 같은 중생들의 근원적인 번뇌를 가리킨다.

이어서 '중생들은 어리석어 여러 괴로움을 겪으면서도 놀이에 정신을 잃은 아이들과 같아서 근심하지 않고 해탈을 구하지 않으니, 부처님은 방편으로 그들을 구제하신다'는 말씀이 여러 차례 다시 거듭된다. 요컨대 부처님께서 일불승을 삼승으로 나누어 설하시는 인연은 곧 중생들이 어리석어 대승大乘의 법을 다 받아들이지 못하기 때문이라는 것이다. 그리고는 이제까지의 모든 내용을 부처님이 다시 한번 유구한 게송으로 반복하신다.

> "사리불에게 고하노니, '너희 모든 사람들은 모두 나의 자식이고, 나는 곧 아버지이다. 너희들이 오랜 세월 여러 괴로움으로 불타고 있어, 내가 모두 구제하여 삼계에서 벗어나게 한다.'"
>
> "告舍利弗 : '汝諸人等, 皆是吾子, 我則是父. 汝等累劫, 衆苦所燒, 我皆濟拔, 令出三界.'"

　부처님의 게송 가운데 한 구절이다. 부처님의 중생들을 향한 자비慈悲는 아버지가 자식을 대하는 것과 같아서, 오랜 세월 불타는 집과 같은 삼계에서 여러 괴로움을 받고 있는 중생들을 건지는 데 있다는 것이다. 다시 말해 부처님이 이 세상에 출현하시는 이유가 바로 이것 때문임을 믿어야 한다는 것이다.

> "사리불에게 고한다. '내가 이런 모습으로 설하니, 불도佛道를 구하는 자들에게 겁劫이 다하도록 끝나지 않을 것이다. 이와 같은 사람들은 곧바로 믿고 이해할 것이니, 너는 마땅히 [그들을] 위해 『묘법화경』을 설하라.'"
>
> "告舍利弗 : '我說是相, 求佛道者, 窮劫不盡. 如是等人, 則能信解, 汝當爲說, 妙法華經.'"

　부처님께서 읊은 게송의 마지막 대목이다. '부처님은 부처님의 도를 구하는 자에게 이런 모습으로 설법하시니 아주 오랜 세월이 지나도록 다하지 않을 것이다. 그런 사람들은 들으면 곧바로 믿고 이해할 수 있을 것이니, 『법화경』을 그들에게 설하라'는 것이다. 말하자면 삼승은 방편이고 일불승만이 진실이며, 부처님은 중생들에게 아버지와 같은 존재임을 가르치며, 이 『법화경』에 대한 굳은 믿음을 다시 한번 강조하고 있는 것이다.

제4장 중생은 장자의 가난한 아들과 같아 信解品

> "저희들은 대중의 우두머리로 있으며 나이도 늙어 이미 열반을 얻었고
> 더는 할 바가 없다고 스스로 말하며 다시 나아가 아뇩다라삼먁삼보리
> 를 구하려 하지 않았습니다. 세존께서 옛적부터 법을 설하신지 오래되
> 었지만, 저희들은 그때 자리에서 몸이 피곤하고 게을러 단지 공空·무
> 상無相·무작無作만을 생각하며, 보살의 법에서 신통神通을 유희하고 불
> 국토佛國土를 정화하며 중생衆生을 성취하는 것을 마음으로 기뻐하지
> 않았습니다."
> "我等居僧之首, 年竝朽邁, 自謂已得涅槃, 無所堪任, 不復進求阿耨多羅三
> 藐三菩提. 世尊往昔說法既久, 我時在座, 身體疲懈, 但念空·無相·無作, 於
> 菩薩法, 遊戲神通·淨佛國土·成就衆生, 心不喜樂."

부처님의 십대제자 가운데 수보리須菩提와 가전연迦旃延, 마하가섭摩
訶迦葉, 목건련目犍連이 앞서 사리불에게 수기를 주는 것을 보고 뛸 듯
이 기뻐하며 부처님께 위와 같은 말씀을 올리는 것으로 제4「신해품信
解品」은 시작된다. 말하자면 소승의 진리에 만족하고 있었던 자신들의
태도에 대한 반성이다. 이미 열반을 얻었고 더는 할 일이 없다며 성불
을 구하지 않았다는 것이다.

그런데 부처님의 진리를 공空·무상無相·무작無作으로 생각했다는
대목은 조금 더 깊은 성찰이 필요하다. 본래 공·무상·무작은 대승불
교에서도 삼해탈문三解脫門이라 하여 중시하는 사상이다. 말하자면 공
이란 모든 것이 자성自性이 없이 인연화합因緣和合으로 생겨나는 것을
의미하는데, 앞서 「법화경을 읽기 위하여」에서도 밝혔듯이 만물이 공
하다는 것은 특정한 모습을 띠고 있는 것이 아니어서 무상, 즉 특정

한 형상이 없다. 그리고 특정한 형상이 없으므로 모든 것에 대해 차별을 일으키는 마음이 사라지게 되는데, 무작이란 모든 것에 차별을 일으키는 마음이 사라지면 세상에서 바라는 것이 없어져 괴로움을 일으키는 어떤 것도 하지 않게 된다는 것이다. 따라서 대승불교사상의 핵심과도 통하는 것인데, 여기에서는 소승의 성문들이 부처님의 가르침을 그렇게 생각했다고 하고 있다. 다시 말해 거기에 담긴 깊은 의미는 모르는 채 단지 말 그대로 비었고 형상이 없고 할 일이 없다는 뜻으로 생각했다고 여겨지는데, 불교를 허무주의로 해석한 소승의 태도를 지적한 것이다. 그런 허무주의적인 태도는 스스로 늙었다거나 몸이 피곤하고 게을렀다는 표현을 통해서도 살펴볼 수 있다.

그리고 자신들이 보는 대승의 태도를 '신통을 유희하고 불국토를 정화하며 중생을 성취하는 것'이라며, 마음으로 기뻐하지 않았다고 한다. 불국토를 정화하고 중생을 성취한다는 것은 앞의 「법화경을 읽기 위하여」에서 언급했듯이 진리를 통해 이상사회를 만들고 사람들을 진리로 이끌어 들이는 것이다. 그런데 신통을 유희한다는 것은 무엇일까. 다시 공空이라는 제법諸法의 실상實相을 이해하는 데 그 깊은 뜻이 숨어있다. 말하자면 모든 것이 자성이 없이 인연화합으로 생겨나는 것을 바로 알면 그 어떤 고정관념이나 차별, 바람 따위로부터 자유로울 수 있는데, 그것이 소승의 입장에서 보면 신통을 부리는 것처럼 보인다는 것이다.

그리고 이어서 이제는 부처님께서 성문에게 아뇩다라삼먁삼보리의 수기를 주시는 것을 보고 마음이 즐거워졌다고 고백한다.

"세존이시여, 우리들이 이제 즐겨 비유를 설하여 그 뜻을 밝히겠습니다. 비유하자면 마치 어떤 사람이 어린 나이에 아버지를 버리고 도망쳐서 오랜 동안 다른 나라에 살다가 10세 혹은 20세, 50세가 되었습니다.

> 나이는 이미 늙어가고 더욱이 가난하고 곤궁하여 사방을 돌아다니며 옷과 먹을 것을 구했는데, 이리저리 다니다가 우연히 본국으로 향한 것과 같습니다."
>
> "世尊! 我等今者樂說譬喩以明斯義. 譬若有人, 年既幼稚, 捨父逃逝, 久住他國, 或十·二十, 至五十歲. 年既長大, 加復窮困, 馳騁四方以求衣食, 漸漸遊行, 遇向本國."

그리고 자신들이 이해한 일불승一佛乘의 가르침을 비유로써 위와 같이 부처님께 말씀드린다. 유명한 '장자궁자長者窮子의 비유'인데, 큰 부호의 가난한 아들이라는 뜻으로 그 내용은 이렇다. 어떤 사람이 어린 시절 집을 나와 이리저리 품을 팔며 어렵게 살아가다가 우연히 고향으로 돌아가게 되었다.

그런데 그의 아버지는 본래 큰 부호였다. 아들을 잃어버리고 50년을 기다려온 아버지의 집 문앞에 이른 아들은 아버지가 누리는 엄청난 재력을 보고 두려움을 느낀다. 그곳은 자신이 품을 팔 곳이 아니니 오래 있다 눈에 띄어 붙들리면 강제로 부림을 당할 것이란 생각에 달아나려 했다.

> "그때 부호인 장자長者가 사자좌師子座에서 아들을 보고 곧 알아채 마음으로 크게 환희하며 이런 생각을 했습니다. '나의 재물과 창고는 이제야 맡길 곳이 있다. 나는 항상 이 아들을 생각했지만, 그를 볼 길이 없더니 홀연히 스스로 와서 내 바라던 바가 맞아떨어졌다. 나는 비록 늙었지만 이런 이유로 탐내고 아껴왔다.'"
>
> "時富長者於師子座, 見子便識, 心大歡喜, 即作是念 : '我財物庫藏, 今有所付. 我常思念此子, 無由見之, 而忽自來, 甚適我願. 我雖年朽, 猶故貪惜.'"

그러나 아버지는 아들을 한눈에 알아보고 크게 기뻐한다.

그리고 사람을 시켜 그를 데려오게 했는데, 아들은 자신을 잡아가는 것이라 여겨 강하게 저항하다 두려움으로 기절해버리고 만다. 그러자 아버지는 강제로 끌고 오지 말라고 하고 얼굴에 냉수를 뿌려 깨어나더라도 더 이상 아무 말도 하지 말라고 시킨다. 아들의 마음이 옹졸해서 자신을 어려워하는 것을 알고 방편으로 다른 사람에게도 그가 아들임을 말하지 않은 것이다. 풀려난 아들은 가난한 동네로 가서 품을 팔며 살았다.

그때 장자가 장차 그 아들을 유인하려고 방편方便을 세워 두 사람을 비밀스럽게 보냈는데, 형색이 초췌하고 위엄이나 덕이 없는 자였습니다. "너희가 그에게 다가가거든 궁핍한 아들에게 천천히 말해라. '이 곳에 일할 자리가 있으니 너의 품삯을 배로 주마.' 궁핍한 아들이 허락하거든 데려와서 일을 시켜라. 만일 '어떤 일을 하기를 바랍니까?' 하고 말하면, 곧 그에게 '똥치는 일에 너를 고용했다. 우리들 두 사람도 역시 너와 함께 일한다'고 말해라."

爾時長者將欲誘引其子而設方便, 密遣二人, 形色憔悴無威德者 : "汝可詣彼, 徐語窮子 : '此有作處, 倍與汝直.' 窮子若許, 將來使作. 若言 : '欲何所作?' 便可語之 : '雇汝除糞. 我等二人亦共汝作.'"

사실을 모르고 겁부터 내는 아들을 데려오기 위해 아버지는 꾀를 낼 수밖에 없었다. 일부러 초라한 용모를 지닌 두 사람을 아들에게 보내 '품삯을 두 배로 주겠다'고 해서 데려와 똥치는 일을 함께 하도록 한 것이다.

아들은 그 제안에 응해 시키는 일을 하기로 한다. 그렇게 허드렛일을 하는 아들을 불쌍하고 안타깝게 생각한 아버지는 스스로도 더럽고 냄새나는 옷으로 갈아입고 작업을 감독하는 것처럼 아들에게 다가갔다. 그렇게 지내며 어느 정도 친분이 생기자 '품삯을 더 줄 테니 다른 곳에 가지 말라'고 하고, 마침내는 그 아들이 정직해서 좋아하게 되었다며 양자로 삼아 이름도 다시 지어주고 아들이라고 불렀다.

"그때 궁핍한 아들은 비록 그런 대우에 기뻤지만, 과거 때문에 스스로를 나그네이고 천한 일을 하는 사람이라 여겼습니다. 이런 이유로 말미암아 20년 동안 항상 똥치는 일이 시켜졌습니다. 그런 시기가 지나고 나서 마음이 서로 친해지고 믿음이 생겨 들고나는 것이 어렵지 않게 됐지만, 그러나 머무는 곳은 본래 있던 곳이었습니다."
"爾時窮子雖欣此遇, 猶故自謂客作賤人. 由是之故, 於二十年中常令除糞. 過是已後, 心相體信, 入出無難, 然其所止猶在本處."

그러나 용렬한 아들의 마음이 열리기는 쉽지 않았다. 20년을 똥치는 일이나 하게 된 것은 아들의 마음이 열리기를 기다리는 아버지의 배려였다.

이윽고 부호인 아버지는 병이 들어 오래지 않아 죽을 것을 알고 아들을 불러 자신의 모든 재산을 관리하도록 맡긴다. 아들은 엄청난 재물을 관리하게 되었지만, 조금도 다른 마음을 내지 않았고 사는 곳도 본래의 처소였다. 마음이 아직도 용렬했기 때문이다.

"다시 약간의 시간이 지나 아버지는 아들의 마음이 점차 널리 트이고 넉넉해져 큰 뜻을 생각하게 되고 스스로 과거의 마음이 비열했다고 여기는 것을 알게 되었습니다. 임종이 다가왔을 때 친족과 국왕, 대신, 찰제리刹帝利, 거사居士들을 모으도록 아들에게 명했고, 모두가 모이자 스스로 선언했습니다. '여러분은 마땅히 아시오. 이 사람은 나의 아들이요… 과거 이 성에서 근심을 품고 찾아다녔는데, 갑자기 이곳에서 그를 만날 수 있었소. 이 사람은 실로 나의 아들이고, 나는 실로 그의 아버지요. 이제 내가 소유한 일체의 재물은 모두 아들의 것이고, 앞서 출납한 것도 이 아들이 아는 바요.'"

"復經少時, 父知子意漸已通泰, 成就大志, 自鄙先心. 臨欲終時, 而命其子並會親族·國王·大臣·刹利·居士, 皆悉已集, 即自宣言: '諸君當知! 此是我子… 昔在本城懷憂推覓, 忽於此間遇會得之. 此實我子, 我實其父. 今我所有一切財物, 皆是子有, 先所出內, 是子所知.'"

그리고 아들의 마음이 자신의 처지를 감당할 만큼 담대해지자 아버지는 아들을 시켜 친족들과 친분이 있는 실력자들을 모으게 하고 아들이 본래 자신의 친아들임을 선언하며 전 재산을 그에게 상속한다. 본문 중의 찰제리는 원어가 크샤트리야로, 바라문교의 사성계급 중 왕족이나 무사계급을 가리키는 말이다.

아무튼 아들은 아버지의 말을 듣고 크게 기뻐하며 나의 본심은 바라는 바가 없었지만 지금 이런 보물들이 저절로 들어왔다고 했다. 여기까지가 부처님의 제자들이 부처님께 말씀드린 '장자궁자'의 비유이다.

"세존이시여, 큰 부호인 장자는 곧 여래이시고 저희들은 모두 부처님의 자식과 같으니, 여래께서는 항상 저희들을 자식이라고 설하셨습니다. 세존이시여, 저희들은 삼고三苦 때문에 생사生死 중에서 모든 열뇌熱惱를 받으며 미혹迷惑과 무지無知로 작은 법法에 즐겨 집착했습니다… 세존께서는 방편력方便力으로 여래의 지혜를 설하셨지만, 저희들은 부처님을 따라 열반涅槃이라는 하루치 대가를 얻고 그것을 큰 소득이라 여겼으며 대승大乘에 대해서는 구할 뜻이 없었습니다."

"世尊! 大富長者則是如來, 我等皆似佛子, 如來常說我等爲子. 世尊! 我等以三苦故, 於生死中受諸熱惱, 迷惑無知, 樂著小法… 世尊以方便力, 說如

　이것은 수보리 등이 앞서의 비유를 가지고 자신들의 지난 허물을 부처님께 말씀드리는 것이다. 비유에서의 큰 부호는 바로 부처님이고 자신들은 자식이어서, 부처님은 일찍이 여래의 지혜를 가르쳤지만 자신들은 소승의 가르침에만 집착했다는 것이다. 본문 속의 삼고三苦란 고고苦苦·괴고壞苦·행고行苦를 의미하는 것으로, 고고는 감각적인 괴로움이고 괴고는 생겨난 것이 다시 부서지는 괴로움이며 행고는 여러 인연으로 생겨난 것은 한 순간도 쉬지 않고 변화하기 때문에 잠시라도 편안할 틈이 없는 괴로움이다. 그런 괴로움 때문에 부지런히 수행하여 열반을 얻었다는 것이다. 그리고 그런 소승의 열반이 겨우 하루치의 품삯에 불과했는데도 그것을 큰 소득으로 여겨 대승을 구하지 않았다고 한다.

　그런데 생략된 부분에 자신들의 수행은 희론戱論의 똥거름을 치우는 것이었다는 말이 나온다. 희론이란 무의미한 말이나 수행에 도움이 되지 않는 논의를 가리키는 말로, 그런 희론을 제거함으로써 소승의 열반을 이루었다는 것이다. 장자의 가난한 아들이 아버지의 집에 가서 한 일에 비유한 것으로, 물론 희론을 걷어내는 것이 수행의 일환이기는 하지만 그것이 본격적으로 지혜를 닦는 것은 못된다. 역시 소승의 수행을 가리킨 대단히 의미심장한 암시라고 할 수 있겠다.

"저희들은 예로부터 실제로는 부처님의 자식이면서 단지 작은 법을 즐겼으니, 만일 저희들에게 큰 것을 즐기는 마음이 있었으면 부처님은 곧바로 저희를 위해 대승의 법을 설하셨을 것입니다. 이 경에서 오직 일승一乘을 설하시며 과거 보살들 앞에서 성문聲聞은 작은 법을 즐기는 자라고 꾸짖으셨는데, 부처님은 실은 대승으로 교화하셨던 것입니다.

그러므로 저희들은 '본래 희구하는 바의 마음이 없었지만 이제 법왕法王의 큰 보배가 저절로 이르렀으니 부처님의 자식과 같이 얻을 것을 모두 얻었다'고 말합니다."

"我等昔來眞是佛子, 而但樂小法, 若我等有樂大之心, 佛則爲我說大乘法. 於此經中唯說一乘, 而昔於菩薩前, 毁呰聲聞樂小法者, 然佛實以大乘教化. 是故我等說: '本無心有所悕求, 今法王大寶自然而至, 如佛子所應得者皆已得之.'"

다시 자신들이 소승의 가르침에 집착했던 것은 부처님 탓이 아니라 자신들의 허물이었음을 부처님께 말씀드리고 있다. 자신들에게 큰 것을 즐기는 마음이 있었으면 부처님께서 당연히 대승의 가르침을 베푸셨을 것이기 때문이라는 것이다. 그리고 『법화경』을 통해서 '본래 구하는 마음이 없었지만 진리의 큰 보배가 저절로 다가왔으니 부처님의 자식과 같이 얻을 것을 모두 얻었다'고 고백하고 있다.

이어서 마하가섭이 지금까지의 내용을 게송으로 다시 한번 반복한다. 마하가섭은 초기불교 시절 부처님이 돌아가신 후 부처님의 교단을 이어받은 제자로, 두타제일頭陀第一로 통하고 있었다. 두타란 번뇌를 없애기 위한 고행의 하나로, 마하가섭은 의식주 등에 대한 욕망을 경계하여 수행자다운 검박한 생활을 잘 했다는 것이다.

"모든 부처님은 법에 관해 최고의 자재自在함을 얻으셨으니, 모든 중생의 갖가지 욕락欲樂과 의지력을 아시고, 그 감당할 바에 따라 한량없는 비유로 설법하십니다. 모든 중생의 숙세의 선근善根에 따라 성숙됨과 성숙되지 못함을 아시고, 갖가지로 헤아리고 분별해 아시니, 일승一乘의 길을 마땅한 바에 따라 셋으로 설하십니다."

"諸佛於法, 得最自在, 知諸衆生, 種種欲樂, 及其志力, 隨所堪任, 以無量

喻, 而爲說法. 隨諸衆生, 宿世善根, 又知成熟·未成熟者, 種種籌量, 分別
知已, 於一乘道·隨宜說三."

　이것은 마하가섭이 읊은 게송의 마지막 부분이다. 역시 중생들의
근기를 살펴 부처님은 일불승의 진리를 삼승으로 설하셨다는 고백
이다.

제5장 구름이 비를 내려 산천초목을 적시듯 藥草喩品

그때 세존께서 마하가섭과 여러 큰 제자들에게 이르셨다. "착하고 착하다. 가섭은 여래의 진실한 공덕功德을 잘 이야기했다. 참으로 말한 것과 같으니 여래는 또한 무량무변 아승지의 공덕을 지니고 있어, 너희들이 설사 무량억겁 동안을 설해도 다할 수 없다. 가섭이여, 여래는 모든 법의 왕임을 알아야 하니, 만약 설하는 바가 있으면 그 모두가 허망하지 않다. 일체의 법을 지혜의 방편으로 풀이하여 설하니, 그 설하는 법은 모두가 일체 지혜의 땅에 이른다."

爾時世尊告摩訶迦葉及諸大弟子: "善哉, 善哉! 迦葉善說如來眞實功德. 誠如所言, 如來復有無量無邊阿僧祇功德, 汝等若於無量億劫說不能盡. 迦葉! 當知如來是諸法之王, 若有所說皆不虛也. 於一切法, 以智方便而演說之, 其所說法, 皆悉到於一切智地."

앞서 마하가섭이 부처님의 공덕을 게송으로 읊은 것에 대한 부처님의 칭찬으로 제5 「약초유품藥草喩品」은 시작된다. 그리고 부처님의 공덕은 무량무변해서 아무리 오랜 기간 이야기해도 다할 수 없고, 부처님은 법의 왕으로서 그 말씀은 허망하지 않다고 한다. 또한 일체의 법을 지혜의 방편으로 풀이하여 설하시기 때문에 그 설법은 모두 지혜를 가져온다는 것이다.

이어서 부처님은 일체 모든 법이 돌아가는 곳을 관하여 알고, 중생들이 깊은 마음속으로 행하는 바를 알며, 모든 법을 다 밝혀내어 중생들에게 일체의 지혜를 보이신다고 한다. 그리고 나서 다음과 같은 비유를 설하여 그런 내용을 다시 설명하시는데, 유명한 '약초藥草의 비유'라는 것이다.

"가섭이여, 비유하자면 삼천대천세계三千大天世界의 산천과 계곡, 토지에 사는 초목과 수풀과 여러 약초들이 종류가 다양하여 이름과 형태가 각기 다르지만, 빽빽한 구름이 널리 퍼져 삼천대천세계를 두루 덮고 일시에 동등한 비를 내리면 그 혜택이 모두를 적시는 것과 같다. 초목과 수풀, 모든 약초가 작은 뿌리와 작은 줄기, 작은 가지와 작은 잎새, 중간 뿌리와 중간 줄기, 중간 가지와 중간 잎새, 큰 뿌리와 큰 줄기, 큰 가지와 큰 잎새로 모든 크고 작은 나무가 상중하에 따라 각기 받는다. 같은 구름의 비로 그 종류와 성질에 걸맞게 생장하며 꽃과 열매를 두루 맺는다. 비록 같은 땅에 살고 같은 비로 윤택해지지만, 여러 초목은 각기 차별이 있다."

"迦葉! 譬如三千大千世界, 山川谿谷土地所生卉木叢林及諸藥草, 種類若干, 名色各異, 密雲彌布, 遍覆三千大千世界, 一時等澍, 其澤普洽. 卉木叢林及諸藥草, 小根小莖·小枝小葉, 中根中莖·中枝中葉, 大根大莖·大枝大葉, 諸樹大小, 隨上中下各有所受. 一雲所雨, 稱其種性而得生長華菓敷實. 雖一地所生, 一雨所潤, 而諸草木, 各有差別."

한 마디로 대지를 뒤덮은 큰 구름에서 비가 내리면 모든 초목들이 그 혜택을 받아 윤택해지지만, 같은 땅에서 같은 비를 맞더라도 각각의 초목들은 종류와 성질에 따라 혜택을 받는 데 차별이 있다는 것이다. 본문에서의 삼천대천세계란 한 세계가 천 개 모여 소천세계小千世界가 되고 소천세계가 천 개 모여 중천세계中千世界가 되며 중천세계가 천 개 모여 대천세계大千世界가 된다고 하므로, 삼천의 대천세계란 무한한 우주를 지칭하는 것이다. 그런데 경전에서는 삼천대천세계가 한 부처님이 교화하시는 영역이라고도 한다.

"여래도 역시 이와 같음을 알아야 하니, 세상에 출현하는 것이 큰 구름이 일어나는 것과 같고 크나큰 음성으로 세계의 하늘과 사람, 아수라阿

修羅에 널리 미치는 것이 저 큰 구름이 삼천대천국토를 두루 덮는 것과 같다… 아직 제도 안된 자를 제도하고, 아직 이해하지 못하는 자를 이해하게 하며, 아직 편안치 못한 자를 편안케 하고, 아직 열반을 얻지 못한 자에게 열반을 얻게 한다. 금세今世와 후세後世를 여실하게 알아 나는 일체를 아는 자, 일체를 보는 자, 도를 아는 자, 도를 여는 자, 도를 설하는 자이다."

"當知如來亦復如是, 出現於世, 如大雲起, 以大音聲, 普遍世界天·人·阿修羅, 如彼大雲遍覆三千大千國土… 未度者令度, 未解者令解, 未安者令安, 未涅槃者令得涅槃. 今世後世, 如實知之, 我是一切知者·一切見者·知道者·開道者·說道者."

부처님은 비유 속의 큰 구름과 같다는 말씀이다. 크나큰 음성으로 세계에 널리 가르침을 펴 아직 제도 안된 자를 제도하고 아직 열반을 얻지 못한 자를 열반을 얻게 하신다는 것이다. 또한 금세와 후세를 여실하게 알기 때문에 일체를 아는 자, 일체를 보는 자, 도를 아는 자, 도를 여는 자, 도를 설하는 자라고 한다. 본문 중에서 아수라는 하늘, 사람과 함께 중생이 윤회하는 세계인 육도六道 가운데 하나인데, 인도의 고대신화에 따르면 하늘, 즉 천신天神들과 자주 전쟁을 벌이는 귀신들로 표현된다.

아무튼 이어서 부처님은 너희 하늘과 사람, 아수라가 이곳에 온 것은 법을 듣기 위해서라고 하신다.

"그때 무수한 천만억 종류의 중생이 부처님 계신 곳에 와서 법을 들으니, 여래는 그때 그 중생들의 모든 근기가 예리한지 둔한지, 부지런한지 게으른지를 관찰하여 그 감당할 바에 따라 법을 설하고, 여러 가지 한량없는 것으로 모두를 환희하게 하고 좋은 이익을 쾌히 얻게 한다…

저 큰 구름이 일체 초목과 수풀 및 여러 약초들에 비를 내리는 것과 같으니, 그 종류와 성질에 따라 흡족히 윤택해져서 각기 생장하는 것과 같다."

爾時無數千萬億種衆生, 來至佛所而聽法, 如來于時, 觀是衆生諸根利鈍·精進懈怠, 隨其所堪而爲說法, 種種無量, 皆令歡喜, 快得善利… 如彼大雲, 雨於一切卉木叢林及諸藥草, 如其種性, 具足蒙潤, 各得生長.

부처님은 중생들의 근기를 살펴 그들이 감당할 만한 바에 따라 설법하신다는 말씀이다. 그런 결과가 마치 모든 초목이 큰 구름에서 내리는 비를 맞아 각기 혜택을 받는 것과 같다는 것이다.

"여래의 설법은 같은 모습이고 같은 맛이니 이른바 해탈상解脫相이고 이상離相이고 멸상滅相이어서 마침내 일체 종류의 지혜에 도달한다. 어떤 중생이 여래의 법을 듣고 지니며 독송하고 설한 바대로 수행하더라도 얻을 바 공덕은 스스로 깨달아 알지 못한다. 왜냐하면 오직 여래만이 그 중생의 종류와 모습과 본체와 성품을 안다… 중생이 여러 가지 경지에 머무는 것을 오직 여래만이 실상과 같이 명료하고 걸림이 없이 본다. 저 초목과 수풀과 여러 약초들이 스스로 상, 중, 하의 성품을 알지 못하는 것과 같다."

"如來說法, 一相一味, 所謂 : 解脫相·離相·滅相, 究竟至於一切種智. 其有衆生聞如來法, 若持讀誦, 如說修行, 所得功德, 不自覺知. 所以者何? 唯有如來知此衆生種相體性… 衆生住於種種之地, 唯有如來如實見之, 明了無礙. 如彼卉木叢林諸藥草等, 而不自知上中下性."

또한 부처님의 가르침은 같은 모습이고 같은 맛이라고 하는데, 해탈의 모습이고 떠나는 모습이며 멸하는 모습이라고 한다. 말하자면 해탈을 얻게 하는 것이고 집착을 떠나게 하는 것이며 번뇌를 소멸하는 것이라는 의미이다. 그래서 일체의 지혜에 도달하게 하는데, 중생들이 부처님의 가르침을 받아 수행해도 자신들이 얻을 공덕은 알지 못한다고 한다. 오직 부처님만이 그 중생의 근기를 아시기 때문이라고 하신다. 마치 초목들이 자신들의 성품을 알지 못하는 것처럼.

"가섭이여, 너희들은 매우 희유하여 여래가 마땅한 바에 따라 법을 설하는 것을 알 수 있고 믿을 수 있고 받을 수 있다. 왜냐하면, 모든 부처님들이 마땅한 바에 따라 법을 설하는 것은 이해하기 어렵고 알기 어렵기 때문이다."

"汝等, 迦葉! 甚爲希有, 能知如來隨宜說法, 能信能受. 所以者何? 諸佛世尊隨宜說法, 難解難知."

그런데 이제 마하가섭 등은 『법화경』의 설법을 듣게 되었으니 대단히 특별한 경우라는 것이다. 부처님은 언제나 중생의 근기에 따라 가르침을 베푸시므로 이해하기 어렵고 알기 어려운데, 위의 사람들은 그 적당한 근기를 갖추고 있다는 말씀이었다. 마땅한 바에 따라 법을 설하는 것을 '수의설법隨宜說法'이라고 한다.

그리고 이어서 부처님이 이상의 이야기들을 게송으로 다시 한번 반복하신다.

"나는 일체를 널리 모두 평등하게 관찰하니, 너와 내가 없고 사랑하고 미워하는 마음이 없다. 나에게는 탐착貪著이 없으며 또한 한계와 장애가 없으니, 항상 일체를 위하여 평등하게 법을 설한다."

"我觀一切, 普皆平等, 無有彼此, 愛憎之心. 我無貪著, 亦無限礙, 恒爲一切, 平等說法."

부처님의 게송 가운데 한 구절이다. 부처님 가르침이 중생들에게 대자대비大慈大悲인 이유가 밝혀지고 있다. 부처님에게는 너와 내가 없고 사랑하고 미워하는 마음이 없으며 탐착과 한계가 없어 모든 것을 평등하게 보고 또 평등하게 가르치시기 때문이다.

> "이와 같이 가섭이여, 부처님의 설법은 비유하자면 큰 구름이 같은 맛의 비로 사람과 꽃을 윤택하게 하여 각기 열매를 맺는 것과 같다. 가섭이여, 마땅히 알라. 여러 인연과 갖가지 비유로 불도佛道를 열어 보이니, 이는 나의 방편이며 모든 부처님도 역시 그러하다. 이제 너희들을 위해 가장 참된 것을 설하니, '모든 성문聲聞의 무리는 모두 멸도滅度를 이룬 것이 아니다. 너희들이 행할 바는 보살도菩薩道이니, 점차로 닦고 배우면 모두 부처님이 될 것이다.'"
>
> "如是迦葉! 佛所說法, 譬如大雲, 以一味雨, 潤於人華, 各得成實. 迦葉當知! 以諸因緣·種種譬喻, 開示佛道, 是我方便, 諸佛亦然. 今爲汝等, 說最實事∶'諸聲聞衆, 皆非滅度. 汝等所行, 是菩薩道, 漸漸修學, 悉當成佛.'"

부처님께서 읊으신 게송의 마지막 부분이다. 다시 한번 큰 구름이 평등한 비로 세상을 윤택하게 하는 것에 비유하여 부처님의 가르침을 설명하신다. 그리고 모든 성문은 참다운 멸도를 이룬 것이 아니라 하시며 보살의 길을 닦아 성불할 것을 권하고 계신다.

제6장 너희들 모두는 부처님이 될 것이니 授記品

"나의 이 제자 마하가섭은 미래세에 3백만억의 모든 부처님을 받들어 뵙고 공양하고 공경하며 존중하고 찬탄하며 모든 부처님의 한량없이 큰 법을 널리 펼 것이다. 최후의 몸으로 부처님이 될 것이니, 이름이 광명여래光明如來·응공應供·정변지正遍知·명행족明行足·선서善逝·세간해世間解·무상사無上士·조어장부調御丈夫·천인사天人師·불세존佛世尊이라 할 것이다. 나라의 이름은 광덕光德이며 겁의 이름은 대장엄大莊嚴이라 할 것이다. 부처님의 수명은 12소겁小劫이고, 정법正法이 20소겁 동안 세상에 머물 것이며, 상법像法 역시 20소겁 동안 머물 것이다."

"我此弟子摩訶迦葉, 於未來世, 當得奉覲三百萬億諸佛世尊, 供養恭敬, 尊重讚歎, 廣宣諸佛無量大法. 於最後身, 得成爲佛, 名曰光明如來·應供·正遍知·明行足·善逝·世間解·無上士·調御丈夫·天人師·佛世尊. 國名光德, 劫名大莊嚴. 佛壽十二小劫, 正法住世二十小劫, 像法亦住二十小劫."

부처님께서 제5「약초유품」의 게송을 설하시고 나서 대중들에게 말씀하신 내용이다. 마하가섭이 오랜 세월 수행하여 광명여래라는 부처님이 될 것이라고 수기를 주시는 것이다. 본문에서 여래·응공·정변지·명행족·선서·세간해·무상사·조어장부·천인사·불세존이라고 한 것은 여래십호如來十號라는 것으로, 앞서 「법화경을 읽기 위하여」에서 설명했으므로 이 자리에서는 그냥 넘어가기로 한다. 아무튼 부처님이 되면 당연히 그와 같은 호칭이 붙여져야 하는 것이다. 그리고 마하가섭이 부처님이 되는 그 나라의 이름은 광덕이고 시대는 대장엄이라고 한다. 또한 부처님의 수명과 정법과 상법이 머무는 기간을 설하고 있다. 정법은 말할 것도 없이 바른 진리이고 상법은 정법은 아니지만 정법에 유사한 진리를 가리킨다.

이어서 그 세계의 모습이 설명되는데, 온갖 더럽고 나쁜 것, 오물 등이 없고 대지는 평평하여 높고 낮은 곳이 없다고 한다. 또 대지는 유리로 되어 있고 보배 나무가 줄지어 있으며 황금의 밧줄이 길가의 경계가 되고 있고 보배의 꽃이 뿌려져 주변이 맑고 깨끗하다는 것이다. 아울러 그 나라에는 보살이 무수히 많고 성문도 무수히 많지만 악마魔는 없다고 한다. 혹은 악마나 악마의 백성이 있더라도 모두 불법을 수호한다는 것이 부처님의 설명이다. 그리고 이어서 게송으로 같은 내용을 다시 한번 반복하신다.

그때 대목건련과 수보리, 마하가전연 등이 모두 송구스러워하며 일심으로 합장하고 존안을 우러러보며 잠시도 눈을 떼지 않더니 곧 같은 소리로 게송으로 말씀드렸다. "대웅大雄이신 용맹한 세존은 석씨 문중의 법왕法王이시니, 저희들을 불쌍히 여기시어 부처님의 음성을 내려 주십시오. 만일 저희들의 깊은 마음을 아시고 수기를 받게 하신다면, 감로甘露를 뿌려주시는 것과 같아 더위를 없애고 청량함을 얻을 것입니다."

爾時大目犍連·須菩提·摩訶迦栴延等, 皆悉悚慄, 一心合掌, 瞻仰尊顔, 目不暫捨, 即共同聲而說偈言: "大雄猛世尊, 諸釋之法王, 哀愍我等故, 而賜佛音聲. 若知我深心, 見爲授記者, 如以甘露灑, 除熱得清涼."

그렇게 마하가섭이 부처님으로부터 성불의 수기를 받는 것을 보고 목건련과 수보리, 가전연 등이 게송으로 부처님께 청한다. 요컨대 자신들에게도 수기를 주실 것을 부탁하는 것이다. 본문 중의 대웅大雄이란 '위대한 영웅'이라는 의미로 부처님에 대한 별칭 중의 하나이다. 오늘날 사찰에서 석가모니부처님을 모신 전각을 대웅전大雄殿이라고 하는 것도 이 이름에서 유래한 것이다. 또한 석씨 문중이라고 한 것은

석가모니부처님을 위시한 그 제자들을 가리키는 말이다. 그런 의미에서 출가한 스님들은 자신의 속성俗姓 대신 석釋 자를 성으로 쓰는 경우도 있다.

아무튼 게송은 계속해서 이어지는데, 자신들의 처지가 굶주린 나라에서 와서 왕의 음식상을 받았지만 의심스럽고 두려워 감히 못먹다가 왕의 허락이 있은 후 먹는 것과 같다고 한다. 그러므로 수기를 내려주시기를 바란다는 것이다.

그때 세존께서 여러 큰 제자들이 마음으로 생각하는 바를 아시고 모든 비구들에게 말씀하셨다. "여기 수보리는 내세에 3백만억 나유타那由他의 부처님을 받들어 뵙고 공양하고 공경하며 존중하고 찬탄하며 항상 범행梵行을 닦아 보살도를 구족할 것이다. 최후의 몸으로 부처님이 될 것이니, 이름을 명상여래名相如來·응공·정변지·명행족·선서·세간해·무상사·조어장부·천인사·불세존이라 할 것이다. 겁의 이름은 유보有寶이고, 나라 이름은 보생寶生이다."

爾時世尊知諸大弟子心之所念, 告諸比丘 : "是須菩提, 於當來世, 奉覲三百萬億那由他佛, 供養恭敬, 尊重讚歎, 常修梵行, 具菩薩道. 於最後身, 得成爲佛, 號曰名相如來·應供·正遍知·明行足·善逝·世間解·無上士·調御丈夫·天人師·佛世尊. 劫名有寶. 國名寶生.

그러자 부처님은 다시 수보리에게 성불의 수기를 내리신다. 장래에 명상여래라는 부처님이 될 것이고, 그 시대의 이름은 유보이며, 나라 이름은 보생이라고. 본문 중의 나유타는 천억의 숫자로 거의 무한대를 의미한다.

그리고 이어서 그 세계의 장엄한 모습이 설해지고 다시 한번 게송이 반복되는데, 눈여겨 볼 대목은 명상여래부처님은 항상 허공에 계시며 중생들을 위해 법을 설한다는 것이다. 부처님의 제자 중 수보리

는 해공제일解空第─로 통한다. 초기불교 시절에도 연기緣起와 무아無
我에 관해 가장 잘 이해하고 있었다는 것인데, 다시 그가 부처님이 되
어서는 허공중에 머문다고 한 것이다. 말하자면 공空이라는 진리를
허공이라는 공간에 비유한 것인데, 모든 것이 공한 진리는 무엇으로
도 한정할 수 없는 것이어서 경전에서는 무한한 허공이 그것을 암시
하기도 한다. 또한 공사상을 설파한 『금강경金剛經』에서 부처님의 설
법대상이 수보리가 되고 있는 것도 마찬가지의 이유에서이다.

그때 세존께서 모든 비구 대중에게 다시 말씀하셨다. "내가 지금 너희들
에게 이르니, 이 대가전연은 내세에 여러 공양구로 8천억 부처님을 공양
하고 받들어 모시며 공경하고 존중할 것이다. 모든 부처님이 입멸하신
후 각각의 탑묘塔廟를 세우는데, 높이가 천 유순由旬이고, 가로세로의 넓
이가 똑같이 5백 유순이며, 모두 금·은·유리·자거·마노·진주·매괴의
일곱 가지 보배를 합하여 만들 것이고, 여러 꽃·영락瓔珞·도향塗香·말향
末香·소향燒香·증개繒蓋·당번幢幡으로 탑묘에 공양할 것이다. 그것이 지
난 후 다시 2만억 부처님께 공양할 것이니, 역시 이와 같을 것이다. 이 모
든 부처님께 공양하고 나서 보살도를 구족하고 부처님이 될 것이다."
爾時世尊復告諸比丘衆 : "我今語汝, 是大迦旃延, 於當來世, 以諸供具, 供
養奉事八千億佛, 恭敬尊重. 諸佛滅後, 各起塔廟, 高千由旬, 縱廣正等五百
由旬, 皆以金·銀·琉璃·車璩, 馬瑙·眞珠·玫瑰, 七寶合成, 衆華·瓔珞·
塗香·末香·燒香·繒蓋·幢幡, 供養塔廟. 過是已後, 當復供養二萬億佛,
亦復如是. 供養是諸佛已, 具菩薩道, 當得作佛.

　　다시 이번에는 가전연에게 수기가 설해진다. 가전연은 논의제일論
議第─로 통하던 제자였다. 대중들에게 설법도 잘하고 외도外道들과의
논쟁도 잘했다는 것이다. 그런 가전연도 장래에 부처님이 될 것이라
는 것이다. 본문 중의 유순은 거리를 나타내는 단위인데, 어원으로 보

면 우마차로 하루 동안 갈 거리를 의미한다고 한다. 약 12km 정도로 추정된다. 또한 영락은 구슬 등을 꿰어 만든 머리나 목, 가슴, 팔목 등을 장식하는 장신구를 의미하며, 도향·말향·소향은 향의 종류로 각각 바르는 향, 가루 향, 태우는 향이다. 그리고 증개는 비단으로 만든 일산日傘이고 당번은 아래로 내려뜨리는 깃발을 말한다.

아무튼 가전연은 염부나제금광여래閻浮那提金光如來라는 부처님이 될 것이라고 하는데, 다시 그 세계의 아름다움이 설해지며 그에 대한 부처님의 게송도 반복된다.

> "내가 이제 너희들에게 이르니, 여기 대목건련은… 부처님이 될 것이니, 이름이 다마라발전단향여래多摩羅跋栴檀香如來·응공·정변지·명행족·선서·세간해·무상사·조어장부·천인사·불세존이라 할 것이다. 겁의 이름은 희만喜滿이고, 나라 이름은 의락意樂이다. 그 국토는 평평하고 반듯하며, 땅이 파리頗梨로 되어 있고, 보배 나무로 장엄되었으며, 진주와 꽃이 뿌려지고, 주변이 청정하여 보는 이는 환희한다. 많은 하늘과 사람·보살·성문이 있는데, 그 수가 한량이 없다. 부처님의 수명은 24소겁이고, 정법이 40소겁 동안 세상에 머물며, 상법 또한 40소겁 동안 머물 것이다."
>
> "我今語汝, 是大目犍連… 當得成佛, 號曰多摩羅跋栴檀香如來·應供·正遍知·明行足·善逝·世間解·無上士·調御丈夫·天人師·佛世尊. 劫名喜滿, 國名意樂. 其土平正, 頗梨爲地, 寶樹莊嚴, 散眞珠華, 周遍淸淨, 見者歡喜. 多諸天·人·菩薩·聲聞, 其數無量. 佛壽二十四小劫, 正法住世四十小劫, 像法亦住四十小劫."

그리고 이번에는 목건련의 차례이다. 목건련은 본래 사리불과 함께 부처님의 2대제자라 할 수 있는 인물이었는데, 신통제일神通第一로 통했다. 그런 그도 다마라발전단향여래라는 부처님이 될 것이라고 부처님으로부터 수기를 받는다.

그리고 이어서 부처님은 같은 내용을 게송으로 다시 한번 반복하신다.

> "나의 여러 제자들은 위엄과 덕을 구족하였으니, 그 수가 5백으로, 모두 수기를 받음이 마땅하다. 미래세에 모두 다 성불할 수 있을 것이다. 나와 너희들의 숙세宿世의 인연因緣을, 내가 이제 마땅히 설할 것이니, 너희들은 잘 들으라."
>
> "我諸弟子, 威德具足, 其數五百, 皆當授記. 於未來世, 咸得成佛. 我及汝等, 宿世因緣, 吾今當說, 汝等善聽."

이것은 그 게송의 마지막 대목이다. 성문의 제자 5백 명에게 모두 수기를 주겠다는 말씀에 이어 그 제자들과의 숙세의 인연을 설하겠다고 하신다. 그 내용은 제7 「화성유품化城喩品」의 이야기에서 계속된다.

제7장 지친 대중을 쉬었다 가게 하기 위해 化城喩品

> 부처님께서 모든 비구에게 말씀하셨다. "저 먼 과거 무량무변 불가사의 아승지 겁의 그때 부처님이 계셨으니, 이름이 대통지승여래大通智勝如來·응공·정변지·명행족·선서·세간해·무상사·조어장부·천인사·불세존이었다. 그 나라 이름은 호성好成이고 겁의 이름은 대상大相이었다. 비구들이여, 그 부처님이 멸도하신지는 매우 오래고 오래되었다."
>
> 佛告諸比丘 : "乃往過去無量無邊不可思議阿僧祇劫, 爾時有佛, 名大通智勝如來·應供·正遍知·明行足·善逝·世間解·無上士·調御丈夫·天人師·佛世尊. 其國名好成, 劫名大相. 諸比丘! 彼佛滅度已來, 甚大久遠."

제6「수기품授記品」에서 석가모니부처님은 당신과 5백 제자의 숙세의 인연을 설하겠다고 하셨는데, 이제 그 이야기가 시작된다. 아득한 과거에 대통지승여래라는 부처님이 계셨다. 그 부처님이 멸도한 것은 아주 오래 전이다.

얼마나 오래되었다는 것일까. 이른바 '삼천진점겁三千塵點劫'이라는 비유가 등장하는데, 삼천대천세계의 모든 땅덩어리를 갈아 티끌만한 먹가루로 만들어 1천 국토를 지날 때마다 한 점씩을 떨어뜨려 그 모든 먹가루가 다할 때까지의 국토의 수를 먼저 든다. 그런데 경전에서 말하려고 하는 것은 먹가루를 놓았거나 놓지 않았거나 지나간 그 모든 국토의 땅덩어리를 다시 티끌만한 먹가루로 만든 수만큼의 겁이고, 그보다도 더 오래되었다고 한다.

아무튼 그 대통지승부처님은 출가하시기 전 16명의 아들이 있었는데, 아버지가 아뇩다라삼먁삼보리를 성취하셨다는 소식을 듣고 그들은 모두 부처님 계신 곳으로 가서 가르침을 주실 것을 청했다. 또한 대통지승부처님께서 아뇩다라삼먁삼보리를 얻었을 때 시방十方의 각각 5백만억씩의 부처님 세계가 여섯 방향으로 진동하고 그 나라 안의 햇빛도 달빛도 비치지 않는 어두운 곳까지 크게 밝아졌다. 그러자 시방세계의 각각 5백만억 범천왕들이 그 연유를 찾아 부처님 계신 곳으로 와서 부처님을 찬탄하는 각각의 게송을 외우며 16왕자와 함께 법을 청하였다. 여기서 시방이란 열 방향으로, 동·서·남·북과 그 사이의 여덟 방향에 다시 위와 아래를 더한 것이다.

> 원하옵건대 이 공덕功德이 일체에 두루 미쳐, 저희들과 중생들이 모두 함께 불도佛道를 이루게 하소서.
> 願以此功德, 普及於一切, 我等與衆生, 皆共成佛道.

오늘날 법요法要에서도 자주 등장하는 위 구절은 본래 『법화경』에서 유래된 것으로, 대통지승부처님을 찾아온 상방세계의 범천왕들이 읊은 게송의 일부이다.

아무튼 대통지승부처님이 설법을 시작하신다. 먼저 사성제四聖諦를 설하시고 이어서 십이인연十二因緣을 설하셨다. 그 가르침을 듣고 무수한 사람이 해탈을 얻어 성문대중이 무량무변으로 수를 헤아릴 수 없게 되었다. 16왕자는 모두 동자로 출가하여 사미沙彌가 되었는데, 그들은 근기가 뛰어나고 지혜가 밝았다. 그래서 부처님께 아뇩다라삼먁삼보리의 법을 설해주실 것을 청하고 대통지승부처님은 8천 겁에 걸쳐 『법화경』을 설하신다. 그리고 나서 8만4천 겁을 선정禪定에 드시는데, 그 사이 16왕자는 사부대중을 위해 『법화경』을 설하고 분별해 각기 무수한 중생들을 제도하여 아뇩다라삼먁삼보리심을 내게 한다.

그리고 16왕자는 지금 모두 부처님이 되어 무수한 보살과 성문들을 이끌고 있다고 하며, 다음과 같이 그 이름이 나열된다. 동방에는 아축불阿閦佛과 수미정불須彌頂佛이고, 동남방에는 사자음불師子音佛과 사자상불師子相佛이며, 남방에는 허공주불虛空住佛과 상멸불常滅佛이고, 서남방에는 제상불帝相佛과 범상불梵相佛이며, 서방에는 아미타불阿彌陀佛과 도일체세간뇌불度一切世間苦惱佛이고, 서북방에는 다마라발전단신통불多摩羅跋栴檀神通佛과 수미상불須彌相佛이며, 북방에는 운자재불雲自在佛과 운자재왕불雲自在王佛이고, 동북방에는 괴일체세간포외불壞一切世間怖畏佛이라는 것이다.

"16번째가 나 석가모니불釋迦牟尼佛이니, 사바娑婆의 국토에서 아뇩다라삼먁삼보리를 이루었다. 비구들이여, 우리들은 사미沙彌일 때 각각 한량없는 백천만억 항하사恒河沙의 중생들을 교화했으니, 나에게서 아뇩다라삼먁삼보리를 위해 법을 들었다. 그 모든 중생들이 아직도 성문의 땅에 머무는 자가 있는데, 나는 항상 아뇩다라삼먁삼보리로 교화한다. 그 모든 사람들은 이 법으로써 점차 불도佛道에 들 것이다."

"第十六我釋迦牟尼佛, 於娑婆國土成阿耨多羅三藐三菩提. 諸比丘! 我等爲沙彌時, 各各敎化無量百千萬億恒河沙等衆生, 從我聞法, 爲阿耨多羅三藐三菩提. 此諸衆生, 于今有住聲聞地者, 我常敎化阿耨多羅三藐三菩提. 是諸人等, 應以是法漸入佛道.

그리고 16번째가 석가모니부처님이라는 것이다. 본문에서 사바란 인토忍土라고도 번역되는 말로, 우리들이 살아가고 있는 지금의 이 세계를 가리킨다. 괴로움을 참고 살아갈 수밖에 없는 곳이라는 의미이다. 또한 본문 중의 사미란 만 20세가 되지 않은 남자출가자를 뜻하는 단어이고, 항하사는 갠지스 강의 모래알이란 의미로 많은 수를 의미한다.

아무튼 석가모니부처님은 사미일 때부터 아뇩다라삼먁삼보리로 중생들을 교화해왔는데, 그 가운데는 아직도 성문에 머물고 있는 자도 있다는 것이다. 그리고 그렇게 교화한 사람들이 5백 제자와 앞으로 미래세에 있을 성문제자들이라고 한다. 그러면서 다시 세간에 멸도를 얻을 이승은 없고 오직 일불승만이 멸도를 얻을 뿐임을 강조하며, 중생들이 작은 법을 즐기고 오욕에 깊이 집착하는 것을 알기 때문에 방편으로 열반을 설하셨다는 것이다.

> "비유하자면 5백 유순의 험난하고 나쁜 길이어서, 황량하고 외떨어져 사람이 없는 두려운 곳과 같다. 어떤 많은 대중이 그 길을 지나 진귀한 보배가 있는 곳에 이르려 했는데, 한 도사導師가 있어 총명한 지혜로 밝게 통달하여 험한 길의 통하고 막힌 모습을 잘 알며 장차 대중을 이끌고 이 어려움을 지나려 했다."
> "譬如五百由旬險難惡道, 曠絶無人 · 怖畏之處. 若有多衆, 欲過此道至珍寶處, 有一導師, 聰慧明達, 善知險道通塞之相, 將導衆人欲過此難."

다시 일불승과 이승의 관계를 설명하는 비유가 설해진다. 이른바 '화성化城의 비유'라는 것이다. 여러 사람이 험하고 먼 길을 지나 보배를 얻으러 가는데, 그 길을 안내하는 이는 매우 총명한 사람이었다.

그런데 중도에 대중들은 피곤하고 게으름이 나서 더 갈 수 없다고 한다. 또 앞길이 아직도 머니 차라리 돌아가자고 한다. 안내자는 그런 그들이 불쌍할 따름이었다.

> "도사는… 방편方便의 힘으로 험난한 길 중 3백 유순을 지나 한 성城을 화작化作하고 여러 사람에게 고했다. '그대들은 두려워 말라, 되돌아갈 수 없다. 지금 이 큰 성은 그 안에 쉴 수 있으니, 뜻대로 하라. 만일 이 성에 들어가면 속히 안은함을 얻을 것이다. 만일 이전처럼 보물이 있는 곳에 이르려 한다면, 역시 갈 수 있을 것이다."
> "導師… 以方便力, 於險道中過三百由旬, 化作一城, 告衆人言 : '汝等勿怖,

莫得退還. 今此大城, 可於中止, 隨意所作. 若入是城, 快得安隱. 若能前至寶所, 亦可得去.'"

그래서 안내자는 중도에 환상으로 허깨비 같은 성을 하나를 만들어 놓고 대중들을 쉬어가게 한다는 것이다.

말하자면 부처님이 성문들을 위해 설한 열반도 그와 같다는 것이다. 먼 길에 지친 대중이 중간에 잠시 쉬면서 기력을 회복하도록 하려는 의도였는데, 성문들은 그 환상의 성에 들어가 이미 제도되었다 생각하고 안온한 생각을 낸다는 것이다.

"그때 도사는 그 사람들이 이미 휴식을 얻어 다시 피곤하여 싫증내는 일이 없는 것을 알고 곧 화작한 성을 없애고 사람들에게 말했다. '그대들은 떠나오라, 보물이 있는 곳이 가까이 있다. 앞의 큰 성은 내가 화작한 바이니 멈춰 쉬기 위해서였을 뿐이다.'"
"爾時導師, 知此人衆既得止息, 無復疲惓. 即滅化城, 語衆人言 : '汝等去來, 寶處在近. 向者大城, 我所化作, 爲止息耳.'"

대중들이 충분히 쉬어 기력을 회복하자 안내자는 다시 진실을 고한다. '앞의 성은 환상이었으니, 이제 보물을 찾으러 가자'고.

"비구들이여, 여래도 역시 그와 같아 지금 너희들을 위하여 큰 도사가 되어 모든 생사와 번뇌의 나쁜 길이 험난하고 먼 것을 알고 마땅히 가게 하고 마땅히 제도하는 것이다. 만일 중생이 단지 일불승一佛乘만을 들으면, 부처님을 보려 하지 않고 친근하려 하지 않으며 이런 생각을 할 것이다. '불도佛道는 멀고 오랜 동안 노력하는 고통을 받아야 이룰 수 있다.' 부처님은 그 마음이 유약하고 졸렬한 것을 아시고 방편력으로 도중에 멈춰 쉬게 하기 위해 두 가지 열반을 설하신다.”
“諸比丘! 如來亦復如是, 今爲汝等作大導師, 知諸生死煩惱惡道險難長遠, 應去應度. 若衆生但聞一佛乘者, 則不欲見佛, 不欲親近, 便作是念:‘佛道 長遠, 久受懃苦乃可得成.’ 佛知是心怯弱下劣, 以方便力, 而於中道爲止息 故, 說二涅槃.

　　그리고 부처님도 마찬가지라는 것이다. 처음부터 일불승을 설하면 지나치게 어려울 것이라 생각해 아예 시작도 하지 않을 것이란 우려 때문에 이승을 설한 것이다. 말하자면 두 가지 열반을 설하게 된 이유 이다.

“만일 중생이 두 경지에 머물면 여래는 그때 다시 설한다. ‘그대들은 할 바를 아직 다하지 못했다, 그대들이 머무는 경지는 부처님의 지혜에 가 까우니, 얻은 바 열반이 진실이 아님을 마땅히 관찰하고 헤아려야 한 다. 단지 그것은 여래의 방편의 힘이니, 일불승을 분별하여 셋으로 설 한 것이다.’”
“若衆生住於二地, 如來爾時卽便爲說:‘汝等所作未辦, 汝所住地, 近於佛 慧, 當觀察籌量所得涅槃非眞實也. 但是如來方便之力, 於一佛乘分別 說三.’”

　　여기서 두 가지 경지란 성문과 벽지불의 이승을 말한다. 부처님의 방 편의 힘으로 일불승을 삼승으로 설한 것이라고 거듭 강조되고 있다.
　　그리고 이어서 대통지승부처님의 이야기서부터 앞의 비유까지를 부처님은 게송으로 다시 한번 반복하신다.

“모든 부처님인 도사는 휴식을 위해 열반을 설했으니, 이미 [충분히]

쉬었음을 알면 부처님의 지혜로 이끌어 들이신다."

"諸佛之導師, 爲息說涅槃, 既知是息已, 引入於佛慧."

그렇게 설하신 게송의 마지막 대목으로, 화성의 비유의 결론이 다시 반복되고 있다.

제8장 자신에게 보배가 있는 줄 모르고 五百弟子授記品

> '세존은 매우 기이하고 특이하시니, 하시는 바가 희유하다. 세간의 여러 종류의 성품에 따라 방편의 지견知見으로 법을 설하셔서, 중생을 곳곳의 탐착으로부터 꺼내주신다. 우리들은 부처님의 공덕功德에 대해 말한다 해도 다 드러낼 수 없으니, 오직 부처님만이 우리들 깊은 마음의 본래 바람을 아실 수 있다.'
>
> '世尊甚奇特, 所爲希有! 隨順世間若干種性, 以方便知見而爲說法, 拔出衆生處處貪著. 我等於佛功德, 言不能宣, 唯佛世尊能知我等深心本願.'

이것은 부루나미다라니자富樓那彌多羅尼子, 줄여서 부루나富樓那가 지금까지 부처님의 가르침과 여러 제자들이 아뇩다라삼먁삼보리의 수기를 받는 것 등을 듣고 일으킨 생각이다. 부루나는 본래 말을 잘해 설법제일說法第一로 통하던 부처님의 십대제자 가운데 한 사람이다. 그런 그가 '우리들은 부처님의 공덕에 대해 말한다 해도 다 드러낼 수 없으니, 오직 부처님만이 우리들 깊은 마음의 본래 바람을 아실 수 있다'고 하고 있다.

> 그때 부처님께서 비구들에게 말씀하셨다. "그대들은 이 부루나미다라니자富樓那彌多羅尼子를 보고 있느냐? 나는 항상 그를 법을 설하는 사람 중에 첫번째라고 불렀고, 역시 항상 그의 여러 가지 공덕을 칭찬했다. 나의 법을 부지런히 닦고 잘 지키며 돕고 펼쳐서 사부대중에게 보이고 가르쳐 이익되게 하고 기쁘게 할 수 있으니, 부처님의 정법을 해석함에 구족具足하고 함께 범행梵行을 닦는 이들을 크게 요익饒益하게 한다. 여

래를 빼고는 그 언론言論의 변재辯才를 당할 자가 없을 것이다."

爾時佛告諸比丘：“汝等見是富樓那彌多羅尼子不? 我常稱其於說法人中
最爲第一, 亦常歎其種種功德. 精勤護持助宣我法, 能於四衆示教利喜, 具
足解釋佛之正法, 而大饒益同梵行者. 自捨如來, 無能盡其言論之辯.”

그러자 부처님은 부루나의 마음을 알고 대중들을 향해 부루나의 장점을 칭찬하신다. 요컨대 부처님의 법을 부지런히 닦고 잘 지키며 잘 도와서 펼쳐 대중을 가르친다는 것이다.

그런데 부처님의 말씀은 계속된다. 부루나는 지금의 석가모니부처님에게서만 그런 것이 아니라 과거 90억 부처님 계신 곳에서도 그런 일을 잘했다는 것이다. 그리고 그때 세상 사람들이 모두 부루나를 성문이라고 했으나 실은 많은 중생들에게 아뇩다라삼먁삼보리를 세우게 했다는 것이다. 또 미래의 모든 부처님에게서도 그럴 것이어서 부루나는 먼 훗날 이 땅에서 성불하여 법명여래法明如來라는 부처님이 될 것이고, 그 나라 이름은 선정善淨이며, 겁의 이름은 보명寶明이라고 수기를 내리신다. 아울러 그 부처님의 국토의 아름다운 모습을 설명하는데, 특기할 만한 것은 그 나라 중생은 항상 두 가지를 음식으로 삼으니 하나는 법희식法喜食이고 또 하나는 선열식禪悅食이라는 것이다. 진리의 기쁨과 선정의 희열을 먹으며 산다는 뜻이다.

"비구들이여, 잘 들으라. 불자佛子가 행하는 도道는 방편을 잘 배운 까닭이니, [너희가] 생각할 수 없는 것이다. 대중이 작은 법을 즐기고 큰 지혜를 두려워하는 것을 아니, 그 때문에 모든 보살은 성문과 연각으로 꾸미고 무수한 방편으로 모든 중생의 무리를 교화한다."

"諸比丘諦聽! 佛子所行道, 善學方便故, 不可得思議. 知衆樂小法, 而畏於
大智, 是故諸菩薩, 作聲聞緣覺, 以無數方便, 化諸衆生類."

그리고는 부처님께서 같은 내용을 게송으로 다시 설명하신 것이다. 여기서 불자, 즉 부처님의 자식이라고 한 것은 부루나를 지칭한 것이다. 부루나는 일찍이 방편을 잘 배워 대중들이 작은 법을 좋아하고 큰 지혜를 두려워하는 것을 알아 사실은 보살이면서도 성문이나 연각인 것처럼 꾸미고 무수한 방편으로 대중들을 교화한다는 것이다.

"스스로 성문이라고 하고 부처님의 도는 매우 멀다고 하며, 무량한 중생을 제도하여 해탈시켜 모두 다 성취하게 하니, 비록 작은 것을 바라고 게을러도 점차 반드시 부처님이 되게 한다. 안으로는 보살행을 숨기고 밖으로 나타내는 바가 성문이라도, 작은 것을 바라고 생사를 싫어해도 실은 스스로 부처님의 국토를 정화하는 것이다."
"自說是聲聞, 去佛道甚遠, 度脫無量衆, 皆悉得成就, 雖小欲懈怠, 漸當令作佛. 內祕菩薩行, 外現是聲聞, 少欲厭生死, 實自淨佛土."

게송의 이어지는 대목이다. 마찬가지로 겉으로는 성문인 척하고 안으로 보살행을 숨겨도 결과는 많은 중생들을 제도하여 해탈시키고 부처님의 국토를 정화한다는 것이다. 부처님의 국토를 깨끗하게 한다는 것은 사회를 진리로 계도하여 정의롭고 올바른 세상으로 만든다는 의미이다.

그때 천2백 명의 아라한으로 마음이 자재한 이들이 이렇게 생각했다. '우리들은 환희하며 미증유를 얻었다. 만일 세존께서 각각에게 수기를 보이시어 나머지 큰 제자들과 같이 하신다면 역시 즐겁지 않겠는가.' 부처님께서 그들이 마음으로 생각하는 바를 아시고 마하가섭에게 말씀하셨다. "이 천2백 아라한을 나는 이제 앞에 두고 차례로 아뇩다라삼먁삼보리의 수기를 주겠다."

爾時千二百阿羅漢, 心自在者, 作是念:'我等歡喜, 得未曾有. 若世尊各
見授記, 如餘大弟子者, 不亦快乎!' 佛知此等心之所念, 告摩訶迦葉:"是
千二百阿羅漢, 我今當現前次第與授阿耨多羅三藐三菩提記."

부루나에 대한 수기를 마치자 그것을 지켜본 천2백 명의 아라한들
역시 수기를 받고 싶어한다. 그런 마음을 알고 부처님은 그들에게도
모두 아뇩다라삼먁삼보리의 수기를 주시겠다고 하신 것이다.

그리고 나서 아약교진여에게 6만2천억 부처님을 공양한 후 보명여
래普明如來라는 부처님이 될 것이라고 수기하신다. 또한 5백 아라한이
모두 부처님이 될 것이니, 그 이름은 마찬가지로 보명이라 할 것이라
하신다. 그리고는 같은 내용을 게송으로 반복하신다.

그때 5백 아라한이 부처님 앞에서 수기를 얻고 나서 뛸 듯이 환희하며
자리에서 일어나 부처님 앞에 이르러 머리를 발에 대고 절을 하고 허
물을 뉘우치며 스스로 책망했다. "세존이시여, 저희들은 항상 생각하
기를 스스로 이미 구경究竟의 멸도滅度를 얻었다 했는데, 이제야 그것을
알았으니 지혜가 없는 자와 같습니다. 왜냐하면, 저희들은 응당 여래의
지혜를 얻어야 하는데, 스스로 작은 지혜에 만족했던 것입니다."
爾時五百阿羅漢於佛前得受記已, 歡喜踊躍, 即從座起, 到於佛前, 頭面禮
足, 悔過自責:"世尊! 我等常作是念, 自謂已得究竟滅度, 今乃知之, 如無
智者. 所以者何? 我等應得如來智慧, 而便自以小智爲足."

그러자 수기를 받은 5백 아라한이 자신들의 과거 허물을 반성한다.
부처님의 지혜를 구했어야 했는데, 작은 지혜에 만족하고 있었다는
것이다.

그러면서 자신들의 처지를 다음의 비유를 통해 토로하고 있다. 유
명한 '의리보주衣裏寶珠의 비유'이다. 옷 속의 보배구슬이라는 뜻이다.

"세존이시여, 비유하자면 어떤 사람이 친한 벗의 집에 가서 술에 취해 누운 것과 같습니다. 그때 친한 벗은 관청의 일로 나가야 해서, 값어치를 따질 수 없는 보배구슬을 그의 옷 속에 꿰매어 주고 갔습니다. 그 사람은 취해 누워서 아무 것도 몰랐고, 일어나서 길을 나서 다른 나라에 이르렀습니다. 옷과 음식을 얻기 위해 부지런히 힘을 다해 구하고 찾았지만 몹시 큰 어려움이었습니다."

"世尊! 譬如有人至親友家, 醉酒而臥. 是時親友官事當行, 以無價寶珠繫其衣裏, 與之而去. 其人醉臥, 都不覺知, 起已遊行, 到於他國. 爲衣食故, 勤力求索, 甚大艱難."

　　말하자면 어떤 사람이 친한 친구의 집에 가서 함께 술을 마시고 취해서 정신없이 눕게 되었다. 그런데 그 친구는 갑작스런 용무로 급히 나가야 했다. 그래서 누워 있는 사람의 옷 속에 값비싼 보배구슬을 꿰매어 주고 떠났는데, 몸에 귀한 보배가 있는 줄 모르는 사람은 그 후 가난하게 살아가며 온갖 고초를 겪는다.

　　그러다 친구를 다시 만나서야 자신의 옷 속에 숨겨진 보배구슬에 대해 알게 된다는 것이다.

"부처님도 역시 이와 같아서, 보살로 계실 때 저희들을 교화하여 일체 지혜의 마음을 내게 하셨지만, 잊어버려서 알지 못하고 깨닫지 못했습니다. 이미 아라한도를 얻었다 하여 스스로 멸도라 하며, 먹고사는 것이 어려운데도 작은 것을 얻은 것에 만족했습니다. 일체 지혜의 바람은 여전히 있어 잃지 않았으니, 이제 세존께서 저희들을 깨닫게 하려고 이런 말씀을 하십니다. '여러 비구들이여, 너희들이 얻은 것은 구경究竟의 멸滅이 아니다. 나는 오랜 동안 너희들에게 부처님의 선근을 심으며 방편으로 열반의 모습을 보였지만, 너희는 실제 멸도를 얻었다고 한다.'"

"佛亦如是, 爲菩薩時, 敎化我等, 令發一切智心, 而尋廢忘, 不知不覺. 既得
阿羅漢道, 自謂滅度, 資生艱難, 得少爲足. 一切智願, 猶在不失, 今者世尊
覺悟我等, 作如是言 : '諸比丘! 汝等所得, 非究竟滅. 我久令汝等種佛善根,
以方便故, 示涅槃相, 而汝謂爲實得滅度.'"

　　비유에서처럼 5백 아라한은 과거 부처님이 보살로 계실 때 부처님
의 지혜를 구할 것을 배워 그런 바람이 아직 자신들에게 있는데도 아
라한도를 얻었다고 하며 작은 것에 만족하고 구차하게 살아왔다는 것이
이다. 그래서 부처님은 일불승의 입장에서 성문들은 아직 멸도를 얻
은 것이 아니라고 하신다는 것이다.
　　이어서 아약교진여 등이 같은 내용을 게송을 통해 반복한다.

제9장 학·무학의 모든 이에게 수기하니 授學無學人記品

> "세존이시여, 저희들도 여기에 역시 응분의 지분이 있으니, 오직 여래
> 만이 저희들이 귀의하는 바입니다. 또한 저희들은 일체 세간의 하늘과
> 사람, 아수라가 보고 아는 바이니, 아난阿難은 항상 시자侍者가 되어 법
> 장法藏을 잘 받들어 지녔고, 라후라羅睺羅는 부처님의 아들입니다. 만일
> 부처님께서 아뇩다라삼먁삼보리의 수기를 주신다면, 저희의 바람이
> 채워지고 대중의 소망 역시 충족될 것입니다."
>
> "世尊! 我等於此亦應有分, 唯有如來, 我等所歸. 又我等爲一切世間天·人·
> 阿修羅所見知識, 阿難常爲侍者, 護持法藏; 羅睺羅是佛之子. 若佛見授阿
> 耨多羅三藐三菩提記者, 我願既滿, 衆望亦足."

　그러자 이번에는 아난과 라후라가 수기를 받고 싶어 부처님 앞에
나섰다. 아난은 본래 부처님의 사촌동생으로 출가한 이래 늘 부처님
곁을 지키며 시봉한 것으로 유명하다. 그런 탓에 부처님의 가르침을
가장 많이 듣고 기억하여 10대제자 가운데 다문제일多聞第一로 통했는
데, 부처님이 돌아가시고 난 후 일차결집 때는 승단을 대표해서 부처
님의 가르침을 암송했다. 본문에서 법장을 잘 받들어 지녔다는 것은
그런 사실을 의미한다. 그리고 라후라는 부처님이 출가하기 전 태어
난 아들로, 밀행제일密行第一이라고 했다. 비밀스런 수행을 잘했다는
뜻이다.
　아난과 라후라가 위와 같은 말씀을 올리자 이번에는 학學·무학無學
의 성문제자 2천 명이 자리에서 일어나 오른쪽 어깨를 드러내고 부처
님 앞에 나와 합장하고 부처님을 우러러보았다. 여기서 오른쪽 어깨
를 드러냈다는 것은 경전에서 흔히 '편단우견偏袒右肩'이라고 표현되

는 것인데, 인도의 고유한 예법에 의거한 것이다. 말하자면 인도인들에게는 왼쪽과 오른쪽의 관념이 뚜렷해서 존경을 표할 때는 자신의 오른쪽을 내보이고 경멸을 표할 때는 왼쪽을 보인다. 우리들이 불탑을 참배할 때 우요右繞라고 해서 탑을 중심으로 시계바늘 방향으로 도는 것도 탑을 항상 오른쪽으로 대하기 위한 것이다. 아무튼 학·무학의 성문 2천 명이 부처님 앞에 나섰다는 것은 아난이나 라후라와 같은 바람을 지니고 있음을 나타낸 것이다.

그때 부처님께서 아난에게 말씀하셨다. "너는 내세에 마땅히 부처님이 될 것이니, 이름은 산해혜자재통왕여래山海慧自在通王如來… 불세존이라 할 것이다. 62억의 모든 부처님에게 공양하고 법장을 잘 지킨 연후에 아뇩다라삼먁삼보리를 얻을 것이다. 20천만억 항하사의 모든 보살들을 교화하여 아뇩다라삼먁삼보리를 이루게 할 것이다. 나라의 이름은 상립승번常立勝幡이고 그 국토는 청정하여 땅이 유리로 되어 있다. 겁의 이름은 묘음편만妙音遍滿이다.

爾時佛告阿難 : "汝於來世當得作佛, 號山海慧自在通王如來…佛世尊. 當供養六十二億諸佛, 護持法藏, 然後得阿耨多羅三藐三菩提. 教化二十千萬億恒河沙諸菩薩等, 令成阿耨多羅三藐三菩提. 國名常立勝幡, 其土清淨, 琉璃爲地. 劫名妙音遍滿."

　그러자 부처님께서 먼저 아난에게 위와 같이 수기를 내리신다. 산해혜자재통왕여래라는 부처님이 될 것이라고.

　그리고 그 부처님의 수명은 아주 길어 어떤 사람이 천만억 아승지 겁을 두고 산수로 헤아려도 알 수 없을 정도라고 하셨다. 또 정법이 머무는 기간은 그런 수명의 두 배가 될 것이고 상법의 기간은 다시 정법의 두 배가 될 것이라고 하셨다. 더불어 시방의 천만억 항하사 모든 부처님이 그 부처님의 공덕을 찬탄할 것이라고 하시고, 게송으로 다시 한번 그런 내용을 읊으신다.

그런데 여기서 특별히 아난이 부처님이 됐을 때 부처님의 수명이 대단히 길고 정법이나 상법이 머무는 기간 역시 아주 길다고 강조되고 있는 것은 부처님의 가르침을 잘 기억하여 전승한 아난의 초기교 단에서의 역할과 관련된 것이라고 생각된다. 말하자면 부처님의 수명이란 부처님의 가르침이 잊혀지지 않고 대중들 사이에 전승되어 실천되고 있는 기간을 암시하고 있는 것이다.

> 그때 모임 중에 새로 뜻을 낸 보살 8천 명이 모두 이렇게 생각했다. '우리들은 여러 큰 보살도 아직 이런 수기를 받았다고 듣지 못했는데, 어떤 인연이 있어 성문들이 이와 같은 결정을 얻는가?' 그때 세존께서 여러 보살의 마음속 생각을 아시고 이렇게 말씀하셨다. "선남자들이여, 나와 아난은 공왕불空王佛이 계신 곳에서 동시에 아뇩다라삼먁삼보리심을 내었다."
>
> 爾時會中新發意菩薩八千人, 咸作是念 : '我等尚不聞諸大菩薩得如是記, 有何因緣而諸聲聞得如是決?' 爾時世尊知諸菩薩心之所念, 而告之曰 : "諸善男子! 我與阿難等, 於空王佛所, 同時發阿耨多羅三藐三菩提心."

그러자 아난에 대한 수기를 듣고 신참의 보살 8천 명이 의아해 한다. 성문인 아난에게 여러 큰 보살보다도 더 훌륭한 수기를 내리시는 이유가 궁금했던 것이다. 그러자 부처님의 해명은 아난은 본래 공왕불이 계신 곳에서 석가모니부처님과 함께 아뇩다라삼먁삼보리심을 내었다는 것이다.

그리고 그 때문에 석가모니부처님은 이미 부처님이 되었고, 아난은 석가모니부처님의 법장을 받들어 지니며 또한 미래 모든 부처님의 법장을 받들어 지녀 모든 보살들을 교화하고 성취할 것이라서 수기를 받는다는 것이다. 그러자 아난은 마음이 크게 환희하며 미증유, 즉 일

찍이 없었던 것을 얻게 된다. 과거 한량없는 천만억 부처님의 법장을
모두 다 기억하게 된 것이다.

> "세존은 심히 희유하셔서, 저로 하여금 과거 한량없는 부처님 법을 오
> 늘 들은 것처럼 기억하게 하셨습니다. 저는 이제 다시 의심이 없이 불
> 도에 편안하게 머물고 있으니 방편으로 시자侍者가 되어 모든 부처님
> 의 법을 호지護持하겠습니다."
>
> "世尊甚希有, 令我念過去, 無量諸佛法, 如今日所聞. 我今無復疑, 安住於
> 佛道, 方便爲侍者, 護持諸佛法."

이것은 과거 모든 부처님의 가르침을 기억하게 되어 아난이 환희하
며 읊는 게송이다. 이제는 의심 없이 불도에 머물게 되었으니 방편으
로 시자가 되어 모든 부처님의 법을 받들어 지니겠다고 한다.

> 그때 부처님께서 라후라에게 말씀하셨다. "너는 내세에 마땅히 부처님
> 이 될 것이니, 이름은 도칠보화여래蹈七寶華如來… 불세존이라 할 것이
> 다. 열 세계의 티끌과 같은 수의 모든 부처님께 공양하고 항상 모든 부
> 처님의 맏아들이 되는 것이 지금과 같을 것이다. 그 도칠보화부처님의
> 국토장엄이나 수명의 겁수, 교화하는 제자와 정법正法, 상법像法이 역시
> 산해혜자재통여래와 같아 다르지 않을 것이다."
>
> 爾時佛告羅睺羅："汝於來世當得作佛, 號蹈七寶華如來…佛世尊. 當供
> 養十世界微塵等數諸佛如來, 常爲諸佛而作長子, 猶如今也. 是蹈七寶華
> 佛, 國土莊嚴, 壽命劫數, 所化弟子, 正法·像法, 亦如山海慧自在通王如來
> 無異."

이번에는 라후라 차례이다. 내세에 도칠보화여래라는 부처님이 될
것인데, 무수한 부처님께 공양하고 항상 여러 부처님의 맏아들이 될

것이라고 하신다.

　그리고는 게송으로 라후라를 칭찬하신다. 내가 태자로 있을 때 라후라는 맏아들이 되었고, 내가 지금 부처님이 되었으니 법을 받아 법의 아들이 되었다고. 또한 미래에 무수한 부처님께도 맏아들이 되어 일심으로 불도를 구할 것이니, 라후라의 비밀스런 수행은 부처님만이 아신다는 것이다.

그때 세존께서 학學·무학無學 2천 명을 보시니, 그 뜻이 유연하며 고요하고 청정하여 일심으로 부처님을 보고 있었다. 부처님께서 아난에게 말씀하셨다. "너는 이 학·무학 2천 명을 보느냐?" "그렇습니다. 봅니다." "아난이여, 이 모든 사람들은 50세계의 티끌과 같은 수의 모든 부처님께 공양하고 예경하며 존중하고 법장을 호지할 것이다. 그런 후에 동시에 시방의 나라에서 각기 부처님이 될 것이니, 모두 같은 이름으로 보상여래寶相如來… 불세존이라 할 것이다."

爾時世尊見學·無學二千人, 其意柔軟, 寂然淸淨, 一心觀佛. 佛告阿難 :"汝見是學·無學二千人不?""唯然, 已見.""阿難! 是諸人等, 當供養五十世界微塵數諸佛如來, 恭敬尊重, 護持法藏. 末後同時於十方國各得成佛, 皆同一號, 名曰寶相如來…佛世尊."

　아난과 라후라에 이어 지금 배우고 있거나 이미 배울 것이 없는 성문의 제자 2천 명도 부처님이 될 것이라는 수기를 받는다. 모두가 보상여래라는 같은 이름의 부처님이 될 것이라고.

　이어서 부처님은 같은 내용을 게송으로 반복하신다.

"세존의 지혜는 밝은 등불이어서 우리는 수기授記를 주시는 음성을 듣고 마음이 환희로 충만하여 감로甘露 뿌리심을 받는 것 같다."

"世尊慧燈明, 我聞授記音, 心歡喜充滿, 如甘露見灌."

부처님의 게송이 끝나자 학·무학 2천 명이 환희하며 읊은 게송이다. 부처님께서 수기를 주신 것에 대한 감격을 토로하고 있다.

제10장 여래의 멸도 후에 법화경을 설하면 法師品

그때 세존께서 약왕보살藥王菩薩로 인해 팔만의 대사大士에게 말씀하셨다. "약왕이여, 너는 이 대중 가운데… 비구·비구니·우바새·우바이의 성문을 구하는 자·벽지불을 구하는 자·불도를 구하는 자를 보라. 이와 같은 무리가 모두 부처님 앞에서 『묘법화경』의 게송 하나, 구절 하나라도 듣거나 내지 일념一念이라도 따라서 기뻐하면 나는 모두에게 수기를 줄 것이니, 마땅히 아뇩다라삼먁삼보리를 얻을 것이다."

爾時世尊因藥王菩薩, 告八萬大士 : "藥王! 汝見是大衆中…比丘·比丘尼·優婆塞·優婆夷, 求聲聞者·求辟支佛者·求佛道者. 如是等類, 咸於佛前, 聞妙法華經一偈一句, 乃至一念隨喜者, 我皆與授記, 當得阿耨多羅三藐三菩提."

『법화경』 제10 「법사품法師品」은 부처님께서 약왕보살을 대표로 8만의 보살에게 가르침을 펴시는 것으로 시작된다. 말하자면『법화경』의 게송 하나나 구절 하나라도 듣고 한 순간이라도 함께 기뻐하면 그들은 모두 부처님이 될 것이라는 말씀이다.

이어서 부처님이 멸도한 후에도 역시 『법화경』의 게송 하나나 구절 하나라도 듣고 따라서 기뻐하면 그들도 모두 부처님이 될 것이라고 하신다.

"또한 어떤 사람이 있어 『묘법화경』을 수지하여 독송하고 해설하고 서사書寫하기를 게송 하나라도 하며, 이 경권經卷을 부처님처럼 공경하여 보고 꽃과 향… 등 여러 가지로 공양하고 합장하여 공경한다면, 약왕이여, 이 사람들은 일찍이 10만억 부처님에게 공양하여 모든 부처님이 계신 곳에서 대원大願을 성취하고도 중생을 가엾게 여겨 이 인간人間에 태어났다고 알아야 한다.”

“若復有人, 受持·讀誦·解說·書寫妙法華經, 乃至一偈, 於此經卷敬視如佛, 種種供養, 華·香…合掌恭敬, 藥王! 當知是諸人等, 已曾供養十萬億佛, 於諸佛所成就大願, 愍衆生故, 生此人間.”

역시 『법화경』에 대한 찬탄이 계속되고 있는데, 『법화경』의 게송 하나라도 받아 지니고 읽고 외우고 해설하고 베껴 적거나 경전을 부처님처럼 받든다면 그 사람은 이미 부처님의 도에 상당한 성취를 이루었지만 중생들을 제도하기 위해 이 세상에 태어난 자라는 것이다. 보통 중생들이 윤회를 하는 방식을 업생業生이라고 한다. 업보業報로 말미암아 태어난다는 뜻인데, 여기에서는 원생願生을 가르치고 있다. 다시 말해 중생을 제도하겠다는 원력願力으로 스스로의 업보와 상관없이 윤회의 세계에 태어나는 것이다. 한편 본문 중에서 인간이란 요즘처럼 사람을 의미하는 것이 아니라 글자 그대로 사람 사이, 즉 사람들의 사회를 의미한다.

아무튼 경전에서는 이어서 미래세에 어떤 중생이 반드시 부처님이 되겠는가 하는 질문을 받으면 바로 위와 같은 사람이 부처님이 될 것이라고 대답해주라고 한다. 왜냐하면 그런 사람은 일체 세간에서 받들어 모셔야 할 사람이고 부처님에게처럼 공양해야 할 사람이라는 것이다. 또한 그는 큰 보살로서 이미 아뇩다라삼먁삼보리를 성취했지만 중생들을 불쌍히 여겨 이 세상에 일부러 태어나 『법화경』을 설한다는 것이다.

“약왕이여, 이 사람은 스스로 청정한 업보業報를 버리고 내가 멸도한 후 중생을 가엾게 여겨 악세惡世에 태어나 널리 이 경을 연설하는 것임을 알아야 한다. 만일 이 선남자·선여인이 내가 멸도한 후 은밀히 한 사람을 위해 『법화경』을 설하기를 구절 하나라도 한다면, 이 사람은 곧 여래사如來使로 여래로부터 파견되어 여래의 일을 행하는 것으로 알아야 하니, 하물며 대중 가운데에서 널리 사람들을 위해 설하는 자랴."

"藥王! 當知是人, 自捨淸淨業報, 於我滅度後, 愍衆生故, 生於惡世, 廣演此經. 若是善男子·善女人, 我滅度後, 能竊爲一人說法華經, 乃至一句 ; 當知是人則如來使, 如來所遣, 行如來事, 何況於大衆中廣爲人說?"

계속해서 『법화경』을 전파하는 사람의 공덕이 이야기되고 있는데, 부처님이 멸도한 후에 은밀히 한 사람만을 위해서라도 『법화경』을 설하면 그는 여래사, 즉 여래의 사도로서 여래로부터 파견되어 여래의 일을 하는 사람이라고 한다. 그런데 이 여래사라는 표현은 오직 『법화경』에만 등장하는 것으로, 옛부터 바람직한 불교신행의 자세 내지 보살행의 태도로 자주 거론되었던 것이다.

아무튼 경전에서는 출가든 재가든 그런 사람을 비난하는 이가 있다면 그 죄가 아주 크고 무거우며, 『법화경』을 독송하는 사람은 부처님이 어깨 위에 올릴 만큼 소중한 존재여서 받들어 공경해야 한다고 한다. 왜냐하면 『법화경』을 설하는 것을 잠깐 들을지라도 궁극적인 아뇩다라삼먁삼보리를 얻기 때문이라는 것이다. 그리고는 같은 내용의 게송이 반복된다.

그때 부처님이 다시 약왕보살마하살에게 다시 말씀하셨다. "내가 설한 경전은 한량없는 천만억이니 이미 설했거나 지금 설하고 있거나 앞으로 설할 것 가운데 이 『법화경』이 가장 믿기 어렵고 이해하기 어렵다. 약왕이여, 이 경은 모든 부처님의 비밀스럽고 요긴한 것을 갈무린 것이니, 분포하여 사람들에게 함부로 주어서는 안되는 모든 부처님이 수호하시는 바다. 옛날부터 드러내놓고 설한 적이 없었던 이 경에 대해 여래가 있는 지금도 원망과 질투가 많은데 하물며 멸도한 후에는 어떻겠는가?"

爾時佛復告藥王菩薩摩訶薩："我所說經典無量千萬億, 已說·今說·當說, 而於其中, 此法華經最爲難信難解. 藥王! 此經是諸佛祕要之藏, 不可分布妄授與人, 諸佛世尊之所守護. 從昔已來, 未曾顯說而此經者；如來現在, 猶多怨嫉, 況滅度後?"

다시 『법화경』의 중요성이 강조되고 있다. 부처님이 설하신 모든 경전 중에서 가장 믿기 어렵고 이해하기 어려우며, 모든 부처님의 비밀스럽고 요긴한 것이 갈무리된 경전이라고 한다. 그래서 함부로 남에게 주면 안된다는 것이다. 또한 부처님이 계신 지금도 『법화경』에 대한 원망과 질투가 많은데 부처님이 멸도한 후에는 어떻겠느냐는 걱정이 토로되고 있다. 『법화경』이 성립될 당시 소승과 대승의 치열한 대립을 짐작하게 하는 대목이다.

경전에서는 이어서 부처님이 멸도한 후『법화경』을 써서 지니고 독송하고 공양하고 다른 사람을 위해 설할 수 있는 사람은 부처님이 옷으로 덮어줄 것이며, 타방의 현재 부처님들이 모두 지켜주실 것이라고 한다. 왜냐하면 그런 사람은 큰 믿음과 의지와 선근의 힘이 있어 부처님과 함께 자고 부처님께서 손으로 그 머리를 쓰다듬어 주시기 때문이라고 한다.

"약왕이여, [법화경을] 설하거나 읽거나 외우거나 쓰거나 경권이 있는 곳곳마다에 모두 칠보탑七寶塔을 세우되, 높고 넓으며 장엄하게 장식하여야 하니, 구태여 사리舍利를 봉안하지 않아도 된다. 왜냐하면 그 안에 이미 여래의 온몸이 있기 때문이다. 이 탑은 일체의 꽃과 향… 등으로 공양하고 공경하고 존중하고 찬탄하여야 한다. 만일 어떤 사람이 있어 이 탑을 보고 예배하고 공양할 수 있으면, 이 사람들은 모두 아뇩다라 삼먁삼보리에 가까웠음을 알아야 한다."

"藥王! 在在處處, 若說·若讀·若誦·若書, 若經卷所住處, 皆應起七寶塔, 極令高廣嚴飾, 不須復安舍利. 所以者何? 此中已有如來全身. 此塔, 應以一切華·香…供養恭敬, 尊重讚歎. 若有人得見此塔, 禮拜·供養, 當知是等皆近阿耨多羅三藐三菩提."

　　또한 『법화경』을 봉안한 탑이 권장되고 있다. 부처님의 유골을 모신 사리탑이 부처님을 숭배하기 위한 목적에서 지어진 것이라면, 경전을 봉안한 탑은 그 정신을 현양하는 것이 목적이 되기 때문이다. 그래서 경전을 모신 탑은 이미 그 안에 부처님의 전신이 있는 것과 같다고 하고 있다. 또 그 탑에 예배하고 공양할 수 있으면 그 사람은 가까운 장래에 부처님이 될 것이라고 한다.

　　이어서 만일 『법화경』을 보고 듣고 하지 못하는 자는 보살도를 잘 행하지 못하는 것이며, 『법화경』을 얻어 듣는 사람은 보살도를 잘 행하는 사람이라고 한다. 그래서 『법화경』을 보거나 듣고 나서 믿고 이해하고 받아 지니는 자는 아뇩다라삼먁삼보리에 가까워졌다는 것을 알아야 한다고 한다.

"약왕이여, 비유하자면 어떤 사람이 목이 마르고 물이 필요해 높은 언덕에서 우물을 파 그것을 구하는 것과 같다. 마른 흙을 봄으로 말미암아 물이 아직 먼 것을 알고, 공들임을 멈추지 않다가 문득 젖은 흙을 보게 되고 나아가 점차 진흙탕에 이르면 그 마음이 흔들리지 않고 물이 반드시 가까이에 있는 것을 안다. 보살도 역시 이와 같아 이 『법화경』을 아직 듣지 못하고 이해하지 못하고 수행해 익힐 수 없다면, 이 사람은 아직도 아뇩다라삼먁삼보리와 멀리 떨어져 있다고 알아야 한다."

"藥王! 譬如有人渴乏須水, 於彼高原穿鑿求之. 猶見乾土, 知水尚遠 ; 施功不已, 轉見濕土, 逐漸至泥, 其心決定・知水必近. 菩薩亦復如是, 若未聞・未解・未能修習是法華經者, 當知是人去阿耨多羅三藐三菩提尚遠."

물을 얻기 위해 우물을 파는 것에 비유하여 『법화경』의 중요함이 이야기되고 있다. 말하자면 우물을 팔 때 마른 흙만 나오면 아직 물길이 멀고 차차 젖은 흙이 나오다가 진흙탕이 되면 물길이 가깝다는 것을 알게 되는 것처럼 『법화경』을 볼 수 있고 이해할 수 있고 수행할수 있는 것이 성불과 가까운가 먼가의 기준이라는 것이다.

"일체 보살의 아뇩다라삼먁삼보리는 모두 이 경에 속한다. 이 경은 방편의 문을 열어 진실의 모습을 보인다. 이 『법화경』이 갈무린 것은 깊고도 견고하고 아득히 멀어서 아무도 도달할 수 없는 것이니, 이제 부처님이 보살을 교화하여 성취하고자 열어 보이시는 것이다."

"一切菩薩阿耨多羅三藐三菩提, 皆屬此經. 此經開方便門, 示眞實相. 是法華經藏, 深固幽遠, 無人能到, 今佛教化成就菩薩而爲開示."

『법화경』이야말로 보살이 부처님이 될 수 있는 가르침이니, 방편의 문을 열어 진실의 모습을 보인다는 것이다. 부처님은 중생의 근기에 따라 방편으로 설법하시는데, 이 『법화경』이 그 방편의 진실한 모습을 드러내는 것이기 때문이다. 그래서 『법화경』은 이해하기 힘든 것이지만, 보살을 교화하고자 설하신다고 한다.

그러므로 『법화경』을 듣고 놀라서 의심하고 두려워하는 보살은 발심한지 얼마 안되는 신참 보살이고, 또 『법화경』을 듣고 놀라서 의심하고 두려워하는 성문은 거만한 자라고 한다.

"약왕이여, 어떤 선남자·선여인이 있어 여래의 멸후에 사부대중을 위해 이 『법화경』을 설하고자 한다면, 어떻게 설해야 하겠느냐? 이 선남자·선여인은 여래의 방에 들어가 여래의 옷을 입고 여래의 자리에 앉아 사부대중을 위해 이 경을 널리 설해야 한다. 여래의 방이란 일체 중생 중의 큰 자비심慈悲心이고, 여래의 옷이란 부드럽고 화평한 인욕심忍辱心이며, 여래의 자리란 일체의 법이 공空한 것이다."

"藥王! 若有善男子·善女人, 如來滅後, 欲爲四衆說是法華經者, 云何應說? 是善男子·善女人, 入如來室, 著如來衣, 坐如來座, 爾乃應爲四衆廣說斯經. 如來室者, 一切衆生中大慈悲心是;如來衣者, 柔和忍辱心是;如來座者, 一切法空是."

그러면 부처님이 돌아가신 후 사부대중을 위해 『법화경』을 설하려는 사람은 어떤 자세로 임해야 할까. '여래의 방에 들어가 여래의 옷을 입고 여래의 자리에 앉아 설하라'고 하고 있다. 그리고 '여래의 방이란 일체 중생에 대한 자비심이고, 여래의 옷이란 부드럽고 화평한 인욕심이며, 여래의 자리란 일체의 법이 공한 것'이라고 해설하고 있다. 말하자면 『법화경』을 설하는 법사는 일체 중생을 대자대비한 마음으로 바라보고, 부드럽고 화평하며 모든 참기 어려운 것을 참아내는 태도로 대할 수 있어야 하지만, 그가 견지해야 하는 자세는 결국 모든 것이 공하다는 여실지견의 입장이어야 한다는 것이다.

그런 자리에 먼저 편안히 머무른 후에 게으름을 내지 않는 마음으로 대중들을 위해 『법화경』을 설하라는 것이다. 그러면 부처님이 다른 세계에서 그 설법하는 사람을 위해 설법을 들을 허깨비로 만든 대중을 보낼 것이고, 또 다른 세계에 있을지라도 설법하는 사람이 때때로 부처님을 볼 수 있게 할 것이며, 간혹 경의 구절을 잊어버리면 돌아와서 일깨워줄 것이라고 하신다. 그리고는 이제까지의 내용을 다시 게송으로 반복하고 계신다.

그런데 여기서 설법을 하는 법사法師를 격려하기 위해 허깨비로 만든 대중을 보낸다는 것은 『금강경』의 '보살이 무수한 중생을 구제하더라도 실은 한 중생도 구제된 바가 없다'는 구절을 떠오르게 한다. 아무튼 『법화경』을 설하는 사람은 때때로 부처님을 볼 수 있고 간혹 경의 구절을 잊어도 부처님께서 다시 일깨워주실 것이라는 표현은 말 그대로 『법화경』이야말로 부처님 가르침의 핵심이어서 부처님과 다를 바 없다는 의미라고 이해해야 하겠다.

> "이 사람은 법을 설하기를 즐겨 분별分別함에 걸림이 없으니, 모든 부처님이 호념護念하시기 때문에 대중들을 기쁘게 할 수 있다. 만일 법을 설하는 스승을 가까이 하면 속히 보살도를 얻을 것이며, 그 스승을 순종하여 따라 배우면 갠지스 강의 모래와 같은 부처님을 보게 된다."
> "是人樂說法, 分別無罣礙, 諸佛護念故, 能令大衆喜. 若親近法師, 速得菩薩道, 隨順是師學, 得見恒沙佛."

　　부처님이 설하신 게송의 마지막 부분이다. 『법화경』을 설하는 법사의 중요성이 다시 한번 반복되고 있다.

제11장 다보여래가 법화경을 증명하시려 見寶塔品

> 그때 부처님 앞에 칠보탑七寶塔이 있어, 높이가 5백 유순由旬이고 가로의 넓이가 2백5십 유순이며 땅에서 솟아나와 공중에 머물고 있는데 여러 가지 보물로 장식되어 있었다.
>
> 爾時佛前有七寶塔, 高五百由旬, 縱廣二百五十由旬, 從地踊出, 住在空中, 種種寶物而莊校之.

　석가모니부처님의 『법화경』 설법이 이어지던 도중 칠보로 된 거대한 탑이 부처님 앞에 나타난다. 땅에서 솟아나와 허공중에 머물고 있다고 했는데, 앞에서도 밝혔듯이 허공은 일체만물이 공空한 사실을 암시하기도 한다. 말하자면 공의 진리는 일체의 속박으로부터 벗어나 한정이 없는 것인데, 허공이 바로 그런 무한정의 공간이기 때문이다.

　아무튼 경전에서는 이어서 그 칠보탑의 여러 가지 아름다운 형상이나 그 탑에 공양하는 대중들에 대한 묘사가 계속된다.

> 그때 보탑 중에서 큰 음성이 나와 찬탄하여 말했다. "옳고도 옳도다! 석가모니세존은 평등한 큰 지혜로써 보살을 가르치는 법이고 부처님이 호념하시는 바인 『묘법화경』을 대중을 위해 설하신다. 이와 같고도 이와 같도다. 석가모니세존이 이처럼 설하시는 바는 모두 진실이다."
>
> 爾時寶塔中出大音聲歎言 : "善哉, 善哉! 釋迦牟尼世尊, 能以平等大慧, 教菩薩法, 佛所護念, 妙法華經, 爲大衆說. 如是, 如是! 釋迦牟尼世尊, 如所說者, 皆是眞實."

　그리고는 칠보탑 안에서 커다란 음성이 들려온다. 바로 석가모니부처님의 『법화경』 설법을 찬탄하며 그 설법은 모두 진실이라는 것이다.

그러자 자리에 모여 있던 사부대중들이 기쁨을 느끼면서도 일찍이 없었던 일에 기이하게 생각했고, 대요설大樂說이라는 보살이 부처님께 그 일에 관해 여쭤본다.

> 그때 부처님이 대요설보살大樂說菩薩에게 말씀하셨다. "이 보탑 안에는 여래의 온몸이 있으니 과거 동방으로 한량없는 천만억 아승지 세계를 지나 나라 이름이 보정寶淨인 곳에 부처님이 계셨는데, 이름이 다보多寶였다. 그 부처님이 보살도를 행할 때 큰 서원誓願을 세웠다. '만일 내가 성불하고 멸도한 후에 시방의 국토에 『법화경』을 설하는 곳이 있으면 나의 탑묘塔廟가 그 경을 듣기 위해 그 앞에 나타나 증명證明하고 옳다고 찬탄하겠다.'"
>
> 爾時佛告大樂說菩薩: "此寶塔中有如來全身, 乃往過去東方無量千萬億阿僧祇世界, 國名寶淨, 彼中有佛, 號曰多寶. 其佛行菩薩道時, 作大誓願: '若我成佛·滅度之後, 於十方國土有說法華經處, 我之塔廟, 爲聽是經故, 踊現其前, 爲作證明, 讚言善哉.'

아득한 과거의 보정이란 나라에 계시던 다보여래가 『법화경』이 설해지는 것을 알고 몸소 증명하기 위해 찾아오셨다는 것이다. 그런 것이 보살이었던 시절 다보여래의 서원이었다는 것이다. 서원이란 반드시 깨달음을 이루기 위하여 세우는 보살의 맹세를 의미한다.

> 이때 대요설보살이 여래의 신통력에 의해 부처님께 말씀드렸다. "세존이시여, 우리들이 이 부처님의 몸을 뵙고 싶습니다." 부처님께서 대요설보살마하살에게 말씀하셨다. "이 다보부처님은 심중한 원이 있다.

> '만일 나의 보탑이 『법화경』을 듣기 위해 모든 부처님 앞에 나갈 때 나의 몸을 사부대중에게 보이기를 원한다면 그 부처님의 시방세계에서 설법하는 분신分身의 모든 부처님들이 모두 돌아와 한 곳에 모인 이후에 나의 몸을 내보이겠다.'"
>
> 是時大樂說菩薩, 以如來神力故, 白佛言 : "世尊! 我等願欲見此佛身." 佛告大樂說菩薩摩訶薩 : "是多寶佛, 有深重願 : '若我寶塔, 爲聽法華經故, 出於諸佛前時, 其有欲以我身示四衆者, 彼佛分身諸佛, 在於十方世界說法, 盡還集一處, 然後我身乃出現耳.'

대요설보살이 탑 안의 다보여래를 뵙기를 원하자 석가모니부처님께서 말씀하신다. 다보여래의 서원에 따르면 『법화경』을 설하는 부처님의 시방세계에서 설법하는 분신부처님들이 모두 한 곳에 모여야 당신의 몸을 보이겠다고 하셨다는 것이다. 그런데 여기서 분신의 부처님들이 시방에서 설법하고 계신다는 것은 어떤 의미로 이해해야 할까. 부처님의 가르침이 대중들에게 전파되면 그 각각의 가르침이 다시 생명력을 얻어 부처님처럼 대중들을 교화하게 된다는 암시라고 생각해볼 수 있겠다. 그리고 그 모든 분신의 부처님들을 한곳으로 모은다는 것은 모든 가르침을 총괄하는 자리를 만든다는 의미를 지닌다고 생각된다.

아무튼 경전에서는 석가모니부처님이 시방세계에서 설법하고 있는 석가모니부처님의 모든 분신부처님을 모으겠다고 하신다. 대요설보살이 그 부처님들을 친견하고 예배와 공양을 하겠다는 말이 이어지고, 부처님이 백호白毫에서 광명을 내자 동방 5백만억 나유타 항하사 국토의 모든 부처님을 보게 된다. 그 국토들은 아름답게 장엄되어 있으며 무수한 보살이 가득 차 있고 부처님들이 설법하시고 있다. 마찬가지로 남·서·북방과 사유四維, 상하上下의 세계들이 백호의 광명이 비추자 그 모습을 드러낸다. 여기서 사유란 남동, 남서, 북서, 북동의 방향을 말한다.

　그리고 시방의 모든 부처님들이 큰 보살 한 명씩만 데리고 사바세계로 모여들자 석가모니부처님은 그 모든 부처님이 함께 계실 수 있도록 팔방의 각각 2백만억 나유타 국토들을 통일시켜 청정하게 만드신다. 그리고 모든 분신부처님들의 탑을 열어달라는 청을 받고 석가모니부처님은 자리에서 일어나 허공중에 머무시게 되고, 사부대중은 일어나 합장한 채 그런 부처님을 우러러본다.

> 이에 석가모니부처님이 오른쪽 손가락으로 칠보탑의 문을 여니, 큰 소리가 나며 자물쇠가 풀려 큰 성문이 열리는 것 같았다. 곧바로 일체의 대중이 모두 다보여래가 보탑 안의 사자좌師子座에 앉아 계신 것을 보았는데, 온몸이 흩어지지 않고 선정禪定에 들어 있는 것 같았다. 또한 그 음성을 들었는데, "옳고도 옳습니다! 석가모니불께서 이 『법화경』을 잘 설하셨으니, 나는 이 경을 듣기 위해 여기까지 왔습니다."
> 於是釋迦牟尼佛, 以右指開七寶塔戶, 出大音聲, 如却關鑰開大城門. 即時一切衆會, 皆見多寶如來於寶塔中坐師子座, 全身不散, 如入禪定. 又聞其言 : "善哉, 善哉! 釋迦牟尼佛, 快說是法華經, 我爲聽是經故而來至此."

　그리고 마침내 석가모니부처님에 의해 탑이 열린다. 다보여래는 선정에 들어 있는 것 같은 흩어지지 않은 모습이었으며, 『법화경』을 설하는 것을 듣기 위해 왔다는 음성이 들린다.

　그리고는 사부대중의 찬탄과 하늘에서 꽃비가 쏟아지는 상서가 이어진다.

> 그때 다보부처님이 보탑 안에서 자리를 반으로 나누어 석가모니부처님에게 드리며 이런 말씀을 하셨다. "석가모니부처님이여, 이 자리로

오십시오." 곧바로 석가모니부처님께서 그 탑 안으로 들어가 그 반쪽
자리에 앉아 가부좌加趺坐를 맺으셨다.

爾時多寶佛, 於寶塔中分半座與釋迦牟尼佛, 而作是言 : "釋迦牟尼佛! 可
就此座." 即時釋迦牟尼佛入其塔中, 坐其半座, 結加趺坐.

다보부처님의 제안으로 석가모니부처님이 탑 안으로 들어가 다보
여래와 자리를 반씩 나누어 앉는다.

그러자 땅위에 있던 대중들은 너무 멀기 때문에 자신들도 두 부처
님이 계시는 허공중에 머물 수 있기를 바란다. 그래서 석가모니부처
님은 신통력으로 그 대중들을 허공중으로 이끄시는데, 여기에서 『법
화경』의 설법장소가 왕사성의 영취산에서 허공으로 바뀌게 된다.

곧바로 석가모니부처님께서 신통력으로 대중들을 모두 허공으로 이끄
시고 큰 음성으로 사부대중에게 널리 고하셨다. "누가 이 사바娑婆의 국
토에서 『묘법화경』을 널리 설할 수 있겠는가. 지금이 바로 그때라 여래
는 머지않아 열반涅槃에 들것이니, 부처님은 이 『묘법화경』을 부촉付囑
하고자 하여 있는 것이다."

即時釋迦牟尼佛, 以神通力, 接諸大衆皆在虛空, 以大音聲普告四衆 : "誰
能於此娑婆國土廣說妙法華經. 今正是時, 如來不久當入涅槃, 佛欲以此妙
法華經付囑有在."

신통력으로 대중들을 허공으로 이끄시고는 석가모니부처님이 선언
하신다. '누가 이 사바세계에서 『법화경』을 설할 수 있겠는가. 여래는
머지않아 열반에 들것이니, 부처님은 『법화경』을 부촉하고자 하여 있
는 것'이라고.

앞서 제2「방편품」에서 '부처님이 세상에 출현하시는 것은 부처님
의 지견을 중생들에게 열어 보이고 깨달아 들어가게 하기 위해서'라

는 말씀이 있었는데, 여기서는 『법화경』을 부촉하고자 부처님께서 계신다고 한다. 말하자면 부처님이 돌아가시더라도 『법화경』의 진리는 꾸준히 전해져야 한다는 것이다. 그리고는 이상의 내용이 다시 게송으로 반복된다.

> "나는 부처님의 도를 위해 한량없는 곳에서, 처음부터 지금까지 여러 경을 널리 설했지만, 그 가운데에서 이 경이 제일이니, 만일 지닐 수 있다면 부처님의 몸을 지니게 된다."
> "我爲佛道, 於無量土, 從始至今, 廣說諸經, 而於其中, 此經第一. 若有能持, 則持佛身."

부처님의 게송의 한 대목이다. 부처님의 여러 경전 중 『법화경』이 최고여서, 만일 『법화경』을 지닐 수 있다면 부처님의 몸, 다시 말해 부처님의 핵심을 지니게 되는 것이라고 한다.

> "이 경은 지니기 어려우니 만일 잠시라도 지닌다면, 내가 곧 환희하겠고 모든 부처님도 그럴 것이다. 그와 같은 사람은 모든 부처님이 찬탄하는 바다. 그가 곧 용맹勇猛이고 그가 곧 정진精進이며, 그 이름이 지계持戒요 두타頭陀를 행하는 자이니, 곧 위없는 불도를 속히 얻을 것이다. 내세에 이 경을 읽고 지닐 수 있으면, 그는 참된 불자佛子로 순박하고 어진 땅에 머물 것이다. 부처님의 멸도 후에 그 뜻을 이해할 수 있으면, 그는 하늘과 사람 모든 세간의 눈이 될 것이다. 두려운 세상에서 잠깐이라도 설할 수 있으면, 일체의 하늘과 사람이 모두 공양할 것이다."
> "此經難持, 若暫持者, 我則歡喜, 諸佛亦然. 如是之人, 諸佛所歎. 是則勇猛, 是則精進, 是名持戒, 行頭陀者, 則爲疾得, 無上佛道. 能於來世, 讀持此經, 是眞佛子, 住淳善地. 佛滅度後, 能解其義, 是諸天人, 世間之眼. 於恐畏

世, 能須臾說, 一切天人, 皆應供養."

　　같은 게송의 마지막 부분으로, 예로부터 '차경난지게此經難持偈' 혹은 '보탑게寶塔偈'라 칭해지던 것이다. 역시 『법화경』에 대한 찬탄이 이어지고 있다. 『법화경』을 잠시라도 지닐 수 있다면 석가모니부처님을 위시한 모든 부처님이 환희할 것이고, 또 모든 부처님이 찬탄하시는 바라고 한다. 그리고 그런 사람이 용맹한 사람이고 정진하는 사람이며 계율을 지키는 사람이고 두타행을 하는 사람이라고 한다. 또한 미래에 『법화경』을 읽고 그 뜻을 이해하는 사람은 세간의 눈이 된다고 한다. 말하자면 세상을 올바로 바라보고 이끌어나갈 지도자가 될 것이라는 의미로, 그래서 『법화경』을 설하는 사람은 대중의 공양을 받을 것이라고 하고 있다.

제12장 제바달다도 전생에는 나의 선지식 提婆達多品

> 그때 부처님께서 모든 보살 및 하늘과 사람의 사부대중에게 말씀하셨다. "나는 과거 한량없는 겁 중에 『법화경』을 구하여 게으른 적이 없었다. 많은 겁 중에 항상 국왕이 되어 무상보리無上菩提를 구하기를 발원發願하고 마음이 물러선 적이 없었다."
>
> 爾時佛告諸菩薩及天人四衆：“吾於過去無量劫中，求法華經，無有懈惓. 於多劫中常作國王，發願求於無上菩提，心不退轉.”

제12「제바달다품提婆達多品」의 시작 부분이다. 부처님은 과거 아주 오랜 세월동안 국왕이 되어 『법화경』을 구해왔다는 것이다. 본문 중의 무상보리란 위없는 깨달음을 말한다.

아무튼 이어서 육바라밀六波羅蜜을 만족시키고자 부지런히 보시布施를 행했으니, 마음에 인색함이 없어 코끼리, 말, 칠보, 국성國城, 처자, 노비, 종복從僕은 물론이고 자신의 머리와 눈, 골수, 뇌, 몸의 살점과 손발 및 신명까지 아끼지 않았다고 한다. 그리고 마침내 왕위를 버리고 정사를 태자에게 맡긴 다음 영을 내려 사방으로 자신에게 대승의 가르침을 설할 사람을 찾았다는 것이다.

> "이때 어떤 선인仙人이 와서 왕에게 말했다. '나는 대승[의 가르침]을 가지고 있으니 이름이 『묘법화경』이다. 만일 나를 어기지 않으면 마땅히 [그대를] 위해 설해주겠다.' 왕이 선인의 말을 듣고 뛸 듯이 기뻐하며 곧 선인을 따라가 필요한 것을 공급하기를, 과일을 따고 물을 긷고 땔감을 주워 음식을 장만하고 내지는 몸으로 앉는 자리가 되어도 몸과

마음에 싫증을 내지 않았다. 그와 같이 받들어 모시며 천년이 지났지만 법을 위했기 때문에 부지런히 바치고 시봉하며 모자랄 바가 없게 하였다.”

"時有仙人來白王言 : ‘我有大乘, 名妙法華經. 若不違我, 當爲宣說.’ 王聞仙言, 歡喜踊躍, 即隨仙人, 供給所須, 採菓·汲水·拾薪·設食, 乃至以身而爲床座, 身心無倦. 于時奉事, 經於千歲, 爲於法故, 精勤給侍, 令無所乏."

　　그러자 한 선인이 찾아와 자신이 『법화경』을 지니고 있으니 말을 잘 듣고 시봉하면 설해주겠다고 한다. 그래서 왕은 천년 동안 그 선인을 모셨다.
　　경전에서는 이어서 같은 내용이 게송으로 반복되는데, 게송에서는 선인의 이름이 아사阿私였다고 한다.

　　부처님께서 모든 비구에게 말씀하셨다. “그때의 왕은 곧 나의 이 몸이고, 그때의 선인은 지금의 제바달다提婆達多이다. 제바달다 선지식善知識으로 말미암아 나는 육바라밀과 자비희사慈悲喜捨, 삼십이상三十二相과 팔십종호八十種好, 자마금색紫磨金色, 십력十力·사무소외四無所畏·사섭법四攝法·십팔불공신통도력十八不共神通道力을 구족하고 등정각等正覺을 이루어 널리 중생을 제도하였으니, 모두 제바달다 선지식으로 인한 때문이다.”

佛告諸比丘 : “爾時王者, 則我身是 ; 時仙人者, 今提婆達多是. 由提婆達多善知識故, 令我具足六波羅蜜, 慈悲喜捨, 三十二相, 八十種好, 紫磨金色, 十力·四無所畏·四攝法·十八不共神通道力, 成等正覺, 廣度衆生, 皆因提婆達多善知識故."

　　그리고는 그때의 왕이 바로 석가모니부처님이고, 그 선인이 지금의 제바달다였다고 한다. 제바달다는 본래 아난과 함께 부처님의 사촌동생으로 부처님에게 출가했는데, 불교교단을 부처님으로부터 넘겨받으려다가 실패하고 부처님을 살해하려 하기까지 한 악인이다. 그러나 여기에서는 제바달다 덕분에 부처님이 되실 수 있었다고 한다.

본문 중의 자마금색은 자색을 띤 최상급 황금의 빛깔을 의미하여 부처님의 금색신상金色身相을 가리킨다. 그리고 사섭법은 보살이 중생들을 이끌어 들이는 방법으로, 보시섭布施攝·애어섭愛語攝·이행섭利行攝·동사섭同事攝을 의미한다. 말하자면 보살은 중생들에게 늘 베풀고 부드러운 말을 쓰며 이롭게 해주고 함께 행동함으로써 중생들을 포섭한다는 것이다. 그리고 등정각이란 무상정등정각의 준말로 아뇩다라삼먁삼보리와 같은 뜻이다.

아무튼 이어서 부처님은 그런 제바달다에게 수기를 하신다. 먼 훗날 제바달다는 천왕여래天王如來라는 부처님이 되어 많은 중생들을 제도할 것이라고. 또한 오는 세상에서 사람들이 『법화경』의 「제바달다품」을 듣고 깨끗한 마음으로 믿어 의심하지 않으면 지옥·아귀·축생에 떨어지지 않고 부처님 앞에 태어나 『법화경』을 듣게 된다고 한다.

이때 하방下方의 다보세존을 따르는 지적智積이란 이름의 보살이 다보부처님께 말씀드렸다. "본토로 돌아가야겠습니다." [그러자] 석가모니 부처님이 지적에게 말씀하셨다. "선남자여, 잠시만 기다려라. 여기 보살이 있으니 이름이 문수사리로, 서로 만나 묘한 법을 논설하고 본토로 돌아가도 될 것이다."

於時下方多寶世尊所從菩薩, 名曰智積, 白多寶佛 : "當還本土." 釋迦牟尼佛告智積曰 : "善男子! 且待須臾. 此有菩薩, 名文殊師利, 可與相見, 論說妙法, 可還本土."

한편 다보부처님을 따라온 지적이란 보살이 '본토로 돌아가겠다'고

하자 석가모니부처님이 문수사리보살을 만나보고 나서 돌아가도 될 것이라 이르신다.

　그러자 문수사리보살이 다른 보살들을 거느리고 꽃잎이 천개인 수레바퀴만한 연꽃을 타고 큰 바다의 사갈라娑竭羅 용궁에서 솟아나 허공중에 머물며 영축산으로 와서 연꽃에서 내려 부처님 앞에 이른다. 먼저 두 부처님께 예배하고 지적보살에게로 가서 서로 인사를 나누었는데, 그런 뒤에 지적보살이 물었다. '용궁에서 교화한 중생의 수가 얼마나 되냐'고. 그러자 문수사리의 대답은 한량이 없어 헤아리지 못하니 잠시 기다리면 스스로 알게 될 것이라는 것이다. 그리고는 말이 끝나기도 전에 수없는 보살들이 연꽃을 타고 바다에서 솟아나 영축산 허공에 머문다. 그들은 모두 문수사리보살이 교화한 이들이었다. 그러자 지적보살이 게송으로 문수사리보살을 찬탄한다. '실상實相의 뜻을 밝히시고 일승법一乘法을 여셨으니 널리 중생들을 제도하여 속히 깨달음을 이루게 하셨습니다'라고.

문수사리가 말했다. "나는 바다 속에서 항상 『묘법화경』만을 설했습니다." 지적이 문수사리에게 물었다. "이 경은 매우 깊고 미묘해서 모든 경 가운데 보배이며 세상에 희귀한 것입니다. 자못 어떤 중생이 있어 부지런히 정진하여 이 경을 수행한대도 [그렇게] 빨리 부처님이 되겠습니까?"

文殊師利言:"我於海中, 唯常宣說妙法華經." 智積問文殊師利言:"此經甚深微妙, 諸經中寶, 世所希有. 頗有衆生, 勤加精進, 修行此經, 速得佛不?"

　그런데 문수사리보살은 용궁에서 오직 『법화경』만으로 그들을 교화했다는 것이다. 그러자 지적보살이 묻는다. 『법화경』은 의미가 매우 깊고 미묘한데, 어떤 중생이 그 경을 아무리 열심히 수행한대도 쉽

게 성불할 수 있겠느냐고.

그러자 문수사리의 답변이 이어진다. 사갈라 용왕의 여덟 살 된 딸이 지혜롭고 근기가 뛰어나 깨달음을 이룰 수 있을 것이라고.

> 지적보살이 말했다. "내가 석가여래를 뵈니 한량없는 겁 동안 어려운 일을 행하시고 괴로운 일을 행하시며 공과 덕을 쌓고 쌓아서 보리도菩提道를 구하는 데 일찍이 쉬는 일이 없었습니다. 삼천대천세계를 보건대 겨자씨만한 곳이라도 이 보살이 신명身命을 버리지 않은 곳이 없으니, 중생들을 위한 까닭입니다. 그런 후에 보리도를 이루었습니다. 이 여인이 잠깐 사이에 곧 정각正覺을 이룬다는 것을 믿지 못하겠습니다."
> 智積菩薩言 : "我見釋迦如來, 於無量劫難行苦行, 積功累德, 求菩提道, 未曾止息. 觀三千大千世界, 乃至無有如芥子許非是菩薩捨身命處, 爲衆生故. 然後乃得成菩提道. 不信此女於須臾頃, 便成正覺."

다시 지적보살이 믿기 힘들다는 듯이 말한다. 석가모니부처님의 예를 보아도 한량없는 겁 동안 어렵고 힘들게 수행하여 부처님이 되었는데, 여자가 그렇게 잠깐 사이에 깨달음을 얻을 수 있겠냐는 것이다. 특히 석가모니부처님 수행을 이야기하면서 '중생들을 위해 삼천대천세계에 겨자씨만한 곳이라도 신명을 바치지 않은 곳이 없다'는 구절이 귀에 들어온다. 본문 중에서 보리도의 보리菩提란 깨달음을 의미하므로 보리도는 깨달음의 길이라는 뜻이다.

아무튼 이 말이 끝나기 전에 용왕의 딸이 앞에 나타나 예배를 하고 게송으로 부처님을 찬탄한다.

"죄와 복의 모습에 깊이 통달하시고 시방을 두루 비추시니, 미묘하고 깨끗한 법신法身은 삼십이상을 갖추셨고 팔십종호로 법신을 장엄하셨네. 하늘과 사람이 우러러 받들고 용신龍神이 모두 공경하오니 일체 중생 중 크게 받들지 않는 자가 없습니다. 또한 깨달음을 이루는 것을 듣고 오직 부처님만이 아시고 증명하시리니, 제가 대승의 가르침을 열어 고통받는 중생들을 제도해 해탈시키겠습니다."

이때 사리불이 용녀龍女에게 말했다. "그대는 머지않아 위없는 도를 얻는다고 하는데, 그 일은 믿기 어렵다. 왜냐하면 여인의 몸은 때 묻고 더러워 법기法器가 아닌데 어찌 무상보리를 얻을 수 있다는 것인가. 불도는 멀고 멀어 한량없는 겁을 지내며 부지런히 고행을 쌓고 모든 법도를 갖추어 닦은 다음에 이룰 수 있는 것이다."
時舍利弗語龍女言："汝謂不久得無上道, 是事難信. 所以者何? 女身垢穢, 非是法器, 云何能得無上菩提. 佛道懸曠, 經無量劫勤苦積行, 具修諸度, 然後乃成."

용녀가 게송을 외우고 나자, 이번에는 사리불이 나서서 여인의 몸으로 어떻게 깨달음을 이룰 수 있겠느냐고 한다. 게다가 부처님의 도는 몹시 어려워 한량없는 겁을 수행해야 한다는 것이 사리불의 이유이다. 본문 중에서 법기란 법을 담는 그릇이란 의미로, 진리를 구현할 몸 정도로 이해할 수 있겠다.

그러면서 여인의 몸에는 다섯 가지 장애가 있으니, 이른바 범천왕이 되지 못하고 제석천이 되지 못하며 마왕이 되지 못하고 전륜성왕轉輪聖王이 되지 못하며 부처님이 되지 못한다고 한다. 전륜성왕이란 고대 인도에서 이야기되던 전세계를 통일시킬 이상적인 군주를 의미한다.

아무튼 그러자 용녀가 값비싼 보배구슬을 부처님께 올리고, 부처님께서 받으신다. 이어서 용녀가 지적보살과 사리불에게 내가 부처님께 보배구슬을 바친 것이 빠르지 않은가 하고 되묻고 '그대들의 신통력으로 내가 성불하는 것을 보라. 그보다 빠를 것'이라고 한다.

당시 모여 있던 대중이 모두 보니, 용녀가 잠깐 사이에 남자로 변하여 보살행을 갖추고 곧바로 남방의 무구세계無垢世界로 가서 보배 연꽃에 앉아 등정각等正覺과 삼십이상·팔십종호를 이루고 널리 시방의 일체 중생을 위하여 묘한 법을 설하였다.

當時衆會皆見, 龍女忽然之間變成男子, 具菩薩行, 即往南方無垢世界, 坐寶蓮華, 成等正覺·三十二相·八十種好, 普爲十方一切衆生演說妙法.

예로부터 변성성불變性成佛이라 하여 많은 논란이 있어온 대목이다. 용녀가 잠깐 사이에 남자로 변하여 보살행을 갖추고 부처님이 되는 것이다. 오늘날에도 일부에서는 여전히 그렇다고 하지만 아무래도 남존여비의 사상에 찌들어 있던 고대 인도사회에서 여자 몸으로 성불하는 것은 용납하기 어려웠던 것이 아닐까. 더군다나 용왕의 딸이라 해도 용인 이상 축생畜生에 해당한다. 그래서 일단 남자의 몸을 거쳐 부처님이 된다고 한 것이라 여겨진다. 앞에서 제바달다의 성불을 인정한 것처럼 축생이자 여자인 용녀의 성불이 이야기되고 있는 것이다.

그러자 사바세계의 보살들이 용녀가 성불하여 널리 법을 펴는 것을 보고 공경하고 예배한다. 지적보살과 사리불 역시 말없이 믿을 수밖에 없었다.

제13장 저희가 이 경을 수지·독송하리니 勸持品

"오직 원컨대 세존이시여, 근심하지 마십시오. 우리들은 부처님께서 멸하신 후 마땅히 이 경전을 받들어 지니고 독송하고 설할 것입니다. 나중 악한 세상의 중생은 선근善根이 적어지고 증상만增上慢이 많아 이익을 탐해 공양하고 불선근不善根이 늘어나 해탈에서 멀리 떨어질 것이지만, 비록 어려워도 교화할 수 있으니 우리들은 마땅히 크게 참는 힘을 일으켜 이 경을 독송하고 지니어 설하며 서사하고 여러 가지로 공양하는 데 신명을 아끼지 않겠습니다."

"唯願世尊不以爲慮. 我等於佛滅後, 當奉持·讀誦·說此經典. 後惡世衆生, 善根轉少, 多增上慢, 貪利供養, 增不善根, 遠離解脫, 雖難可敎化, 我等當起大忍力, 讀誦此經, 持說·書寫·種種供養, 不惜身命."

약왕보살과 대요설보살이 2만의 보살권속과 함께 위와 같은 맹세의 말을 하면서 제13「권지품勸持品」은 시작된다. 자신들이 부처님께서 돌아가신 후『법화경』을 받들어 지니고 독송하고 설할 것이라고 한다. 특히 나중의 악한 세상에서의 중생들은 교화하기 어려울 것이지만, 크게 참는 힘으로 몸과 목숨을 아끼지 않겠다는 것이다. 본문 중에서 증상만은 앞서 설명했듯이 거만한 것을 의미한다.

"세존이시여, 우리들도 역시 스스로 서원誓願하오니 다른 국토에서 이 경을 널리 설하겠습니다."

"世尊! 我等亦自誓願, 於異國土, 廣說此經."

그러자 이번에는 대중 가운데 수기를 받은 5백 아라한이 나선다.

그들도 다른 국토에서 『법화경』을 널리 전파하겠다는 것이다.

> "세존이시여, 우리들도 역시 다른 국토에서 이 경을 널리 설하겠습니다. 왜냐하면 이 사바세계에는 사람들이 많이 폐악弊惡하고 증상만을 품어 공덕이 천박하며 성냄과 탁함과 아첨과 바르지 못함으로 마음이 진실하지 못하기 때문입니다."
>
> "世尊! 我等亦當於他國土廣說此經. 所以者何? 是娑婆國中, 人多弊惡, 懷增上慢, 功德淺薄, 瞋濁諂曲, 心不實故."

그리고 이번에는 수기를 받은 8천 명의 학·무학이 자리에서 일어나 합장하고 부처님께 맹세한다. 그런데 그들도 다른 국토에서 『법화경』을 널리 펴겠다는 이유가 이 사바세계의 중생들은 악하고 건방지며 공덕이 얕고 마음이 진실하지 않기 때문이라고 한다.

이어서 부처님의 이모 마하바사바제 비구니가 학·무학의 비구니 6천 명과 함께 자리에서 일어나 일심으로 합장한 채 잠시도 눈을 떼지 않고 부처님의 존안을 우러러본다. 그러자 부처님께서 말씀하신다.

> "무엇 때문에 근심하는 빛으로 여래를 보는가, 그대의 마음에 장차 내가 그대의 이름을 불러 아뇩다라삼먁삼보리의 수기를 주지 않을까 생각하는가? 교담미憍曇彌여, 나는 앞서 일체 성문 모두에게 이미 수기를 설했으니, 이제 그대가 수기를 알고자 한다면, 앞으로 올 세상에서 마땅히 6만8천억 모든 부처님의 법 가운데서 큰 법사法師가 될 것이고 6천의 학·무학 비구니도 모두 법사가 될 것이니, 그대는 이와 같이 점차 보살도를 구족하고 마땅히 부처님이 될 수 있을 것이다."
>
> "何故憂色而視如來, 汝心將無謂我不說汝名, 授阿耨多羅三藐三菩提記耶? 憍曇彌! 我先總說一切聲聞皆已授記, 今汝欲知記者, 將來之世, 當於

六萬八千億諸佛法中爲大法師, 及六千學 · 無學比丘尼俱爲法師. 汝如是漸
漸具菩薩道, 當得作佛."

마하바사바제 비구니의 마음을 알고 부처님께서 수기를 주시는 것이
다. 본문 중에서 교담미는 부처님의 출신부족인 사캬 족의 족성族姓
고타마瞿曇의 여성형이다. 말하자면 사캬 족의 여인이라는 뜻이다.

아무튼 마하바사바제 비구니는 일체중생희견여래一切衆生喜見如來라
는 부처님이 될 것이라고 하신다. 그러자 이번에는 라후라의 어머니
야수다라 비구니가 '내게는 왜 수기를 주지 않으시는가' 생각한다. 그
래서 야수다라에게도 수기를 주시는데, 구족천만광상여래具足千萬光
相如來라는 부처님이 될 것이라고 하신다. 그러자 모든 비구니들이 환
희하며 게송으로 감사의 뜻을 표하고 나서 자신들도 타방의 국토에서
『법화경』을 널리 설하겠다고 한다.

그때 세존께서 80만억 나유타 모든 보살마하살을 보셨다. 그 모든 보
살들은 다 아유월치阿惟越致로서 물러섬이 없는 법륜法輪을 굴리고 모
든 다라니陀羅尼를 얻었으니, 자리에서 일어나 부처님 앞으로 나아가
일심으로 합장하고 이런 생각을 했다. '만일 세존께서 우리들에게 이
경을 지니고 설하라고 이르시면 마땅히 부처님의 가르침대로 널리 이
법을 펼 것이다.'
爾時世尊視八十萬億那由他諸菩薩摩訶薩. 是諸菩薩, 皆是阿惟越致, 轉不
退法輪, 得諸陀羅尼, 即從座起, 至於佛前, 一心合掌, 而作是念 : '若世尊
告勅我等持說此經者, 當如佛教, 廣宣斯法.'

보살들과 5백 아라한, 8천의 학 · 무학과 6천의 학 · 무학 비구니가
각기 『법화경』을 전파하겠다고 맹세하는 가운데 부처님께서 그 자리
에 있는 80만억 나유타의 모든 보살을 살펴보시니, 그들은 모두 아유

월치였다. 불퇴전不退轉의 자리에 오른 보살이라는 뜻인데, 다시는 지옥·아귀·축생에 떨어지거나 성문·벽지불의 이승으로 돌아가지 않을 자들인 것이다. 그런 그들이 '부처님께서 『법화경』을 지니고 설하라고 이르시면 그대로 할 텐데'라고 생각하며 어찌해야 할지를 망설이다 다음에 이어지는 서원을 발하기에 이른다. 그리고 본문 중에서 다라니라고 한 것은 총지總持라고도 하는데, 부처님의 모든 가르침을 잊지 않을 기억력 내지는 그런 기억술을 의미한다.

> "세존이시여, 우리들은 여래가 멸하신 후 시방세계를 두루 돌아다니며 중생들이 이 경을 서사書寫하고 수지하고 독송하며 그 뜻을 해설하여 법처럼 수행하고 바르게 기억하게 할 수 있으니, 모두 부처님의 위력입니다. 오직 원컨대 세존이시여, 다른 곳에 계시더라도 멀리서 보고 지켜주십시오."
>
> "世尊! 我等於如來滅後, 周旋往返十方世界, 能令衆生書寫此經, 受持·讀誦, 解說其義, 如法修行, 正憶念, 皆是佛之威力. 唯願世尊, 在於他方遙見守護."

자신들이 시방세계를 돌아다니며 『법화경』으로 중생들을 교화한대도 그것은 모두 부처님의 위력에 의한 것이라고 한다. 그리고 부처님이 입멸入滅하시어 다른 세계에 계시더라도 멀리서나마 보고 지켜주실 것을 바란다.

이어서 모든 보살이 다시 게송으로 자신들의 각오를 밝힌다.

> "오직 원컨대 근심하지 마십시오, 부처님이 멸하신 후에 두려움이 많은 악한 세상 중에서도 우리들은 [법화경을] 마땅히 널리 설할 것입니다. 모든 지혜 없는 이들이 나쁜 말로 꾸짖고 욕하거나 칼이나 몽둥이

질을 가할지라도 우리들은 모두 참아낼 것입니다."

"唯願不爲慮, 於佛滅度後, 恐怖惡世中, 我等當廣說. 有諸無智人, 惡口罵
詈等, 及加刀杖者, 我等皆當忍."

게송의 첫 부분이다. 부처님이 멸하신 후의 악한 세상에서 『법화
경』을 전파하다 당할지 모를 온갖 어려움을 예상하며, 그러나 모두
참아낼 것이라고 한다.

"악한 귀신이 그 몸에 들어가 욕하고 꾸짖어 우리를 욕보여도, 우리들
은 부처님을 공경하고 믿으니 마땅히 인욕忍辱의 갑옷을 입을 것입니
다. 이 경을 설하기 위해서 이 모든 어려운 일을 참을 것이니, 우리는
신명에 애착하지 않고 오직 위없는 도道만을 아낄 것입니다."

"惡鬼入其身, 罵詈毁辱我, 我等敬信佛, 當著忍辱鎧. 爲說是經故, 忍此諸
難事, 我不愛身命, 但惜無上道."

또한 그런 어려움이 있을지라도 부처님을 공경하고 믿기 때문이 욕
됨을 참는 갑옷을 입을 것이라고 한다. 또한 『법화경』을 설하기 위해
서는 신명을 아끼지 않고 오직 위없는 도만을 아낄 것이라고도 한다.

"나는 세존의 사자使者라, 무리 가운데 처해도 두려울 바 없어 나는 마
땅히 법을 잘 설할 것이니, 원컨대 부처님은 편안하게 머무십시오. 내
가 세존의 앞에서 시방에서 오신 모든 부처님께 이와 같은 맹세의 말
을 하니, 부처님께서는 스스로 나의 마음을 아실 것입니다."

"我是世尊使, 處衆無所畏, 我當善說法, 願佛安隱住. 我於世尊前, 諸來十
方佛, 發如是誓言, 佛自知我心."

게송의 마지막 대목이다. 제10 「법사품」에서 여래사如來使라는 말이

나왔었는데, 여기에서는 세존사世尊使라는 말이 나온다. 보살은 자신이 세존의 사자, 즉 부처님의 명을 받아 부처님의 일을 행하는 사람이라고 자임하고 있는 것이다.

제14장 안락행에 머물며 이 경을 설해야 安樂行品

"세존이시여, 이 모든 보살들이 [가만히] 있기가 몹시 힘듭니다. 부처님을 공경하고 순종하기 때문에 큰 서원誓願을 발해 나중의 악한 세상에 이 『법화경』을 호지護持하고 읽고 설하겠습니다. 세존이시여, 보살마하살이 나중의 악한 세상에 어떻게 이 경을 설해야 하겠습니까?"
"世尊! 是諸菩薩, 甚爲難有. 敬順佛故, 發大誓願, 於後惡世, 護持讀說是法華經. 世尊! 菩薩摩訶薩於後惡世, 云何能說是經?"

문수사리보살이 부처님께 질문한 내용이다. 여태까지 부처님은 보살들에게 『법화경』을 널리 전하라고 부촉하셨는데, 이제 보살들이 그 부촉의 말씀을 받들어 아무 일도 하지 않고 그대로 있기가 힘들다는 것이다. 그러니 후세의 악한 세상에서 보살들은 어떤 자세로 『법화경』을 설하면 좋을까를 부처님께 여쭈어본 것이다. 그러자 부처님의 대답이 이어진다.

"만일 보살마하살이 나중의 악한 세상에 이 경을 설하려거든 네 가지 법에 안주해야 한다. 첫째는 보살이 가야 할 곳과 가까이 할 곳에 안주하는 것이니, [그래야] 중생을 위해 이 경을 연설할 수 있다."
"若菩薩摩訶薩, 於後惡世欲說是經, 當安住四法. 一者, 安住菩薩行處及親近處, 能爲衆生演說是經."

제14 『안락행품安樂行品』의 핵심인 네 가지 안락행安樂行에 대한 설명이 시작되는 대목이다. 다시 말해 보살들이 『법화경』을 설하기 위한 자세로서 네 가지를 들고 있는데, 첫번째는 보살이 마땅히 가야 할 곳와 가까이 할 곳에 편안히 머물러야 중생들을 위해 『법화경』을 설할 수 있다는 것이다.

> "만일 보살마하살이 인욕忍辱의 땅에 머물면 부드럽게 잘 순응하여 거칠게 굴지 않고 마음도 역시 동요하지 않는다. 또한 법에 대해 행할 바가 없으니, 모든 법의 여실한 모습을 보고 행하지도 않고 분별하지도 않는 이것을 이름하여 보살마하살이 가야 할 곳이라 한다."
> "若菩薩摩訶薩住忍辱地, 柔和善順而不卒暴, 心亦不驚 ; 又復於法無所行, 而觀諸法如實相, 亦不行不分別, 是名菩薩摩訶薩行處."

　　보살이 『법화경』을 설하기 위한 자세로서 먼저 인욕이 강조된다. 참기 힘든 것을 참아내는 것이야말로 중생을 제도하기 위해 반드시 갖추어야 할 자세이다. 그런데 본문 중에 '법에 대해 행할 바가 없다'는 것은 어떤 의미일까. 공空의 또 다른 성격인 무상無相과 무작無作을 이야기한 것이다. 모든 것이 공하다는 진리는 특정한 형상을 갖고 있는 것이 아니다. 있는 그대로의 삼라만상이 공의 모습이다. 이렇게 있는 그대로의 현실을 여실히 볼 수 있으면, 거기에 대해 어떤 분별도, 또 분별하는 마음도 사라지게 된다. 또한 그런 분별없는 마음에는 그 어떤 바람이나 욕심이 없어 법에 대해 행할 바가 없는 것이다. 말하자면 인욕을 이야기하는 근거가 바로 세상의 모든 것은 공하기 때문이라는 것이다.

　　이어서 보살이 가까이 해야 할 곳이 두 가지로 설명된다. 그런데 가까이 해야 할 곳이라면서 경전에서는 그 첫번째를 가까이 해서는 안될 곳으로 설명하고 있다. 보살은 국왕이나 왕자, 대신 등과 가까이 하지 말아야 하며, 여러 외도外道와 천박한 것을 즐기고 짐승을 사냥하는 등 나쁜 율의律儀를 지닌 자들을 가까이 해서는 안된다고 한다. 그런 이들이 찾아오면 오로지 진리만을 설해줄 뿐 무엇을 바라지 말라고 한다. 그런데 가까이 해서는 안될 곳에 국왕이나 왕자, 대신 등을 열거하고 있다. 아무래도 진리를 전파하는 데 세속의 권력은 아무런 상관이 없음을 경계한 것이라 생각된다. 아무튼 경전에서는 이어서 여인을 상대로 설법을 할 때도 몸가짐을 조심해야 한다고 하며, 항상 좌선坐禪을 좋아하여 한가한 곳에서 마음을 닦으라고 하고 있다.

그리고 둘째로 가까이 해야 할 곳은 일체의 법이 공한 것을 실상과 같이 보는 것이다. 부처님은 이상의 설명을 게송으로 다시 한번 반복하고 계신데, 다음의 게송구절이 모든 것이 공한 진리를 자세히 밝히고 있는 대목이다.

> "또한 다시 상·중·하의 법과 유위有爲·무위無爲, 실實·부실不實의 법을 행하지 않고, 역시 이것은 남자다 이것은 여자다 분별하지 않는다. 모든 법을 얻었다고 하지 않고 안다고도 보았다고도 하지 않는 것, 이것이 이름하여 보살이 가야 할 곳이다. 일체의 모든 법은 공空하여 있는 바가 없고 상주常住하는 것이 없으며 역시 일어나고 사라지는 것도 없으니, 이것이 이름하여 지혜로운 자가 가까이 할 곳이다."
> "又復不行, 上中下法, 有爲無爲, 實不實法, 亦不分別, 是男是女. 不得諸法, 不知不見, 是則名爲, 菩薩行處. 一切諸法, 空無所有, 無有常住, 亦無起滅, 是名智者, 所親近處."

역시 무상無相과 무작無作의 자세가 설해지고 있다. 불이不二의 중도中道에서 일체의 분별을 없앤 자세가 보살이 가야 할 곳이고 가까이 해야 할 곳이라고 한다. 다시 한번 강조하지만 『법화경』은 대승불교의 흥기 이래 『반야경』의 사상을 충실히 계승하면서 그것을 확대 재생산하는 과정에서 성립된 경전이다.

그런데 본문 중의 무위와 유위라는 말에 대해서는 조금 더 보충설명이 필요하다. 먼저 유위란 말 그대로 무언가의 함爲이 있는有 것을 가리키는데, 초기불교에서는 중생의 괴로움을 초래하는 일체의 행위를 가리키던 말이었다. 그리고 보다 특별히는 자신의 인식受과 표상想을 바탕으로 어떤 경향성을 지니고 집착하는 작용行과 관계된 말이었다. 그리고 그와 반대로 무위는 열반에 이르는 길인데, 소승불교에서는 그 무위에 지나치게 집착하는 경향이 있어 그것을 중도의 입장에서 비판한 것이 위의 구절이다. 말하자면 무위와 유위의 분별조차 넘어선 아무런 집착이 없는 자세를 설하고 있는 것이다.

"여래가 멸한 후 말법末法 중에 이 경을 설하려거든 안락행安樂行에 머물러야 한다. 혹은 입으로 설하거나 경을 읽을 때 다른 사람과 경전의 허물을 즐겨 설하지 마라. 또한 다른 모든 법사를 가볍게 업신여기지 말고, 다른 사람의 좋고 나쁜 점이나 장단점을 말하지 마라. 성문에게 이름을 지칭하며 그 허물이나 나쁜 점을 말하지 말고, 역시 이름을 지칭하며 그 좋은 점을 찬탄하지 말며, 또한 원망하고 싫어하는 마음을 내지 마라."

"如來滅後, 於末法中欲說是經, 應住安樂行. 若口宣說·若讀經時, 不樂說人及經典過. 亦不輕慢諸餘法師, 不說他人好惡·長短. 於聲聞人, 亦不稱名說其過惡, 亦不稱名讚歎其美, 又亦不生怨嫌之心."

　두번째 안락행이 설해지고 있다. 다른 사람이나 경전의 허물을 들추지 말고, 다른 법사들을 업신여기지 말라고 한다. 또 특정인의 이름을 거론하며 그를 평하지도 말라는 것이다. 역시 부드러운 말과 누구도 원망하거나 미워하지 않는 자세가 제도할 중생들의 마음을 얻어 교화할 수 있기 때문일 것이다.
　경전에는 이어서 어렵게 묻는 바가 있으면 소승의 법으로 대답하지 말고 대승으로 해설해서 가르치라고 하며, 같은 내용이 다시 한번 게송으로 반복된다.

> "보살마하살이 나중의 말세에 법이 소멸하려 할 때 이 경전을 수지하고 독송하려면 질투하고 아첨하고 속이는 마음을 내지 말고, 또한 불도를 배우는 사람을 가벼이 여겨 욕하지 말고 그 장단점을 찾으려 하지 마라. 만일 비구·비구니가… [있으면] 그들을 괴롭히거나 의심하고 후회하게 하거나 그 사람에게 이렇게 말해서는 안된다. '너희들은 도道와 아주 멀리 있어 끝내 일체 종류의 지혜를 얻을 수 없다. 왜냐하면 그대들은 방일한 사람이고 도[를 닦기]에 게으르기 때문이다.'"
>
> "菩薩摩訶薩, 於後末世法欲滅時, 受持·讀誦斯經典者, 無懷嫉妬諂誑之心, 亦勿輕罵學佛道者, 求其長短. 若比丘·比丘尼…無得惱之, 令其疑悔, 語其人言 : '汝等去道甚遠, 終不能得一切種智. 所以者何? 汝是放逸之人, 於道懈怠故.'"

이어서 세번째 안락행이 설해지고 있다. 요컨대 후대의 말세에 『법화경』을 설하려면 질투하거나 아첨하고 속이는 마음이 없어야 하며, 남들을 괴롭히거나 의심하고 후회하게 하지 말아야 한다는 것이다. 또 '너는 안될 것이다' 식의 좌절을 심어주어서도 안된다고 한다.

이어서 일체 중생에게 대비大悲의 마음을 일으키고, 모든 부처님을 자애로운 어버이로 여기며, 모든 보살을 큰 스승으로 생각해 깊은 마음으로 공경하고 예배하라고 한다. 그리고 게송이 다시 반복된다.

> "보살마하살은… 이 『법화경』을 지니는 자가 있으면, 재가나 출가의 사람 가운데 대자大慈의 마음을 내고 보살이 아닌 사람 가운데 대비大悲의 마음을 내어 이렇게 생각해야 한다. '이와 같은 사람은 크게 잃고 있다. 여래가 방편으로 마땅한 바에 따라 설한 법을 듣지 못하고 알지 못하고 깨닫지 못하는데… 그 사람이 비록 이 경을 묻지 않고 믿지 않고 이해하지 못하더라도, 내가 아뇩다라삼먁삼보리를 얻을 때에는 어디

에 있든 신통의 힘과 지혜의 힘으로 그를 이끌어 이 법 가운데 머물게
하겠다.'"

"菩薩摩訶薩…有持是法華經者, 於在家·出家人中生大慈心, 於非菩薩人
中生大悲心, 應作是念 : '如是之人, 則爲大失. 如來方便隨宜說法, 不聞不
知不覺…其人雖不問不信不解是經, 我得阿耨多羅三藐三菩提時, 隨在何
地, 以神通力·智慧力引之, 令得住是法中.'"

네번째 안락행이다. 『법화경』을 지니는 사람이 있으면 출가자든 재
가자든 그들에게 크게 자애로운 마음을 내고, 보살이 아닌 소승의 사
람에게는 크게 가련한 마음을 내라고 한다. 그리고는 그들이 비록 올
바른 진리를 알지 못하며 알려고 하지도 않을지라도 내가 부처님이
될 때는 그들을 모두 진리로 이끌어 들이겠다는 마음을 내라는 것이다.

그리고 이어서 이런 자세를 갖추어야 『법화경』을 설할 때 잘못이
없을 것이라고 한다. 또한 그런 자세를 갖추면 사부대중을 위시한 많
은 사람들의 공양과 공경을 받을 것이고, 모든 하늘이 진리를 듣기 위
해 항상 따라 모시게 된다는 것이다. 그러면서 한량없는 나라에서 『법
화경』의 이름조차도 얻어듣지 못하는데 지금 얻어 보고 받아 지니고
읽고 외울 수 있는 것이 얼마나 큰 행운인가를 이야기하며 『법화경』
의 공덕을 찬탄하고 있다.

"문수사리여, 전륜왕轉輪王이 여러 병사들 가운데 큰 공을 세운 자가 있
는 것을 보고 마음이 몹시 환희하여 이 믿지 못할 구슬을 오랜 동안 상
투 속에 두고 함부로 남에게 주지 않다가 이제 그에게 주는 것과 같다.
여래도 역시 그와 같아 삼계三界 가운데 큰 법왕法王이니 법으로써 일
체 중생을 교화한다."

"文殊師利! 如轉輪王, 見諸兵衆有大功者, 心甚歡喜, 以此難信之珠, 久在

髻中不妄與人, 而今與之. 如來亦復如是, 於三界中爲大法王, 以法敎化一切衆生.

　그러면서 유명한 '계중명주髻中明珠의 비유'가 설해진다. 상투 속의 밝은 구슬이라는 뜻인데, 전륜성왕이라는 위대한 왕이 모든 나라를 항복받고자 군대를 이끌고 전쟁을 하게 된다. 그리고 싸움의 결과 공을 세운 부하들에게 그 공에 따라 갖가지 포상을 베풀지만, 자신의 상투 속에 감춰둔 보배구슬만은 아무에게도 함부로 주지 않는다. 그런데 마침내 가장 큰 공을 세운 자가 있는 것을 알게 되면 기꺼이 그것을 꺼내 준다는 것이다. 그리고 마찬가지로 부처님도 그와 같아서 법으로 일체 중생을 교화하신다고 한다.

"문수사리여, 이 『법화경』은 모든 부처님이 비밀로 감춰두었던 것으로 모든 경 가운데 가장 위에 있으니, 오랜 동안 수호하며 함부로 설하지 않다가 비로소 오늘 그대들에게 주어 그것을 널리 펼치게 하는 것이다."
"文殊師利! 此法華經, 諸佛如來祕密之藏, 於諸經中最在其上, 長夜守護不妄宣說, 始於今日乃與汝等而敷演之."

　그리고 전륜성왕이 상투 속에 감추어둔 보배구슬과 같은 것이 부처님에게는 바로 이 『법화경』이라는 것이다.
　경전에서는 이어서 부처님이 다시 한번 같은 내용을 게송으로 반복하여 설하신다.

"이 경을 읽는 자는 항상 근심과 걱정이 없고 또한 병고가 없으며, 안색이 밝고 희며 빈궁하거나 비천하고 추루하게 태어나지 않는다… 칼과 몽둥이를 맞지 않고 독약도 해를 끼치지 못하며, 만일 누군가가 욕을 하면 그 입이 곧바로 막히게 된다. 다니는 데 두려움이 없어 사자의 왕과 같고, 지혜의 광명이 해가 비치는 것과 같다."

"讀是經者, 常無憂惱, 又無病痛, 顔色鮮白, 不生貧窮·卑賤醜陋…刀杖不加, 毒不能害, 若人惡罵, 口則閉塞. 遊行無畏, 如師子王, 智慧光明, 如日之照."

부처님의 게송 중 한 대목이다. 『법화경』을 읽는 자의 공덕이 여러 가지로 설명되고 있다. 근심과 걱정이 없고 병고도 없으며 안색이 밝고 희며 빈궁하거나 비천한 신분으로 태어나지도 않는다는 것이다. 또 칼이나 몽둥이질을 당하지 않고 독에도 해를 입지 않으며 누군가 욕을 하면 그의 입이 막힌다고 한다. 그래서 사자의 왕처럼 다니는 데 두려울 바가 없으며 지혜의 광명이 햇빛과 같다고 한다.

"또한 꿈에서 국왕이 되어 궁전과 권속을 버리고… 번뇌가 없는 묘한 법을 설해 한량없는 중생을 제도한 후 열반에 들 것인데, 연기가 사라지고 등불이 꺼지는 것과 같을 것이다. 나중의 악한 세상에 이 제일의 법을 설하면 그 사람은 큰 이익을 얻을 것이니, 위의 여러 공덕과 같다."

"又夢作國王, 捨宮殿眷屬…說無漏妙法, 度無量衆生, 後當入涅槃, 如烟盡燈滅. 若後惡世中, 說是第一法, 是人得大利, 如上諸功德."

역시 부처님이 읊으신 게송의 마지막 부분이다. 『법화경』을 설하는 이는 꿈을 꿔도 좋은 꿈만을 꾼다는 것인데, 앞에서 부처님의 설법을 듣는 꿈을 꾸게 된다고 한 것에 이어 이번에는 스스로 부처님이 되는 꿈을 꾼다는 것이다. 이와 같은 여러 공덕을 열거하며 「안락행품」에서는 부처님이 멸도하신 후의 어렵고 힘든 세상을 예상하면서 『법화경』의 적극적인 전파를 부촉하고 있는 것이다.

제15장 무수한 보살이 땅에서 솟아나와 從地涌出品

그때 부처님께서 모든 보살마하살 대중에게 말씀하셨다 "멈추어라, 선
남자여. 그대들은 이 경을 호지護持할 필요가 없다. 왜냐하면 나의 사바
세계에는 스스로 6만 항하사와 같은 보살마하살이 있으니, 낱낱의 보
살에게는 각기 6만 항하사의 권속이 있어, 이 모든 사람들이 내가 멸한
후에 이 경을 호지하고 독송하고 널리 설할 수 있다."

爾時佛告諸菩薩摩訶薩衆 : "止, 善男子! 不須汝等護持此經. 所以者何? 我
娑婆世界自有六萬恒河沙等菩薩摩訶薩, 一一菩薩各有六萬恒河沙眷屬,
是諸人等, 能於我滅後, 護持·讀誦·廣說此經."

다른 국토에서 온 8항하사의 수를 넘는 모든 보살들이 '부처님께서
멸도하신 후 사바세계에서 『법화경』을 전파하겠다'고 하자, 석가모니
부처님께서 말리시는 말씀이다. 사바세계에는 이미 6만 항하사의 보
살마하살이 있고 그 보살들에게는 각기 6만 항하사의 권속들이 있는
데, 그들이 사바세계의 교화를 담당할 것이라고 하신다.

부처님께서 이렇게 말씀하실 때 사바세계 삼천대천국토의 땅이 흔
들리고 갈라지며, 그 안에서 한량없는 천만억 보살마하살들이 동시에
솟아져 나온다. 그들은 모두 몸이 금색이고 삼십이상三十二相과 한량
없는 광명을 지니고 있었다. 본래 사바세계의 아래 허공중에 머물고
있던 사람들인데, 석가모니부처님의 음성을 듣고 아래에서 올라온 것
이다. 그 모든 보살들과 엄청난 수의 권속들이 허공의 칠보탑에 계신
다보여래와 석가모니부처님께 예배하고 나서 다시 모든 분신의 부처
님들께도 예배하고 찬탄하는 데 50소겁小劫이라는 엄청난 시간이 흐
르지만, 부처님의 신통력으로 한나절 같이 느껴졌다고 한다.

그 보살 대중 가운데 네 명의 이끄는 스승이 있으니, 첫번째는 이름이 상행上行이고 두번째는 이름이 무변행無邊行이며 세번째는 이름이 정행淨行이고 네번째는 이름이 안립행安立行이었다. 이 네 보살이… 석가모니부처님을 보며 여쭈었다. "세존이시여, 조금의 병이나 조금의 괴로움 없이 안락하게 행하십니까? 제도 받을 사람들은 가르침을 쉽게 받아들입니까? 세존께 피곤하게 하지 않습니까?"

是菩薩衆中有四導師 : 一名上行, 二名無邊行, 三名淨行, 四名安立行. 是四菩薩…觀釋迦牟尼佛而問訊言 : "世尊! 少病·少惱, 安樂行不? 所應度者, 受教易不? 不令世尊生疲勞耶?"

그렇게 땅에서 솟아난 보살들 중 우두머리인 네 보살이 석가모니부처님께 문안인사를 드리는 것이다.

경전에서는 이어서 보살들이 게송으로 다시 문안인사를 여쭙고, 편안하시다는 부처님의 대답이 이어진다. 그러자 미륵보살을 비롯한 8천 항하사의 많은 보살들은 땅에서 솟아나온 보살들에 대해 궁금하게 생각하고, 미륵보살이 대중들을 대신해 게송으로 다음과 같이 부처님께 여쭙는다.

"한량없는 천만억 대중의 모든 보살들이 과거 일찍이 없었던 일을 보고 양족존兩足尊께서 설해주실 것을 바랍니다. 이들은 어디에서 왔고 어떤 인연으로 모였습니까? 거대한 몸과 큰 신통, 지혜가 불가사의하고 그 의지와 생각이 견고하며 큰 인욕의 힘을 지녔고 중생들이 즐겨 보고자 하는 바이니, 어디에서 왔습니까?"

"無量千萬億, 大衆諸菩薩, 昔所未曾見, 願兩足尊說, 是從何所來, 以何因緣集? 巨身大神通, 智慧叵思議, 其志念堅固, 有大忍辱力, 衆生所樂見, 爲從何所來?"

무수한 보살들이 땅에서 솟아난 것은 일찍이 없었던 일인데, 그런 일이 벌어졌으니 부처님께서 설명해주시기를 바란다는 것이다. 본문 중에서 양족존은 부처님의 존칭 가운데 하나로, 부처님은 지혜와 복덕이 모두 구족하다는 의미에서 이렇게 부른다.

　아무튼 이어지는 게송에서는 땅에서 솟아나온 보살들이 굉장히 많다는 사실을 강조하면서 그들은 누구에게 가르침을 받아서 불도를 닦았는지도 여쭈어진다. 그러자 이번에는 주위에 있던 석가모니부처님의 모든 분신불分身佛의 시자들이 각각의 부처님에게 같은 의문을 표하고, 모든 부처님들은 시자들에게 미륵보살이 이미 석가모니부처님에게 물었으니 잠시 기다리면 너희도 석가모니부처님으로부터 그 대답을 얻어들을 것이라고 한다.

> "착하고 착하다, 아일다阿逸多여. 능히 이와 같은 큰일을 부처님께 묻는구나. 그대들은 함께 일심으로 정진精進의 갑옷을 입고 견고한 뜻을 내어야 하니, 여래가 이제 모든 부처님의 지혜와 모든 부처님의 자재한 신통의 힘과 모든 부처님의 사자처럼 용맹하고 날랜 힘과 모든 부처님의 위풍당당한 큰 세력의 힘을 드러내어 널리 보이고자 한다."
> "善哉, 善哉! 阿逸多! 乃能問佛如是大事. 汝等當共一心, 被精進鎧, 發堅固意, 如來今欲顯發宣示諸佛智慧·諸佛自在神通之力·諸佛師子奮迅之力·諸佛威猛大勢之力."

　부처님께서 미륵보살에게 대답하신 것이다. 부처님께서는 이제 모든 부처님의 지혜와 자유자재한 신통의 힘, 사자처럼 용맹하고 날랜 힘, 위풍당당한 기세를 드러내 널리 보이고자 하니 모든 보살은 일심으로 정진의 갑옷을 입고 견고한 뜻을 내라고 하신다. 본문 중에서 아일다란 석가모니부처님 당시 제자 중 한 사람의 이름인데, 간혹 그가 바로 미륵보살이라는 설도 있어 『법화경』에서는 미륵보살의 이름을 아일다라고 부르고 있는 것이다.

아무튼 경전에서는 부처님께서 게송으로 같은 내용을 반복하시는데, 부처님의 말씀은 헛되지 않으며 부처님의 지혜는 헤아리기 어려운 것이므로 믿음을 내어 의심하거나 두려워하지 말라고 하신다.

> "한량없고 헤아릴 수 없는 아승지의 땅에서 솟아나온 이 큰 보살마하살들을 그대들은 과거에 본 적 없지만, 내가 이 사바세계에서 아뇩다라삼먁삼보리를 얻고 나서 이 보살들을 교화하고 이끌었으니 그 마음을 조복調伏하고 도의 뜻을 내게 하였다. 이 모든 보살들은 모두 이 사바세계의 아래 이 세계의 허공 가운데 머물면서 모든 경전을 읽고 외워 통달했으며 사유하고 분별하여 바르게 기억하고 있다."
> "是諸大菩薩摩訶薩, 無量無數阿僧祇, 從地踊出, 汝等昔所未見者, 我於是娑婆世界得阿耨多羅三藐三菩提已, 教化示導是諸菩薩, 調伏其心, 令發道意. 此諸菩薩, 皆於是娑婆世界之下·此界虛空中住 ; 於諸經典, 讀誦通利, 思惟分別, 正憶念."

게송을 마치시고 부처님께서 미륵보살에게 하신 말씀이다. 땅 속에서 솟아나온 보살들은 부처님께서 깨달음을 이루고 나서 이 사바세계에서 교화한 사람들이라는 것이다. 그리고 그들은 사바세계의 아래 허공중에 머물면서 모든 경전을 읽고 외워 통달했다고 한다. 허공중에 머물렀다는 표현은 앞에서도 이미 나온 적이 있는데, 특히 사바세계의 아래라고 한 것은 아무래도 남의 눈에 잘 띄지 않는 신분을 의미한 것 같고 허공중이라는 것은 역시 공空의 진리에 기반하고 있었다는 암시로 보아야 할 것이다.

아무튼 그 보살들은 대중 가운데서 자주 설법하는 것을 즐기지 않고 항상 조용한 곳을 찾아 부지런히 정진하며 깊은 지혜를 구해왔다고 한다. 그리고 나서 부처님은 다시 한번 게송으로 같은 내용을 반복하시는데, 그 보살들은 수없는 겁 동안 부처님의 지혜를 닦아 익혔으며 부처님은 아주 오래 전부터 그 대중들을 교화하여 이제는 불퇴전不退轉의 위치에 올라 모두가 부처님이 될 것이니 의심하지 말고 믿으라고 하신다. 그러자 미륵보살을 위시한 많은 보살들이 또 다시 의심을 품게 된다. '부처님이 짧은 시간에 어떻게 저렇게 많은 보살들을 교화하여 아뇩다라삼먁삼보리에 머물게 하셨을까' 하는 것이었다. 그래서 다음과 같은 질문을 한다.

"세존이시여, 여래께서 태자일 때 석궁釋宮을 나와 가야성伽耶城에서 멀지 않은 곳으로 가서 도량道場에 앉아 아뇩다라삼먁삼보리를 이루었습니다. 그때 이래로 40여년이 지났습니다. 세존이시여, 어떻게 그 짧은 시간에 크게 부처님의 일을 일으켜 부처님의 세력과 부처님의 공덕으로 이와 같은 한량없는 큰 보살 대중을 교화하여 장차 아뇩다라삼먁삼보리를 이루게 하셨습니까?"

"世尊! 如來爲太子時, 出於釋宮, 去伽耶城不遠, 坐於道場, 得成阿耨多羅三藐三菩提. 從是已來, 始過四十餘年. 世尊! 云何於此少時, 大作佛事, 以佛勢力・以佛功德, 教化如是無量大菩薩衆, 當成阿耨多羅三藐三菩提?"

석가모니부처님이 태자의 몸으로 출가出家하여 깨달음을 얻고 부처님이 되신지 40여 년밖에 안되는데, 어떻게 저 많은 보살들을 교화하실 수 있었느냐는 것이다. 본문 중의 석궁은 부처님의 출신종족인 석가족의 궁전을 의미하고, 도량은 본래 수행자들의 수행처를 의미하지만 경전에서는 부처님께서 앉으셔서 깨달음을 이룬 보리수 아래의 자리를 가리킨다.

"세존이시여, 이와 같은 일을 세상은 믿기 어려울 것입니다. 비유하자면 어떤 사람이 안색이 곱고 머리카락은 검어 나이가 스물다섯인데, 백세의 사람을 가리켜 '이 사람이 나의 아들이다'라고 하고, 그 백세의 사람도 역시 젊은이를 가리켜 '이분이 나의 아버지로, 우리들을 낳아 길렀다'고 말하는 것과 같습니다. 이 일은 믿기 어렵습니다."

"世尊! 如此之事, 世所難信. 譬如有人, 色美髮黑, 年二十五, 指百歲人, 言 : '是我子.' 其百歲人, 亦指年少, 言 : '是我父, 生育我等.' 是事難信."

　　땅속에서 솟아나온 보살들을 모두 석가모니부처님이 교화하셨다는 것에 대해 도저히 이해할 수 없다는 반응이다. 그것은 마치 25세의 청년이 백세 노인을 가리키며 '저 사람은 나의 아들이다'라고 하는 것과 같고, 백세 노인이 그 젊은이를 가리켜 '이분이 나의 아버지'라고 하는 것과 같다는 것이다.

　　그리고 경전에는 같은 내용의 미륵보살의 게송이 이어지는데, 이런 의문에 대한 해답은 제16 「여래수량품如來壽量品」에서 밝혀진다.

제16장 부처님의 수명은 헤아릴 수 없으니 如来壽量品

그때 부처님께서 모든 보살과 일체 대중에게 말씀하셨다. "모든 선남
자들이여, 그대들은 여래가 정성껏 살펴서 하는 말을 믿고 이해해야 한
다." 다시 대중에게 말씀하셨다. "그대들은 여래가 정성껏 살펴서 하는
말을 믿고 이해해야 한다." 또 다시 모든 대중에게 말씀하셨다. "그대들
은 여래가 정성껏 살펴서 하는 말을 믿고 이해해야 한다."

爾時佛告諸菩薩及一切大衆: "諸善男子! 汝等當信解如來誠諦之語." 復
告大衆: "汝等當信解如來誠諦之語." 又復告諸大衆: "汝等當信解如來誠
諦之語."

부처님께서 같은 말씀을 세번이나 반복하며 '부처님이 정성껏 살펴
서 하는 말을 믿고 이해해야 한다'고 하신다. 과연 어떤 말씀을 하실
것이기에 이토록 신중하게 대중들의 주의를 환기시키고 있는 것
일까.

경전에서는 이어서 미륵보살을 위시한 대중들의 '믿고 받을 것이니
설해주십시오' 하는 말씀이 세번 거듭되고 나서 다시 한번 반복된다.
그러자 부처님이 다음과 같은 말씀을 하신다.

"그대들은 여래의 비밀스런 신통의 힘을 잘 들으라. 일체 세간의 하늘
과 사람 및 아수라는 모두 말한다. '지금의 석가모니부처님은 석씨의
궁전에서 나와 가야성에서 멀지 않은 곳으로 가서 도량에 앉아 아뇩다
라삼먁삼보리를 얻었다'고. 그러나 선남자여, 나는 실제로 부처님을 이
룬 이래 무량무변 백천만억 나유타 겁이다."

> "汝等諦聽, 如來祕密神通之力. 一切世間天·人及阿修羅, 皆謂: '今釋迦牟
> 尼佛, 出釋氏宮, 去伽耶城不遠, 坐於道場, 得阿耨多羅三藐三菩提.' 然, 善
> 男子! 我實成佛已來無量無邊百千萬億那由他劫."

　　세상 사람들은 석가모니부처님이 40여년 전 부처님이 되신 것으로
알고 있지만, 실은 부처님이 되신 이래 까마득한 세월이 지났다는 말
씀이다.

　　그리고 그 아득한 시간을 앞서 「화성유품」에서 들었던 '삼천진점겁
三千塵點劫'과 비슷한 비유로 다시 설명하신다. 말하자면 5백천만억 나
유타 아승지의 삼천대천세계를 부셔서 티끌로 만들어 동방으로 5백
천만억 나유타 아승지의 나라를 지나며 한 티끌씩 내려놓는 식으로
그 티끌이 다할 때까지 나아간 모든 세계를 헤아릴 수 있겠느냐는 것
이다. 그런데 다시 그 모든 세계를 다시 티끌로 만든 수를 각각 1겁이
라고 해도 그보다 더 긴 세월을 석가모니부처님은 사바세계에서 부처
님으로 계시면서 설법하고 교화하셨으며, 역시 다른 백천만억 나유타
아승지의 나라에서도 중생들을 인도하여 이익되게 하셨다고 한다. 또
한 중간에 연등불然燈佛에 대해 설하고 그 부처님의 열반을 이야기한
적이 있지만, 그것은 방편으로 분별한 것이었다고도 하신다. 연등불
은 과거 석가모니부처님이 보살로 수행하고 있을 때 석가모니부처님
에게 수기를 주신 부처님이다. 그런데 그 부처님의 이야기도 방편이
었다는 것이다.

> "모든 선남자들이여, 만일 어떤 중생이 내가 있는 곳으로 오면 나는 부
> 처님의 눈으로 그 믿음 등 모든 근기의 날카롭고 무딘 것을 보고 응당
> 제도할 바에 따라 곳곳에서 스스로 설하니, 이름이 같지 않고 햇수가
> 길고 짧으며 또한 장차 열반에 들 것이라고 드러내어 말하는 등 여러

가지 방편으로 미묘한 법을 설해 중생들에게 환희심을 내게 한다."

"諸善男子! 若有衆生來至我所, 我以佛眼, 觀其信等諸根利鈍, 隨所應度, 處處自說, 名字不同·年紀大小, 亦復現言當入涅槃, 又以種種方便說微妙法, 能令衆生發歡喜心."

그러면 부처님은 왜 이런 방편들을 쓰시는 것일까. 그 이유를 설명하고 있는 대목이다. 요컨대 중생들의 근기를 살펴 그에 따라 적절한 가르침을 주기 때문이라는 것이다.

그래서 부처님은 작은 법을 즐기고 덕이 엷으며 업이 무거운 자를 보면 그를 위해 '내가 젊어서 출가하여 아뇩다라삼먁삼보리를 얻었다'고 설했지만, 실은 이미 오래 전에 성불했던 것이고 방편으로 중생을 교화하여 불도에 들게 하려고 그렇게 설하셨다고 한다. 또한 부처님이 설한 경전은 모두 중생들을 제도하여 해탈시키기 위한 것이어서 어떤 이야기를 했던 모두 다 참되고 헛됨이 없다는 것이다. 그리고 그런 이유를 다음과 같이 설명하신다.

"여래는 삼계三界의 모습을 여실히 알고 보니, 생사生死에서 혹은 물러서거나 혹은 나옴이 없고, 또한 세상에 있는 자도 멸도滅度하는 자도 없으며, 참된 것도 아니고 헛된 것도 아니며, 같지도 않고 다르지도 않아, 삼계와 같지 않게 삼계를 본다. 이 같은 일을 여래는 밝게 보아 착오가 없다."

"如來如實知見三界之相, 無有生死若退若出, 亦無在世及滅度者, 非實非虛, 非如非異, 不如三界見於三界. 如斯之事, 如來明見, 無有錯謬."

다시 한번 공空의 진리가 설해지고 있다. 세상의 삼라만상이 모두 공한 모습은 있다느니 없다느니 영원하다느니 영원하지 않다느니 같다느니 다르다느니 하는 양극단의 분별을 떠난 것이다. 말하자면 진리의 입장에서는 본래 차별이 없는데도 바른 지혜가 없는 중생들은 차별하지만, 부처님은 삼계를 중생들이 보는 삼계와 같지 않게 보시기 때문에 그런 일에 착오가 없으시다고 한다. 그리고 여기에서 부처님의 영원한 생명의 비밀이 은유적으로 밝혀지고 있다. 앞서 「법화경을 읽기 위하여」에서 법신法身에 대해 살펴보았는데, 부처님은 영원한 진리를 상징한다는 입장에서 부처님의 영원한 몸이 바로 법신이었다. 그것을 『법화경』에서는 인격적인 부처님, 즉 석가모니부처님이 그대로 영원한 부처님이라고 하며, 진리의 영원성을 암시하고 있다.

경전에서는 이어서 모든 중생들은 자신들의 성품과 욕망과 행위와 생각으로 분별하기 때문에, 선근善根이 생겨나게 하려고 여러 인연과 비유와 언사로 설법하신다는 것이다. 그렇게 부처님이 성불한 것은 매우 오래되었고 부처님의 수명은 한량없는 아승지 겁이라 상주불멸常住不滅하신다고 한다. 또한 본래 보살도를 닦으며 성취한 수명이 아직 다하지 않았지만 방편으로 멸도에 들 것이라고 말씀하신다는 것이다.

> "왜냐하면 만일 부처님이 오랫동안 세상에 머물면, 덕이 옅은 이들은 선근을 심지 않아 빈궁하고 하천하면서도 오욕五欲에 탐착貪著해 기억과 생각이라는 허망한 견해의 그물 속으로 들어갈 것이다. 만일 여래가 항상 계셔서 불멸不滅하는 것을 보면 다시 교만한 마음을 일으키거나 싫증내고 게으른 마음을 품어 만나기 어렵다는 생각과 공경하는 마음을 낼 수 없을 것이다."
>
> "所以者何? 若佛久住於世, 薄德之人, 不種善根, 貧窮下賤, 貪著五欲, 入於憶想妄見網中. 若見如來常在不滅, 便起憍恣而懷厭怠, 不能生難遭之想·恭敬之心."

역시 방편으로 부처님의 멸도를 설한 까닭을 밝히고 계신다. 부처님이 영원히 계셔서 부처님을 만나기 어렵지 않다고 생각하면 중생들이 교만과 나태에 빠질까 우려되기 때문이라는 것이다. 본문 중에서 오욕은 빛깔色·소리聲·냄새香·맛味·감촉觸에 대한 욕망으로 설명하기도 하고, 재물욕財欲·색욕色欲·음식욕飮食欲·명예욕名欲·수면욕睡眠欲으로 설명하기도 한다. 또한 일반인들의 평상시 기억憶과 생각想이 바로 허망한 견해라고 하고 있다.

아무튼 중생들의 제도를 위해 실제로는 멸도하지 않지만 멸도한다고 설하는 것이니, 부처님의 가르침은 모두 다 진실되어 헛되지 않다고 한다.

"비유하자면 지혜가 총명하며 처방과 약을 밝게 익혀 여러 병을 잘 치료하는 좋은 의사와 같다. 그 사람에게 많은 자식이 있어 혹은 열이나 스물 내지 백 명을 헤아리는데, 사연이 있어 다른 나라로 멀리 떠난다. 여러 자식들은 그 후 다른 독약을 마시고 약효가 발해 어지러워져 땅에 뒹굴게 된다."

"譬如良醫, 智慧聰達, 明練方藥, 善治衆病. 其人多諸子息, 若十·二十乃至百數, 以有事緣, 遠至餘國. 諸子於後, 飮他毒藥, 藥發悶亂, 宛轉于地."

그러면서 유명한 '양의치자良醫治子의 비유'가 설해진다. 훌륭한 의사가 자식을 치유하는 이야기란 뜻이다. 말하자면 지혜로워 여러 병을 잘 치료하는 훌륭한 의사가 있었는데, 일이 있어 다른 나라에 간사이 그 의사의 자식들이 독약을 마시고 병을 얻게 되었다는 것이다.

집으로 돌아온 의사는 곧 치료약을 만들어 자식들에게 먹이려 했는데, 중독이 덜된 자식은 약을 받아먹고 곧 회복이 되지만 중독이 심한 자식들은 본심을 잃어버려 그 약을 받아먹으려 하지 않는다. 그래서 아버지는 방편을 쓰기로 하고 그 약을 놓아두고 다른 나라로 떠난다. 그리고 사람을 시켜 다른 나라에서 자신이 죽었다고 자식들에게 알리게 한다.

"그때 모든 자식들이 아버지가 돌아가셨다는 것을 듣고 마음이 크게 근심스럽고 고통스런 가운데 이런 생각을 한다. '만일 아버지가 계신다면 우리들을 자애롭고 가련하게 여겨 구호받을 수 있겠지만 지금은 우리들을 버리고 멀리 다른 나라에서 돌아가셨다.' 스스로 외롭다고 생각하고 또한 믿을 아버지가 없어 항상 슬픈 감정을 품다가 마음이 마침내 깨어나 이 약이 빛깔과 맛과 향이 좋음을 알고 곧 그것을 받아 마셔 독병이 모두 치유된다."

"是時諸子聞父背喪, 心大憂惱而作是念 : '若父在者, 慈愍我等, 能見救護, 今者捨我遠喪他國.' 自惟孤露, 無復恃怙, 常懷悲感, 心遂醒悟, 乃知此藥色味香美, 即取服之, 毒病皆愈."

아버지가 죽었다는 소식에 세상에 의지할 곳이 없다고 생각하고 슬픔에 빠졌던 자식들은 슬픔에 겨운 나머지 제 정신을 차리고 마침내 아버지가 남겨놓은 약을 먹고 병이 낫게 된다.

그러자 그 소식을 듣고 아버지가 다시 돌아와 자식들을 만난다는 것이 비유의 전말이다. 이 이야기에 이어서 부처님이 대중들에게 묻는다. "어떤 사람이 이 의사에게 허망의 죄가 있다고 할 수 있겠는가?" 부처님은 중생들을 제도하기 위한 방편으로 멸도를 설하지만, 법과 같이 설하기 때문에 허망의 허물이 있다고 할 수 없다는 것이다. 그리고 이어서 계송으로 같은 내용을 다시 한번 반복하신다.

"내가 부처님이 된 후에 흐른 모든 겁의 수는 한량이 없는 백천만억년 아승지이니, 항상 법을 설하여 헤아릴 수 없는 억의 중생을 교화하고 부처님의 도에 들게 한 것이 한량없는 겁이다. 중생을 구제하기 위한 까닭에 방편으로 열반을 나타냈으나, 실은 멸도하지 않고 항상 여기 머물며 법을 설한다. 나는 항상 여기에 머물고 있지만, 모든 신통력으로 [생각이] 전도된 중생에게 비록 가까이 있어도 볼 수 없게 한 것이다."

"自我得佛來, 所經諸劫數, 無量百千萬, 億載阿僧祇, 常說法敎化, 無數億衆生, 令入於佛道, 爾來無量劫. 爲度衆生故, 方便現涅槃, 而實不滅度, 常住此說法. 我常住於此, 以諸神通力, 令顚倒衆生, 雖近而不見."

자아득불래自我得佛來로 시작하기 때문에 예로부터 '자아게自我偈'라고 불리며 자주 애송되어온 「여래수량품」 마지막 게송의 앞 부분이다. 역시 부처님의 영원한 생명이 상찬되고 있다. 특히 부처님은 영원히 여기에 머물지만 생각이 전도된 중생은 가까이 있어도 볼 수 없다는 대목이 인상적이다. 사실 불교의 진리라는 것이 지혜로운 이라면 스스로도 알 수 있다는 것이 불교의 기본입장이지만, 생각이 무언가에 사로잡혀 집착하고 있는 사람에게는 아무리 해도 그 진리가 보이지 않는 것과 같은 이치라고 할 수 있다.

"나는 항상 중생이 도를 행하는지 도를 행하지 않는지를 알아 제도할 수 있는 바에 따라 [그들을] 위해 여러 가지 법을 설한다. 매양 스스로 이런 생각을 하니, 어떻게 하면 중생들이 위없는 지혜에 들어 속히 부처님의 몸을 성취하게 할까 한다.

"我常知衆生, 行道不行道, 隨所應可度, 爲說種種法. 每自作是意, 以何令衆生, 得入無上慧, 速成就佛身."

'자아게'의 마지막 대목이다. 역시 중생들의 근기를 살펴 방편의 수의설법을 하신다는 것인데, 어떻게 하면 괴로움에 빠져 있는 중생들을 하루라도 빨리 부처님의 몸을 이룰 수 있게 할 것인가를 늘 궁구하고 계시기 때문이라는 것이다. 「방편품」에서 '부처님이 이 세상에 출현하시는 이유는 중생들에게 부처님의 지견을 열어 보이고 깨달아 들어가게 하기 위하여'라고 했지만, 부처님의 영원한 생명을 설하고 있는 「여래수량품」에서도 부처님의 *꾸준한* 관심은 마찬가지로 어떻게 하면 중생들이 속히 불도를 이룰 수 있는가 하는 것이다.

제17장 이 말을 믿고 이해하는 이의 공덕은 分別功德品

> 그때 대중들의 모임에서 부처님께서 수명의 겁수가 매우 긴 것이 이와 같음을 설하시는 것을 듣고 무량무변 아승지의 중생이 크게 요익함을 얻었다. 그러자 세존께서 미륵보살마하살에게 말씀하셨다.
>
> 爾時大會, 聞佛說壽命劫數長遠如是, 無量無邊阿僧祇衆生得大饒益. 於時世尊告彌勒菩薩摩訶薩.

　제17「분별공덕품分別功德品」은 말 그대로 부처님의 생명이 영원하다는 설법을 듣고 이해하는 대중들의 공덕이 막대함을 분별하여 설하고 있다.

　그래서 이어지는 미륵보살에게 하시는 부처님의 말씀에는 이 법을 설하는 동안 무수한 보살마하살이 갖가지 법의 혜택을 입었다는 것이 장황하게 그려진다. 그러자 허공에서 꽃비가 내리기 시작하고 온갖 향과 보배가 공양되며 하늘의 북이 울리는 등 상서로운 일들이 벌어진다. 그런 가운데 미륵보살이 자리에서 일어나 게송으로 다음과 같이 부처님을 찬탄한다.

> "부처님께서 희유한 법을 설하셨으니 과거에 일찍이 듣지 못했던 것입니다. 세존께서는 큰 힘을 지니고 계시며 수명은 가히 헤아릴 수 없습니다. 수없는 불자佛子들이 세존께서 분별하여 설하심을 듣고 법의 이익을 얻어 환희가 온몸에 충만하였습니다."
>
> "佛說希有法, 昔所未曾聞. 世尊有大力, 壽命不可量. 無數諸佛子, 聞世尊分別, 說得法利者, 歡喜充遍身."

역시 영원한 생명에 대해 부처님께서 분별하여 설하시는 것을 듣고 온몸이 환희로 충만하였다는 것이다.

그러면서 부처님께서 설한 바와 같이 무수한 보살마하살들이 입은 법의 혜택에 대한 미륵보살의 게송이 이어진다.

"아일다여, 그 어떤 중생이 부처님의 수명이 길고 먼 것이 이와 같음을 듣고 일념으로 믿고 이해할 수 있으면 얻을 바 공덕이 한량이 없을 것이다. 만일 어떤 선남자와 선여인이 아뇩다라삼먁삼보리를 위해서 80만억 나유타 겁에 반야바라밀을 제외한 다섯 바라밀을 행하여… 그 공덕을 앞의 공덕과 비교한다면 백분, 천분의… 일에도 미치지 못할 것이며, 내지 산수算數로 비유하는 바로는 알 수 없을 것이다."

"阿逸多! 其有衆生, 聞佛壽命長遠如是, 乃至能生一念信解, 所得功德, 無有限量. 若有善男子·善女人, 爲阿耨多羅三藐三菩提故, 於八十萬億那由他劫, 行五波羅蜜…除般若波羅蜜, 以是功德比前功德, 百分·千分…不及其一, 乃至算數譬喩所不能知."

미륵보살의 게송이 끝나자 다시 부처님께서 미륵보살에게 말씀하신 내용이다. 부처님의 수명에 관한 설법을 듣고 일념으로 믿고 이해할 수 있으면 그 공덕이 한량없을 것이라 하신다. 특히 육바라밀六波羅蜜을 수행하는 공덕과 비교를 하는데, 반야바라밀을 제외한 다섯 바라밀을 아주 긴 시간 닦는 공덕보다도 훨씬 더 크다는 것이다. 그러면 왜 반야바라밀을 제외한 다섯 바라밀일까. 앞서 「법화경을 읽기 위하여」에서 설명했듯이 반야바라밀이야말로 다른 모든 바라밀을 바라밀이 되게 하는 본질이기 때문이다. 거듭 설명하지만 불교는 세상을 여실지견하는 것으로서 반야바라밀, 즉 지혜의 완성이란 그 여실지견의 내용이다. 그러므로 반야바라밀을 성취한다는 것은 실은 부처님이 되는 것과 마찬가지이기 때문에 반야바라밀을 제외한 다섯 바라밀을 닦

는 공덕과 비교한 것이다.

이어서 같은 내용이 부처님의 게송으로 반복된다.

"아일다여, 만일 선남자와 선여인이 내가 수명이 길고 멀다는 것을 설하는 것을 듣고 깊은 마음으로 믿고 이해하면 곧 부처님이 항상 기사굴산耆闍崛山에서 큰 보살과 여러 성문 대중들에 둘러싸여 설법하는 것을 보게 된다. 또한 이 사바세계가 그 땅은 유리로 되어 있어 평탄하고 반듯하며, 염부단금閻浮檀金으로 여덟 길의 경계를 지었고 보배나무가 줄지어 있으며, 모든 누대樓臺가 모두 보배로 이루어져 있고 그 보살 대중이 모두 그 안에 있는 것을 본다."

"阿逸多! 若善男子·善女人, 聞我說壽命長遠, 深心信解, 則爲見佛常在耆闍崛山, 共大菩薩·諸聲聞衆圍繞說法. 又見此娑婆世界, 其地琉璃, 坦然平正, 閻浮檀金以界八道, 寶樹行列, 諸臺樓觀皆悉寶成, 其菩薩衆咸處其中."

게송을 마치고 이어지는 부처님의 말씀이다. 부처님의 수명이 무궁한 것을 듣고 그 말뜻을 이해하면 공덕이 한량없어 부처님의 위없는 지혜를 일으키게 되는데, 그런 가르침을 전하는 『법화경』을 듣거나 남에게 가르쳐 듣게 하는 등의 공덕은 말할 나위가 있겠냐면서 계속되는 대목이다. 부처님이 항상 기사굴산, 즉 영취산에서 보살과 성문들에게 둘러싸여 설법하시는 것을 보게 되고, 이 사바세계가 실은 아주 훌륭한 불국토임을 보게 된다는 것이다. 말하자면 여태까지 본 것과는 전혀 다른 세계의 실상을 보게 된다는 것으로 이해된다. 본문 중의 염부단금이란 염부 나무 사이로 흐르는 강에서 나는 사금沙金인데, 자마금紫磨金이라고도 하며 금빛이 자색을 띠어 금 중에서도 특히 귀한 것으로 여겨지는 것을 일컫는다.

아무튼 이렇게 볼 수 있으면 그것이 곧 깊게 믿고 이해하는 모습,

즉 심신해상深信解相이라고 알아야 한다고 경전에서는 가르치고 있다.

> "아일다여, 이 선남자와 선여인은 구태여 나를 위해 다시 탑사塔寺를 올리고 승방僧坊을 만들고 네 가지로 스님들에게 공양하지 않아도 된다. 왜냐하면 이 선남자와 선여인이 이 경전을 수지하고 독송한다면, 이미 탑을 올리고 승방을 만들고 스님들에게 공양한 것이다."
>
> "阿逸多! 是善男子·善女人, 不須爲我復起塔寺, 及作僧坊·以四事供養衆僧. 所以者何? 是善男子·善女人, 受持讀誦是經典者, 爲已起塔·造立僧坊·供養衆僧."

역시 부처님의 수명이 영원하다는 『법화경』의 가르침을 듣고 이해하는 이의 공덕이 거듭 설해지는데, 탑을 올리고 사찰을 짓고 스님들에게 공양을 올리지 않아도 이미 그렇게 한 것과 같은 공덕이 있다는 것이다. 본문 중에서 네 가지란 재가의 신자들이 출가자에게 공양하는 네 가지, 즉 의복衣服·음식飮食·와구臥具·의약醫藥를 의미한다.

아무튼 경전에서는 부처님의 영원한 생명을 설하고 있는 『법화경』을 수지하고 독송하고 서사하고 해설하는 공덕이 거듭거듭 설해지고 있다. 그리고 마지막에 다시 한번 부처님의 게송이 반복된다.

> "만일 내가 멸도한 후 이 경을 받들어 지닐 수 있으면 그 사람의 복은 한량없을 것이니 위에서 설한 바와 같아, 그것이 곧 일체 모든 공양을 구족具足한 것이 된다."
>
> "若我滅度後, 能奉持此經, 斯人福無量, 如上之所說, 是則爲具足, 一切諸供養."

부처님의 게송의 첫 부분이다. 역시 『법화경』을 받아 지니고 읽고 외우고 베껴 쓰고 해설하는 이들의 공덕이 계속 설해지고 있다.

하물며 다시 이 경을 지니고도 보시布施와 지계持戒, 인욕忍辱에 겸해 선정禪定을 즐기고, 성내지 않고 나쁜 말 하지 않으며 탑묘塔廟에 공경하고 모든 비구를 겸손하게 대하며, 자만심을 멀리하고 항상 지혜를 사유한다면 어떻겠는가. 어려운 질문을 받아도 성내지 않고 부드럽게 [그를] 위해 해설하는 이런 행을 할 수 있으면 공덕이 헤아릴 수 없을 것이다… 불자가 이런 경지에 머물면 곧 부처님께서 받아 쓰실 것이니, 항상 그 안에서 가볍게 거닐며 앉고 누울 것이다.

"況復持此經, 兼布施持戒, 忍辱樂禪定, 不瞋不惡口, 恭敬於塔廟, 謙下諸比丘, 遠離自高心, 常思惟智慧. 有問難不瞋, 隨順爲解說, 若能行是行, 功德不可量…佛子住此地, 則是佛受用, 常在於其中, 經行及坐臥."

부처님 게송의 마지막 대목이다. 『법화경』을 지니면서 여러 바라밀을 수행하는 등 불자로서의 바람직한 자세를 잃지 않으면 공덕이 헤아릴 수 없을 뿐 아니라 부처님께서 받아 쓰시는 바가 되니, 늘 부처님의 진리 안에서 생활하게 된다는 것이다.

제18장 경을 듣고 따라 기뻐하는 이의 공덕 隨喜功德品

그때 미륵보살마하살이 부처님께 말씀드렸다. "세존이시여, 만일 어떤 선남자와 선여인이 있어 이 『법화경』을 듣고 따라서 기뻐하면 어느 정도의 복을 얻겠습니까?"

爾時, 彌勒菩薩摩訶薩白佛言 : "世尊! 若有善男子·善女人, 聞是法華經隨喜者, 得幾所福?"

앞의 「분별공덕품」이 『법화경』을 받아 지니는 이들의 공덕을 분별하여 설한 것이라면 제18 「수희공덕품隨喜功德品」은 수희隨喜, 즉 따라 기뻐하는 공덕에 관한 것이다. 말하자면 『법화경』을 듣고 따라서 함께 기뻐하는 이의 공덕이다. 미륵보살이 부처님께 여쭈었다. 『법화경』을 듣고 따라 기뻐하는 이는 어느 정도의 복을 받을까 하고.

그러자 부처님의 대답이 다음과 같이 이어진다.

"여래가 멸한 후에 만일… 나이가 많거나 어리거나 지혜로운 자가 이 경을 듣고 따라 기뻐한 뒤 법회法會에서 나와 다른 곳으로 가서… 그들은 대로 부모와 종친, 친구, 아는 사람을 위해 능력껏 베풀어 설한다. 이 사람들도 들은 뒤 따라 기뻐하고 다시 가르침을 전하고, 다른 사람도 듣고 나서 역시 따라 기뻐하고 가르침을 전한다. 이와 같이 구르고 굴러 50번째에 이른다."

"如來滅後, 若…智者若長若幼, 聞是經隨喜已, 從法會出, 至於餘處…如其所聞, 爲父母·宗親·善友·知識, 隨力演說. 是諸人等, 聞已隨喜, 復行轉教 ; 餘人聞已, 亦隨喜轉教. 如是展轉, 至第五十."

예로부터 '오십전전수희五十展轉隨喜'라는 말로 인구에 회자되던 유명한 이야기이다. 요컨대 어떤 이가 『법화경』을 듣고 따라 기뻐한 뒤 다른 곳에 가서 다른 사람에게 그 들은 바를 자신의 능력껏 설하고, 다시 그것을 들은 이가 역시 기뻐하며 다른 사람에게 전하고 해서 50번째 사람에 이른다.

부처님은 그 50번째 사람의 공덕을 예로 들어 『법화경』과 관련된 다른 모든 이들의 공덕을 설명하신다. 4백만억 아승지 세계의 모든 중생들에게 그들이 좋아할 만한 것을 주어 기쁘게 하다가 마침내는 진리를 가르쳐 모두 다 아라한이 되게 하는 공덕도 50번째 사람이 『법화경』의 게송 하나를 듣고 따라 기뻐하는 공덕보다 못하다는 것이다.

> "아일다여, 이와 같이 『법화경』을 전하고 전하여 들은 50번째 사람의 따라 기뻐한 공덕이 오히려 무량무변 아승지인데, 하물며 처음 모임 안에서 듣고 따라 기뻐한 이야 말할 나위가 있겠느냐. 그 복은 더욱 뛰어나 무량무변 아승지로 비교할 수 없다."
> "阿逸多! 如是第五十人展轉聞法華經隨喜功德, 尚無量無邊阿僧祇, 何況最初於會中聞而隨喜者. 其福復勝, 無量無邊阿僧祇, 不可得比."

그러니 처음 『법화경』을 듣고 따라 기뻐한 이의 공덕은 두말할 나위가 있겠느냐는 것이다.

경전에서는 이와 같이 『법화경』을 듣는 여러 가지 공덕이 계속해서 나열된다. 예를 들면 앉거나 서서 경전을 잠깐 들어도 그 공덕으로 몸을 바꾸어 태어나면 코끼리나 마차 또는 진귀한 보배의 가마를 타게 된다고 하고, 경전을 설하는 곳에 앉았다가 다른 사람이 와 그에게 자리를 권하여 듣게 하거나 자리를 나누어 앉게 하면 다음 생에 제석천이나 범천, 전륜성왕의 자리에 앉게 된다고도 한다.

"아일다여, 다시 어떤 사람이 다른 사람에게 말하기를 '법화라는 이름의 경이 있는데, 함께 가서 들을 수 있다'고 하여 곧 그 가르침을 받아 들이거나 내지 잠깐 동안이라도 들으면, 이 사람의 공덕은 몸을 바꾸어 다라니보살陀羅尼菩薩과 한곳에 같이 태어날 수 있고, 근기가 날카롭고 지혜로우며, 백천만 세에 끝내 벙어리가 되지 않을 것이고, 입에서 냄새가 나지 않고 혀도 항상 병이 없으며 입도 역시 병이 없을 것이다."

"阿逸多! 若復有人, 語餘人言 : '有經, 名法華, 可共往聽.' 即受其教, 乃至須臾間聞, 是人功德, 轉身得與陀羅尼菩薩共生一處, 利根智慧, 百千萬世終不瘖瘂, 口氣不臭, 舌常無病, 口亦無病."

『법화경』을 듣고 함께 기뻐할 뿐 아니라 이번에는 적극적으로 남에게도 들을 수 있도록 권하는 이의 공덕이 이야기되고 있다. 본문 중의 다라니보살이란 부처님의 모든 가르침을 기억할 수 있는 보살이어서, 그와 한곳에 같이 태어난다는 것은 언제나 부처님의 가르침을 배울 수 있는 환경을 의미한다. 또한 세세생생 벙어리가 되지 않고 입이나 혀, 이, 코, 입술 등에 병이 없어 얼굴이 잘 생긴 사람으로 태어난다고도 한다.

"아일다여, 그대는 이것을 보아야 한다. 한 사람이 가서 법을 듣게 하는 공덕이 이와 같음을 보는데, 하물며 일심으로 설하는 것을 듣고 독송하여 대중들 사이에서 사람들을 위하여 분별하고 설한 바대로 수행하는 것이랴?"

"阿逸多! 汝且觀是. 勸於一人令往聽法, 功德如此, 何況一心聽說 · 讀誦, 而於大衆爲人分別 · 如說修行?"

역시 부처님이 미륵보살에게 말씀하신 내용이다. 한 사람에게 법을 듣게 하는 공덕도 이와 같으니, 대중들 사이에서 『법화경』을 분별해 가르치고 또한 설한 대로 수행하는 공덕은 어떻겠냐는 것이다.

그러면서 부처님은 다시 한번 게송으로 같은 내용을 반복하신다.

> "만일 법을 강의하는 곳에서 남에게 권하여 앉아 경을 듣게 한다면, 그 복의 인연을 얻음이 제석천이나 범천이나 전륜성왕의 자리이다. 하물며 일심으로 듣고 그 의미를 풀이해서 설하고 설한 대로 수행하는 것이겠는가, 그 복은 헤아릴 수 없다."
> "若於講法處, 勸人坐聽經, 是福因緣得, 釋梵轉輪座. 何況一心聽, 解說其義趣, 如說而修行, 其福不可量."

부처님 게송의 마지막 구절이다. 『법화경』이 설해지는 곳에서 자리를 권하는 공덕만으로도 제석천이나 범천, 전륜성왕의 자리가 주어지는데, 경전을 일심으로 듣고 의미를 풀이해서 가르쳐주고 또 그 설해진 바대로 수행하는 공덕은 말할 나위가 있겠냐는 것이다.

제19장 법화경을 설하는 법사의 공덕은 法師功德品

> 그때 부처님께서 상정진보살마하살常精進菩薩摩訶薩에게 말씀하셨다.
> "만일 선남자와 선여인이 이 『법화경』을 수지하여 읽거나 외우거나 해
> 설하거나 서사한다면, 이 사람은 8백의 눈의 공덕과 천2백의 귀의 공
> 덕, 8백의 코의 공덕, 천2백의 혀의 공덕, 8백의 몸의 공덕, 천2백의 마
> 음의 공덕을 얻을 것이니, 이 공덕으로 육근六根을 장엄하여 모두 청
> 정하게 할 것이다.
>
> 爾時佛告常精進菩薩摩訶薩："若善男子·善女人, 受持是法華經, 若讀·若誦
> ·若解說·若書寫, 是人當得八百眼功德·千二百耳功德·八百鼻功德·千二百舌
> 功德·八百身功德·千二百意功德, 以是功德·莊嚴六根, 皆令清淨."

제19「법사공덕품法師功德品」은 『법화경』을 받아 지니고受持·읽고讀
·외우고誦·해설하고解說·베껴 쓰는書寫 법사法師에게 나타날 공덕을
설명하고 있다. 이 다섯 가지 행을 『법화경』의 오종법사행五種法師行이
라고 하는데, 그 행위로 말미암아 눈眼·귀耳·코鼻·혀舌·몸身·마음意
의 육근이 각기 공덕으로 장엄하여 청정해질 것이라는 것이다.

> "이 선남자와 선여인의 부모로부터 받은 청정한 육안肉眼이 삼천대천
> 세계 안팎에 있는 산과 숲, 강과 바다를 볼 것이니, 아래로는 아비지옥
> 에 이르고 위로는 유정천有頂天에 이르며, 역시 그 가운데의 일체 중생
> 을 볼 것이니, 업業과 인연因緣, 과보果報로 태어나는 곳을 모두 보고 모
> 두 알게 된다."
>
> "是善男子·善女人, 父母所生淸淨肉眼, 見於三千大千世界內外所有山林河

海, 下至阿鼻地獄, 上至有頂, 亦見其中一切衆生, 及業因緣·果報生處, 悉見
悉知."

먼저 눈의 공덕에 관한 것이다. 『법화경』을 받아 지녀 읽거나 외우
거나 해설하거나 베껴 쓰는 이는 모든 것을 볼 수 있는 눈을 얻게 된
다는 것인데, 이 세상의 모든 중생의 업과 인연 및 과보로 태어나는
곳을 모두 보고 알게 된다고 한다. 본문 중의 아비지옥은 앞에서도 한
번 설명한 것처럼 세상의 가장 낮은 곳을 이르는 것이고, 유정천은 아
가니타천阿迦尼吒天이라고도 하며 가장 높은 곳의 하늘을 의미한다.
   아무튼 경전에서는 같은 내용이 게송으로 반복되는데, 이 공덕은
비록 천안天眼은 아니더라도 육안의 힘이 이와 같다고 하고 있다. 천
안은 부처님의 천안통을 의미하는 것이어서, 『법화경』을 전파하는 법
사의 공덕은 거기까지는 아니지만 육신의 눈으로도 모든 것을 볼 수
있다는 것이다.

"만일 선남자와 선여인이 이 경을 수지하고 읽거나 외우거나 해설하거
나 서사한다면 천2백의 귀 공덕을 얻을 것이다. 이 청정한 귀로 삼천대
천세계를 들을 것이니, 아래로는 아비지옥에 이르고 위로는 유정천에
이르며 그 가운데 안팎의 여러 가지 말과 음성을 들을 것이다."
"若善男子·善女人, 受持此經, 若讀·若誦·若解說·若書寫, 得千二百耳功德.
以是清淨耳, 聞三千大千世界, 下至阿鼻地獄, 上至有頂, 其中內外種種語
言音聲."

이어서 귀의 공덕에 관한 것이다. 청정한 귀로 세상의 모든 언어와
음성 등 각종 소리를 다 듣게 된다는 것이다.
   경전에서는 갖가지 짐승의 소리나 여러 종류의 악기소리 등과 더불
어 괴로워하는 소리, 즐거워하는 소리, 범부의 소리, 성인의 소리, 기

뻐하는 소리, 기뻐하지 않는 소리 등도 열거하고 있다. 그리고 게송이 이어지는데, 역시 천이天耳가 아니어도 육신의 귀로 이와 같은 공덕을 성취한다고 하고 있다.

> "만일 선남자와 선여인이 이 경을 수지하고 읽거나 외우거나 해설하거나 서사한다면 8백의 코 공덕을 얻을 것이다. 이 청정한 코의 감관으로 삼천대천세계의 위아래와 안팎의 여러 가지 모든 냄새를 맡을 것이다."
>
> "若善男子·善女人, 受持是經, 若讀·若誦·若解說·若書寫, 成就八百鼻功德. 以是淸淨鼻根, 聞於三千大千世界上下內外種種諸香."

이어지는 코의 공덕에 관한 내용이다. 역시 코가 청정해져 모든 냄새를 있는 그대로 맡을 수 있게 된다는 것인데, 경전에서는 『법화경』을 지니는 자는 비록 지상에 있어도 천상의 모든 냄새까지를 모두 맡을 수 있다고 하고 있다.

그리고 같은 내용을 다시 한번 게송으로 반복하고 있다.

> "만일 선남자와 선여인이 이 경을 수지하고 읽거나 외우거나 해설하거나 서사한다면 천2백의 혀 공덕을 얻을 것이다. 좋거나 추하거나 감미롭거나 감미롭지 않거나 모든 쓰고 떫은 것들이 그 혀의 감관에서는 모두 훌륭한 맛으로 변해 하늘의 감로甘露와 같아지고 감미롭지 않은 것이 없을 것이다. 만일 혀의 감관으로 대중 가운데에서 연설하는 바가 있으면 깊고 묘한 소리가 나와 그 마음으로 들어가 모두 환희하고 쾌락하게 할 수 있을 것이다."
>
> "若善男子·善女人, 受持是經, 若讀·若誦·若解說·若書寫, 得千二百舌功德. 若好·若醜, 若美·不美, 及諸苦澁物, 在其舌根, 皆變成上味, 如天甘露, 無不

美者. 若以舌根於大衆中有所演說, 出深妙聲, 能入其心, 皆令歡喜快樂."

　이어서 혀의 공덕이 설명되고 있는데, 세상의 모든 맛을 모두 훌륭한 맛으로 느끼게 되고 그 혀로 대중 가운데서 연설하면 사람들의 마음을 즐겁게 한다는 것이다.

　경전에서는 그런 사람의 연설을 듣기 위해 천룡팔부天龍八部의 대중이 모두 모여들어 공양과 공경을 할 것이라고도 한다. 역시 같은 의미가 게송으로 다시 한번 반복되는데, 모든 부처님과 제자들이 그 설법하는 소리를 듣고 항상 잊지 않고 수호할 것이며 가끔은 몸을 나타내시기도 한다고 하고 있다.

> "만일 선남자와 선여인이 이 경을 수지하고 읽거나 외우거나 해설하거나 서사한다면 8백의 몸 공덕을 얻을 것이다. 청정한 몸을 얻으면 깨끗한 유리와 같아져 중생들이 기쁘게 볼 것이다. 그 몸이 깨끗하기 때문에 삼천대천세계의 중생이 태어날 때나 죽을 때, 높거나 낮거나 좋거나 추하거나 좋은 곳에 나거나 나쁜 곳에 나거나 모든 그 가운데에 나타날 것이다."
>
> "若善男子 · 善女人, 受持是經, 若讀 · 若誦, 若解說 · 若書寫, 得八百身功德. 得淸淨身 · 如淨琉璃, 衆生憙見. 其身淨故, 三千大千世界衆生, 生時 · 死時, 上下 · 好醜, 生善處 · 惡處, 悉於中現."

　다음에는 몸의 공덕에 관해 설명하고 있다. 『법화경』을 받아 지니고 읽거나 외우거나 해설하거나 베껴 쓰는 법사는 청정한 몸을 얻어 유리와 같이 되므로 중생들이 기쁘게 바라본다는 것이다. 또한 삼천대천세계 중생들이 유리처럼 투명해진 그 몸에 다 비춰 보인다고 한다.

　또한 경전에서는 모든 성문 · 벽지불 · 보살과 부처님께서 설하시는 법이 그 몸 안에 모습을 나타낸다고 하고 있다. 그리고 역시 같은 내용의 게송이 반복된다.

> "만일 선남자와 선여인이 여래가 멸한 후 이 경을 수지하고 읽거나 외우거나 해설하거나 서사한다면 천2백의 마음 공덕을 얻을 것이다. 이 청정한 마음의 감관으로 게송 하나나 구절 하나라도 들으면 무량무변의 뜻을 통달할 것이고, 그 뜻을 풀이하고 나서 구절 하나 게송 하나를 한 달, 넉 달 내지 1년간 연설할 수 있을 것이니, 설하는 법들은 그 뜻에 따라 모두 실상實相과 서로 위배되지 않을 것이다."
>
> "若善男子·善女人, 如來滅後·受持是經, 若讀·若誦·若解說·若書寫, 得千二百意功德. 以是淸淨意根, 乃至聞一偈一句, 通達無量無邊之義, 解是義已, 能演說一句一偈至於一月·四月乃至一歲, 諸所說法, 隨其義趣, 皆與實相不相違背."

그리고 마지막으로 『법화경』을 전파하는 법사가 얻을 마음의 공덕이 설명된다. 마음의 감관이 청정해져 게송 하나나 구절 하나라도 들으면, 곧 한량없는 뜻들을 모두 통달하게 되고 그것을 해설하는 데도 거침이 없어지며 그 설법이 모두 실상과 위배되지 않는 정법正法이 될 것이라는 설명이다.

경전에는 이어서 혹시 세속의 경서經書나 치세治世의 말, 먹고사는 업 등을 설하더라도 모두 정법에 순응한다고 하고 있다. 그리고 삼천대천세계 모든 중생의 마음을 알게 되어, 비록 최고의 지혜를 얻은 것은 아니더라도 청정한 마음의 감관으로 생각하는 바나 헤아려 말하는 것이 모두 부처님의 법과 같게 된다고 하고 있다. 그리고 마찬가지로 게송이 반복된다.

이상과 같은 「법사공덕품」의 설명은 종교수행을 통해 나타나는 여러 가지 이적들에 대해 생각하게 한다. 종교적 수행은 신자의 생활에 커다란 변화를 가져다주기도 하는데, 말하자면 일상생활에서의 의식의 전환이 내면에 잠재되어 있던 초자연적인 힘을 발현시키는 계기가 되기도 하는 것이다. 기도를 통한 삼매의 체험 등이 그런 것이라고 할 수 있다.

제20장 상불경보살은 어떤 인연으로 常不輕菩薩品

그때 부처님께서 득대세보살마하살得大勢菩薩摩訶薩에게 말씀하셨다. "그대는 이제 알아야 한다. 만일 비구·비구니·우바새·우바이가 『법화경』을 지닌 자를 욕하고 꾸짖고 비방하면 큰 죄의 과보를 받을 것이니 앞에서 설한 바와 같고, [법화경을 지닌 자의] 그 얻을 공덕은 앞에서 설한 바와 같이 눈·귀·코·혀·몸·마음의 청정이다."
爾時佛告得大勢菩薩摩訶薩：“汝今當知！若比丘·比丘尼·優婆塞·優婆夷持法華經者, 若有惡口·罵詈·誹謗, 獲大罪報, 如前所說；其所得功德, 如向所說, 眼·耳·鼻·舌·身·意淸淨.”

『법화경』을 지닌 이를 비방하는 자가 받을 죄의 과보와 「법사공덕품」에서 설한 『법화경』을 전파하는 법사의 공덕을 상기시키며 제20 『상불경보살품常不輕菩薩品』은 시작된다.

이어서 경전에서는 아득한 옛날 위음왕여래威音王如來라는 부처님이 계셨다는 이야기가 설해지는데, 그 부처님이 한량없는 세월동안 중생들을 제도하고 멸도하신 후 정법正法·상법像法·말법末法의 시대를 거쳐 다시 위음왕여래라는 부처님이 출현하시고, 그렇게 2만억의 같은 이름을 지닌 부처님이 차례로 계셨다고 한다. 그런데 최초의 위음왕여래가 멸도하시고 정법이 사라진 상법의 시대에 교만한 비구들이 큰 세력을 얻고 있을 때 상불경常不輕이라는 이름의 보살이 있었다는 것이다. 상불경이란 '항상 가볍게 여기지 않는다'는 뜻이다.

"득대세여, 어떤 인연으로 상불경常不輕이라 이름하는가? 이 비구는 모든 만나는 이, 비구거나 비구니·우바새·우바이거나 모두에게 예배하고 찬탄하며 이렇게 말했다. '나는 그대들을 깊이 공경하니, 감히 가볍게 여겨 업신여기지 않습니다. 왜냐하면, 그대들은 모두 보살도를 행해 마땅히 부처님이 될 것입니다.'"

"得大勢! 以何因緣名常不輕? 是比丘, 凡有所見, 若比丘·比丘尼·優婆塞·優婆夷, 皆悉禮拜讚歎而作是言 : '我深敬汝等, 不敢輕慢. 所以者何? 汝等皆行菩薩道, 當得作佛.'"

　그 이름처럼 상불경보살은 모든 만나는 이에게 예배하고 찬탄한다는 것이다. '그대들은 모두 보살도를 행해 부처님이 될 것'이라고.

　경전에서는 이어서 그 보살은 전혀 경전을 읽거나 외우지 않고 다만 만나는 사람들에 대한 예배만을 행했다고 한다. 그리고 그런 그의 행위가 거슬려 '너 따위 비구가 어디서 감히 허망한 수기를 주느냐'고 화를 내거나 비웃음과 욕을 들어도 멈추지 않았다는 것인데, 경전 속의 표현을 보면 상불경보살이 비구 신분이었다는 것을 알 수 있다. 말하자면 비구 신분의 보살도 있었음을 짐작하게 하는 대목이다.

"이 말을 할 때 여러 사람들이 몽둥이로 때리거나 기와와 돌을 그에게 던지면, 피해 달아나 멀리 서서 오히려 높은 소리로 외친다. '나는 그대들을 감히 가볍게 여기지 않으니, 그대들은 모두 마땅히 부처님이 될 것입니다.'"

"說是語時, 衆人或以杖木瓦石而打擲之, 避走遠住, 猶高聲唱言 : '我不敢輕於汝等, 汝等皆當作佛.'"

　그런 상불경보살에게 심지어는 몽둥이로 때리거나 기왓장과 돌을 던지며 박해를 가해도 상불경보살은 멀리 달아나서 다시 보다 큰 소리로 '당신들은 부처님이 될 것'이라고 외쳤다고 한다.

그런데 그 비구가 임종할 때 위음왕여래가 이미 설하신 『법화경』의 20만억 게송이 허공중에서 들려와 그는 그것을 모두 받아 지니고 육근六根의 청정淸淨을 성취한 다음 한량없는 세월동안 대중들에게 『법화경』을 설하게 된다. 그리고 그런 모습을 본 사부대중은 그의 설법을 듣고 모두 믿고 따르게 되어, 그 보살은 천만억 중생을 교화하여 아뇩다라삼먁삼보리에 머물게 한다. 그리고 목숨을 다한 후 다시 2천억의 각기 이름이 일월등명日月燈明인 부처님들과 2천억의 이름이 운자재등왕雲自在燈王인 부처님들을 친견하고 모든 부처님의 법 가운데 『법화경』을 설했으며, 다시 천만억의 부처님을 친견하고 성불하게 되었다는 것이다.

"득대세여, 어떻게 생각하느냐? 그때의 상불경보살이 어찌 다른 사람이겠는가? 바로 나의 몸이다. 만일 내가 숙세宿世에 이 경을 수지하여 독송하고 다른 사람을 위해 설하지 않았다면 속히 아뇩다라삼먁삼보리를 얻을 수 없었을 것이다. 나는 일찍이 부처님이 계신 곳에서 이 경을 받아 지니고 읽고 외우고 사람들을 위해 설했기 때문에 속히 아뇩다라삼먁삼보리를 얻었다."

"得大勢! 於意云何? 爾時常不輕菩薩豈異人乎? 則我身是. 若我於宿世不受持讀誦此經・爲他人說者, 不能疾得阿耨多羅三藐三菩提. 我於先佛所, 受持讀誦此經・爲人說故, 疾得阿耨多羅三藐三菩提."

앞에서 다른 이의 성불을 예언하며 예배하고 찬탄한 상불경보살이 바로 석가모니부처님의 전신이었고, 석가모니부처님은 숙세에 『법화경』을 받아 지니고 읽고 외우고 다른 사람을 위해 설했기 때문에 속히 부처님이 될 수 있었다는 것이다.

그리고 과거 상불경보살을 천대하고 무시했던 사부대중은 2백억 겁 동안 불佛・법法・승僧의 삼보三寶를 만나지 못하고 천 겁 동안 아비지옥에서 큰 고통을 받은 후 상불경보살의 교화를 받아 아뇩다라삼먁삼보리를 얻었다고 한다. 또한 그들 중에는 지금 이 자리에 있는 자도 있다고 하시며 발타바라跋陀婆羅 등을 거명하는 것이다.

> "득대세여, 이 『법화경』은 모든 보살마하살에게 크게 요익饒益하여 아뇩다라삼먁삼보리에 이르게 할 수 있다는 것을 알아야 한다. 이 때문에 모든 보살마하살은 여래가 멸한 후에 이 경을 항상 수지하여 읽고 외우고 해설하고 서사해야 한다."
> "得大勢! 當知是法華經, 大饒益諸菩薩摩訶薩, 能令至於阿耨多羅三藐三菩提. 是故諸菩薩摩訶薩, 於如來滅後, 常應受持·讀·誦·解說·書寫是經."

이 세상 누구든 보살행을 하여 마침내 성불할 것이라며 만나는 모든 사람에게 예배하고 찬탄한 상불경보살의 보살행에 관한 이야기도 결국 『법화경』의 중요성을 강조하며 끝이 난다. 『법화경』이야말로 성불로 이끄는 경전이어서 모든 보살마하살은 부처님이 멸한 후 이 『법화경』을 전파해야 한다는 것이다.

이어서 부처님께서 게송으로 같은 내용을 다시 한번 반복하신다.

> "이런 까닭에 수행자는 부처님이 멸하신 후에 이와 같이 경을 듣고 의심과 미혹함을 내지 말아야 한다. 응당 한 마음으로 이 경을 널리 설하면 세세생생 부처님을 만나고 속히 불도를 이룰 것이다."
> "是故行者, 於佛滅後, 聞如是經, 勿生疑惑. 應當一心, 廣說此經, 世世值佛, 疾成佛道."

부처님께서 읊으시는 게송의 마지막 구절이다. 역시 『법화경』에 대한 믿음이 강조되고 있다. 일심으로 『법화경』을 널리 설하면 세세생생 부처님을 만나 속히 불도를 이룰 수 있다는 것이다.

제21장 여래의 신통력으로 설한다 해도 如來神力品

> "세존이시여, 우리들은 부처님이 멸하신 후에 세존의 분신分身이 있는
> 국토의 멸도하신 곳에서 널리 이 경을 설하겠습니다. 왜냐하면 우리들
> 도 역시 스스로 이 참되고 깨끗한 큰 법을 얻고자 하며, 수지하여 읽고
> 외우고 해설하고 서사함으로써 그것에 공양하고자 하기 때문입니다."
> "世尊! 我等於佛滅後, 世尊分身所在國土滅度之處, 當廣說此經. 所以者
> 何? 我等亦自欲得是眞淨大法, 受持·讀·誦·解說·書寫, 而供養之."

그때 땅에서 솟아나온 무수한 보살들이 일심으로 합장하고 존안을
우러러보며 부처님께 드린 말씀이다. '부처님이 멸도하신 후 이 사바
세계에서 『법화경』을 전하겠다'고 한다. 왜냐하면 자신들도 참되고
깨끗한 큰 진리인 『법화경』을 얻고자 하고, 또한 받아 지녀서 읽고 외
우고 해설하고 베껴 써서 『법화경』에 공양하고자 하기 때문이라는 것
이다. 그런데 그곳이 부처님의 분신이 있는 부처님께서 멸도하신 곳
이라고 한다. 말하자면 석가모니부처님이 멸도에 드실지라도 부처님
의 분신은 남아있을 것이라는 것인데, 여기에서 분신의 부처님들이
어떤 존재를 의미하는지 암시되고 있다고 볼 수 있다. 다시 말해 부처
님의 남겨진 가르침이 바로 부처님의 분신불이라고 이해해야 마땅할
것이다.

그리고 여기에서 『법화경』이 설해지고 있는 광경을 다시 한번 상기
해볼 필요가 있다. 앞서의 「견보탑품」에서 다보여래의 칠보탑을 열기
위해 시방에 가득한 석가모니부처님의 분신을 한곳으로 불러 모아 지
금 주위에는 분신의 부처님들이 가득한 가운데 「종지용출품」에서 설
해진 것처럼 땅에서 솟아나온 보살들이 이런 말씀을 드리고 있는 것

이다. 그리고 그런 보살들의 말을 듣고 나서 석가모니부처님은 그 자리의 모든 대중들에게 커다란 신통력을 보이시는데, 장광설長廣舌을 내밀어 위로는 범천에 이르게 하고 모든 털구멍에서 수없는 빛을 놓아 시방세계를 두루 비추시는 것이다. 장광설은 부처님의 거침이 없는 설법을 의미하기도 하고 삼십이상三十二相 가운데 하나로서 길고 넓은 혀를 뜻하기도 한다. 아무튼 석가모니부처님께서 보이신 신통력을 주위의 모든 분신 부처님들도 함께 나타내기를 백천년 동안 지속한 다음 모두 혀를 거두어들이고 기침을 한번 한 후 손가락을 튕기는데, 부처님들의 기침과 손가락 튕기는 소리가 시방의 모든 불국토에 이르러 땅이 여섯 가지로 진동한다. 모든 중생들은 그 모습을 보면서 크게 환희하고, 그러자 곧바로 모든 하늘이 허공중에서 큰 소리로 다음과 같이 외친다.

> "여기서 무량무변 백천만억 아승지 세계를 지나 국토가 있으니 이름이 사바娑婆이고, 그 가운데 부처님이 계시니 이름이 석가모니이다. 이제 모든 보살마하살을 위해 대승의 경을 설하시니, 이름이 『묘법연화』이고 보살을 가르치는 법이며 부처님이 호념하시는 바이다. 그대들은 깊이 마음으로 따라 기뻐해야 하며, 또한 석가모니부처님께 예배하고 공양해야 한다."
>
> "過此無量無邊百千萬億阿僧祇世界, 有國名娑婆, 是中有佛名釋迦牟尼. 今爲諸菩薩摩訶薩說大乘經, 名妙法蓮華, 敎菩薩法, 佛所護念. 汝等當深心隨喜, 亦當禮拜供養釋迦牟尼佛."

부처님께서 보이신 큰 신통력에 모든 하늘들이 화답하여 부처님과 부처님께서 설하고 계시는 『법화경』에 대해 찬탄하는 것이다.

그러자 시방세계의 모든 중생들이 허공에서 들려오는 소리를 듣고 사바세계를 향해 합장하고 공경하고 공양하게 된다.

> "모든 부처님의 신력神力이 이와 같아 무량무변하고 불가사의하지만, 만일 내가 이 신력으로 무량무변 백천만억 아승지 겁을 촉루囑累를 위해 이 경의 공덕을 설해도 오히려 다하지 못할 것이다. 요컨대 여래의 일체 지닌 법과 여래의 일체 자재한 신력과 여래의 일체 비밀스럽고 요긴한 갈무리와 여래의 일체 매우 깊은 일이 모두 이 경에서 보여지고 설해진다."
>
> "諸佛神力如是, 無量無邊·不可思議, 若我以是神力, 於無量無邊百千萬億阿僧祇劫, 爲囑累故, 說此經功德, 猶不能盡. 以要言之, 如來一切所有之法·如來一切自在神力·如來一切祕要之藏·如來一切甚深之事, 皆於此經宣示顯說."

그러자 부처님께서 땅에서 솟아나온 보살들에게 말씀하시는 내용이다. 역시 『법화경』이 얼마나 중요한 경전인지를 강조하신 것으로, 앞에서 보인 부처님의 큰 신통력도 실은 『법화경』의 중요성을 강조하기 위한 방편이었다. 예를 들어 장광설을 내밀어 범천에 도달하게 한 것은 아무도 흉내낼 수 없는 부처님의 대단한 변재辯才를 암시한 것인데, 그런 능력으로도 『법화경』의 공덕을 다 설명하지 못한다는 것이다. 아무튼 그런 『법화경』을 보살들은 오랜 동안 전승해 유포시키기를 부처님이 바라시니, 『법화경』에는 부처님의 모든 법과 자재한 신통력과 비밀스럽고 요긴한 갈무리와 매우 깊은 일들이 다 담겨 있기 때문이라고 한다.

그리고 그렇기 때문에 부처님이 멸도한 후 일심으로 『법화경』을 수지·독송하고 해설하고 서사하는 데 힘쓰라는 것이다.

> "만일 [법화경의] 경권이 있는 곳이 정원 안이거나 수풀 속이거나… 그 가운데 모두 탑을 세우고 공양해야 한다. 왜냐하면 그곳은 곧 도량道場

이어서, 모든 부처님이 거기서 아뇩다라삼먁삼보리를 얻고 모든 부처님이 거기서 법륜法輪을 굴리시며 모든 부처님이 거기서 반열반般涅槃하시는 것을 알아야 한다.”

"若經卷所住之處, 若於園中·若於林中…是中皆應起塔供養. 所以者何? 當知是處·即是道場, 諸佛於此得阿耨多羅三藐三菩提, 諸佛於此轉于法輪, 諸佛於此而般涅槃."

또한『법화경』을 받드는 방법이 설해지고 있다.『법화경』의 책이 있는 곳이면 어디든지 그곳에 탑을 세우고 공양하여야 한다는 것이다. 왜냐하면『법화경』이 있는 그곳이 바로 도량이어서, 모든 부처님은 거기에서 깨달음을 이루시고 거기에서 설법하시며 거기에서 완전한 열반에 드신다는 것이다. 다시 한번『법화경』의 가르침이 다른 어떤 가르침보다도 깊은 것임을 강조한 것이다.

그리고는 부처님께서 같은 내용을 다시 한번 게송으로 반복하신다.

“여래가 멸한 후에 부처님이 설한 경의 인연因緣과 차례를 알고 여실하게 설한 것처럼 그 뜻에 따르면, 해와 달의 광명이 모든 어두움을 없애는 것처럼 그 사람은 세간에서 중생의 어둠을 없애줄 수 있을 것이니, 한량없는 보살을 가르쳐 마침내 일승一乘에 머물게 한다. 이 때문에 지혜가 있는 사람은 이 공덕의 이익을 듣고 내가 멸도한 후에 이 경을 수지해야 하니, 이 사람은 불도佛道에 [이르는 데] 결정코 장애가 없다.”

"於如來滅後, 知佛所說經, 因緣及次第, 隨義如實說, 如日月光明, 能除諸幽冥. 斯人行世間, 能滅衆生闇, 教無量菩薩, 畢竟住一乘. 是故有智者, 聞此功德利, 於我滅度後, 應受持斯經, 是人於佛道, 決定無有疑."

부처님께서 읊으신 게송의 마지막 대목이다. 부처님이 멸하신 후『법화경』의 내용을 잘 알고 그대로 실천하면 햇빛과 달빛이 세상의 모든 어둠을 물리치는 것처럼 그 사람도 중생들의 어둠을 없앨 수 있을 것이라고 한다. 또한 한량없는 보살들을 가르쳐 일승에 머물게 한다고도 한다. 다시 말해 『법화경』의 내용, 즉 삼승은 방편이고 일불승만이 진실이라는 가르침이 부처님이 멸도하신 후 불자들을 성불로 이끄는 핵심의 가르침이 될 것이라는 말씀이다.

제22장 아뇩다라삼먁삼보리의 법을 부촉하니 囑累品

그때 석가모니부처님께서 법좌에서 일어나 큰 신력神力을 나타내시어 오른손으로 한량없는 보살마하살의 정수리를 쓰다듬으며 이렇게 말씀하셨다. "나는 한량없는 백천만억 아승지 겁에 이 얻기 힘든 아뇩다라삼먁삼보리의 법을 닦고 익혔으니, 이제 그대들에게 부촉付囑한다. 그대들은 응당 일심으로 이 법을 유포하여 널리 이로움이 늘어나게 해야 한다."

爾時, 釋迦牟尼佛從法座起, 現大神力, 以右手摩無量菩薩摩訶薩頂, 而作是言 : "我於無量百千萬億阿僧祇劫, 修習是難得阿耨多羅三藐三菩提法, 今以付囑汝等. 汝等應當一心流布此法, 廣令增益."

앞서 「법화경을 읽기 위하여」에서 밝혔듯이 제22 「촉루품囑累品」은 『법화경』의 성립과정 중 두번째 시기에 형성된 마지막 품이었다. 따라서 다른 경전의 일반적인 관례처럼 부처님께서 지금까지 펴신 가르침의 유포를 부촉하는 내용이 설해지고 있다. 부처님께서 신통력으로 무수한 보살들의 정수리를 쓰다듬으며 『법화경』의 전파를 당부하시는 것이다.

경전에서는 같은 부촉의 말씀을 세번 거듭하며 일체 중생이 두루 얻어 듣고 알게 해야 한다고 하신다.

"여래에게는 대자비大慈悲가 있고 모든 인색함이 없으며 또한 두려울 바도 없어 부처님의 지혜와 여래의 지혜와 자연自然의 지혜를 중생들에게 줄 수 있으니, 여래는 일체 중생의 큰 시주施主이다. 그대들 역시

여래의 법을 따라 배워야 하니 인색함을 내지 마라. 미래세에 만일 선남자와 선여인이 있어 여래의 지혜를 믿으면, 이 『법화경』을 연설해서 얻어 듣고 알게 해야 하니, 그 사람이 부처님의 지혜를 얻게 하기 위해서이다."

"如來有大慈悲, 無諸慳悋, 亦無所畏, 能與衆生, 佛之智慧·如來智慧·自然智慧, 如來是一切衆生之大施主. 汝等亦應隨學如來之法, 勿生慳悋. 於未來世, 若有善男子·善女人, 信如來智慧者, 當爲演說此法華經, 使得聞知, 爲令其人得佛慧故."

부처님에게는 대자비가 있고 인색하게 굴거나 두려울 바가 없어 중생들에게 부처님의 지혜를 아낌없이 줄 수 있으니, 부처님은 일체 중생에게 크게 베푸는 분이라고 한다. 또한 보살들도 부처님을 따라 진리를 베푸는 데 인색해서는 안된다고 하며, 미래에 어떤 이들이 부처님의 지혜를 믿는다면 『법화경』을 설해 그것을 얻을 수 있도록 해주어야 한다는 것이다. 그런데 본문 중에 부처님의 지혜와 여래의 지혜에 이어 자연의 지혜라는 표현이 나온다. 불교의 목적이 우리들의 현실을 있는 그대로 여실지견如實知見하는 것이므로, 부처님의 지혜란 결국 자연, 다시 말해 스스로自 그와 같은 모습을 하고 있는然 지혜인 것이다.

아무튼 경전에서는 믿고 받아들이지 않는 중생이 있으면 부처님의 다른 가르침으로 교화하라고 하며, 그렇게 할 수 있으면 보살이 부처님의 은혜를 갚는 일이 된다고 한다.

그때 보살마하살이 부처님께서 이렇게 말씀하시는 것을 듣고 나서 모두 큰 환희로 그 몸이 가득 차서 더욱 공경하며 허리 굽히고 머리를 조아려 부처님을 향해 합장하고 함께 소리 내어 말씀드렸다. "세존께서

> 명하신 것처럼 모두 받들어 행하겠습니다. 그렇습니다. 세존이시여, 염
> 려하지 마십시오."
>
> 時諸菩薩摩訶薩, 聞佛作是說已, 皆大歡喜遍滿其身, 益加恭敬, 曲躬·低頭,
> 合掌向佛, 俱發聲言:"如世尊勅, 當具奉行. 唯然, 世尊! 願不有慮."

그러자 부처님의 부촉에 보살들이 화답하는 내용이다. 경전에서는
이 같은 화답이 세번 반복되었다고 한다.

> 그때 석가모니부처님께서 시방에서 온 모든 분신의 부처님이 각기 본
> 토로 돌아가도록 하려고 이렇게 말씀하셨다. "모든 부처님은 각기 편
> 안한 바대로 하시고, 다보불탑도 돌아가셔서 예전처럼 하십시오."
>
> 爾時釋迦牟尼佛令十方來諸分身佛各還本土, 而作是言:"諸佛各隨所安,
> 多寶佛塔還可如故."

앞서 「견보탑품」에서 다보여래의 칠보탑을 열기 위해 시방세계에서
불러 모은 석가모니부처님의 모든 분신불과 다보불탑을 본래대로 돌
아가도록 하시는 부처님의 말씀이다.

그러자 이 말씀을 듣고 그 자리의 부처님들과 보살 등 모든 대중이
크게 환희한다. 그리고 이렇게 해서 설법의 장소는 다시 지상의 기사
굴산으로 돌아오게 된다. 다시 말해 「서품」에서 『법화경』은 왕사성의
기사굴산에서 설해지기 시작했지만, 「견보탑품」에 이르러 보탑이 있
는 허공으로 자리를 옮겨 지금까지 그 허공중에서 설법이 이루어진
것이다. 이렇게 『법화경』은 두 곳에서 세번의 설법으로 이루어졌다고
해서 이처삼회二處三會라고 한다.

제23장 자신의 몸을 불살라 공양했으니 藥王菩薩本事品

> 그때 숙왕화보살宿王華菩薩이 부처님께 말씀드렸다. "세존이시여, 약왕
> 보살藥王菩薩은 어떻게 해서 사바세계에 노닙니까? 세존이시여, 이 약
> 왕보살에게는 어느 만큼의 백천만억 나유타의 난행難行과 고행苦行이
> 있습니까? 훌륭하신 세존이시여. 원컨대 조금만 해설해주십시오."
>
> 爾時宿王華菩薩白佛言 : "世尊! 藥王菩薩云何遊於娑婆世界? 世尊! 是藥
> 王菩薩有若干百千萬億那由他難行苦行? 善哉, 世尊! 願少解說."

숙왕화보살이 약왕보살의 전생의 수행에 대해 부처님께 여쭙는 것이
다. 약왕보살은 『법화경』에서는 「서품」과 「법사품」 「권지품」에도 그
이름이 나오는데, 좋은 약을 주어 중생의 몸과 마음의 병을 고쳐준다
고 해서 그런 이름이 붙여진 보살이다. 아미타부처님의 25보살 중 한
명이라고도 하고, 『관약왕약상이보살경觀藥王藥上二菩薩經』의 주인공으
로 등장하기도 한다. 그런 약왕보살이 어떤 어렵고 힘든 수행을 통해
지금과 같이 사바세계에서 보살행을 하고 있냐는 것이 질문의 요지
이다.

그러자 부처님께서 말씀하신다. 아득한 과거 한량없는 항하사 겁에
일월정명덕여래日月淨明德如來라는 부처님이 계셨다는 것이다. 그 부처
님에게는 80억의 보살마하살과 72항하사의 성문 대중이 있었다고 하
며, 그 부처님의 국토의 장엄한 모습이 여러 가지로 아름답게 표현되
고 있다.

> "그때 그 부처님은 일체중생희견보살一切衆生憙見菩薩 및 보살들과 모든

성문들을 위해 『법화경』을 설하셨다. 이 일체중생희견보살이 고행을 즐겨 익히고 일월정명덕日月淨明德부처님의 법 가운데서 정진하고 경행經行하며 일심으로 부처님을 구하기를 만2천 년을 채우고 현일체색신삼매現一切色身三昧를 얻었다."

"爾時彼佛爲一切衆生憙見菩薩, 及衆菩薩·諸聲聞衆, 說法華經. 是一切衆生憙見菩薩, 樂習苦行, 於日月淨明德佛法中, 精進經行, 一心求佛, 滿萬二千歲已, 得現一切色身三昧."

일월정명덕부처님이 대중들에게 『법화경』을 설하셨는데, 일체중생 희견보살이 만2천 년 동안 그 부처님의 가르침으로 수행하여 현일체색신삼매를 얻게 되었다고 한다. 현일체색신삼매란 다음의 제24 「묘음보살품妙音菩薩品」에도 등장하는 것으로서, 중생들을 제도하기 위해 여러 가지 몸을 나타낼 수 있는 능력이다. 그리고 본문 중에 나오는 경행이란 식후 피곤할 때나 좌선坐禪 도중 졸음이 쏟아질 때 마음가짐을 새롭게 하기 위해 일어나서 가볍게 걷는 것을 말한다.

아무튼 현일체색신삼매를 얻은 일체중생희견보살이 크게 환희하며 일월정명덕부처님과 『법화경』에 공양하겠다고 생각하고 삼매에 들어 꽃비를 내리고 향 가루를 구름처럼 뿌렸다.

"이 공양을 하고 나서 삼매에서 일어나 스스로 생각했다. '내가 비록 신력神力으로 부처님께 공양했지만, 몸으로 공양하는 것만 못하다.' 곧 모든 향을 먹고… 향유를 몸에 바르고 일월정명덕부처님 앞에서 하늘의 보배 옷으로 스스로 몸을 묶고 여러 향유를 부은 뒤 신통력으로 원해 스스로 몸을 태웠는데, 광명이 80항하사의 세계를 두루 비췄다."

"作是供養已, 從三昧起, 而自念言 : '我雖以神力供養於佛, 不如以身供養.' 即服諸香…香油塗身, 於日月淨明德佛前, 以天寶衣而自纏身, 灌諸香油,

그런데 아무래도 삼매에 들어 신통력으로 공양하는 것보다는 몸으로 공양하는 것이 낫다는 생각을 하게 된다. 그래서 일체중생희견보살은 여러 가지 향을 먹고 향유를 마시기를 천2백 년 동안 한 다음 온 몸에 향유를 붓고 스스로의 몸을 불태우니, 그 광명이 80항하사의 세계를 두루 비춘다.

그러자 그 세계의 부처님들이 모두 '이것이 참된 정진이고 부처님에 대한 참된 법의 공양'이라고 찬탄하는 가운데 천2백 년 동안 불에 탄 후 그 몸이 다했다. 일체중생희견보살은 그렇게 공양을 마치고 목숨이 다한 후 다시 일월정명덕부처님의 나라에 화생化生하여 곧 열반에 드시려는 그 부처님으로부터 부처님 멸도 후를 부촉받는다. 그리고 부처님이 멸도하신 후 부처님의 사리를 거두어 8만4천의 불탑을 세운 후 일체중생희견보살은 다시 부처님의 사리탑에 공양하기 위해 자신의 두 팔을 태운다. 자신의 몸에 불을 붙여 공양한다 하여 소신공양燒身供養이라고 부르는 이 이야기는 불교적인 입장에서 볼 때 지나치게 극단적이지 않은가 하는 논란이 옛부터 끊임없이 있어왔다. 또한 실제로 경전의 말씀에 따라 그런 공양을 단행한 사람들도 적지 않았다. 그러나 경전의 본래 의도는 자신의 신명을 아끼지 않는 보살도 정신의 강조에 있다고 보아야 할 것이다.

아무튼 이런 이야기에 이어 부처님께서 숙왕화보살에게 다음과 같이 말씀하신다.

"너의 뜻은 어떠하냐? 일체중생희견보살이 어찌 다른 사람이겠는가? 지금의 약왕보살이다. 그 몸을 버리는 바의 보시가 이와 같이 한량없는 백천만억 나유타를 헤아린다. 숙왕화여, 만일 아뇩다라삼먁삼보리를 얻겠다고 발심하는 자가 있어 손가락이나 내지 발가락 하나라도 태워 부처님 탑에 공양할 수 있다면, 나라와 성, 처자… 등으로 공양하는 것보다도 뛰어나다."

佛告宿王華菩薩：“於汝意云何? 一切衆生憙見菩薩, 豈異人乎? 今藥王菩薩是也. 其所捨身布施, 如是無量百千萬億那由他數. 宿王華! 若有發心欲得阿耨多羅三藐三菩提者, 能燃手指, 乃至足一指, 供養佛塔, 勝以國城·妻子…而供養者."

자신의 몸을 태워 부처님과 『법화경』에 공양한 일체중생희견보살이 바로 오늘날의 약왕보살이라는 것이다. 그리고 그런 공양이 온갖 재물이나 보배로 공양하는 것보다 훌륭하다고 하는데, 이어지는 구절은 삼천대천세계를 칠보로 가득 채워서 부처님과 보살, 벽지불, 아라한에게 공양하여도 『법화경』의 4구 게송 하나를 받아 지니는 공덕보다는 못하다고 한다.

"숙왕화여, 비유하자면 일체의 시내나 개천, 강, 대하 등 모든 물 가운데 바다가 제일인 것과 같이, 이 『법화경』도 역시 그와 같아 모든 여래가 설한 경 중에 가장 깊고 크다. 또한 토산·흑산·소철위산·대철위산 및 10보산寶山 등 모든 산 가운데 수미산須彌山이 제일인 것과 같이, 이 『법화경』도 역시 그와 같아 모든 경 중에 가장 높다."

"宿王華! 譬如一切川流江河, 諸水之中海爲第一 ; 此法華經亦復如是, 於諸如來所說經中, 最爲深大. 又如土山·黑山·小鐵圍山·大鐵圍山及十寶山, 衆山之中, 須彌山爲第一 ; 此法華經亦復如是, 於諸經中最爲其上."

세상의 모든 물 가운데 바다가 가장 깊고 큰 것처럼 『법화경』이 모든 부처님의 가르침 가운데 가장 위대하며, 세상의 모든 산 중에 수미산이 최고인 것처럼 『법화경』이 경전 가운데 가장 높다고 한다.

경전은 계속해서 여러 별 가운데 달이 제일이듯 『법화경』이 모든 진리 가운데 가장 밝게 비친다고도 하고, 이어서 햇빛이나 전륜성왕, 대범천왕 등에 비유하여 『법화경』의 위대함이 설해진다.

"숙왕화여, 이 경은 능히 일체 중생을 구할 수 있고, 이 경은 능히 일체 중생을 모든 고뇌로부터 떠나게 할 수 있으며, 이 경은 능히 일체 중생을 크게 요익하게 하여 그 바라는 것을 채워줄 수 있다."
"宿王華! 此經能救一切衆生者, 此經能令一切衆生離諸苦惱, 此經能大饒益一切衆生, 充滿其願."

그러면 『법화경』의 공덕이 이토록 찬탄되는 이유는 무엇일까. 바로 『법화경』은 일체 중생들을 구할 수 있고 고통에서 벗어날 수 있게 하며 중생을 널리 이롭게 하고 그 바라는 바를 채워줄 수 있기 때문이라는 것이다.

그러면서 경전에서는 『법화경』의 공덕이 여러 가지 다양한 비유로 설해진다. 예를 들면 청량한 못이 일체의 목마른 자를 만족시킬 수 있고, 추운 자가 불을 만나며, 벗은 자가 옷을 얻듯이 등등.

"숙왕화여, 만일 어떤 사람이 이 「약왕보살본사품」을 들으면, 역시 무량무변의 공덕을 얻을 것이다. 만일 어떤 여인이 이 「약왕보살본사품」을 듣고 수지할 수 있으면, 그 여자의 몸을 다한 후 다시 [여자의 몸을] 받지 않을 것이다."
"宿王華! 若有人聞是藥王菩薩本事品者, 亦得無量無邊功德. 若有女人聞是藥王菩薩本事品, 能受持者, 盡是女身, 後不復受."

『법화경』에 이어 「약왕보살본사품」의 공덕도 설해진다. 어떤 여인이 「약왕보살본사품」을 듣고 받아 지닐 수 있으면 다시는 여인으로 태어나지 않게 된다는 것이다. 여인으로 태어난 것만으로도 재앙이던 시절의 표현으로 이해하면 되겠다.

아무튼 경전에서는 다시 부처님이 멸도한 후 5백 세 중에 어떤 여인이 이 경을 듣고 설한 대로 수행하면 목숨이 다한 후 안락세계安樂世界의 큰 보살들이 아미타阿彌陀부처님을 둘러싸고 있는 곳으로 가서 연꽃 속의 보좌寶座에 태어날 것이며, 그곳에서 수행을 완성하여 7백만2천억 나유타 항하사의 모든 부처님을 친견하게 된다고 하고 있다. 그러자 이번에는 모든 부처님들이 멀리서 다음과 같이 숙왕화보살을 찬탄하신다.

> "착하고 착하다, 선남자여. 그대는 석가모니부처님의 법 가운데에서 이 경을 수지하여 독송하고 사유하여 다른 사람을 위해 설할 수 있으니, 얻을 복덕이 무량무변하여 불이 태울 수 없고 물이 떠내려보내지 못할 것이다. 그대의 공덕은 천 명의 부처님이 함께 설해도 다하지 못할 것이다."
>
> "善哉, 善哉! 善男子! 汝能於釋迦牟尼佛法中, 受持讀誦思惟是經, 爲他人說, 所得福德無量無邊, 火不能燒, 水不能漂. 汝之功德, 千佛共說不能令盡."

숙왕화보살의 질문으로 「약사보살본사품」이 설해지게 되었으므로 이번에는 숙왕화보살의 공덕이 설해지고 있는 것이다. 불이 태울 수도 물이 떠내려보낼 수도 없는 공덕을 받을 것이니, 그 공덕은 천 명의 부처님이 함께 설해도 다할 수 없을 것이라고.

경전은 이어서 숙왕화보살이 방금 모든 마魔를 파했고 생사生死를 끊었으며 다른 나머지 원적怨賊을 모두 없앴다고 칭찬하며, 백천의 모든 부처님들이 숙왕화보살을 지켜줄 것이니 부처님을 빼고는 일체 세간의 하늘과 사람 중에 숙왕화보살만한 자가 없기 때문이라고도 한다.

"숙왕화여, 그대들은 신통의 힘으로 이 경을 수호해야 한다. 왜냐하면 이 경은 곧 염부제閻浮提 사람의 병에 좋은 약이다. 만일 어떤 사람이 병에 걸렸어도 이 경을 들을 수 있으면, 병이 곧 소멸하여 늙지 않고 죽지 않게 된다."

"宿王華! 汝當以神通之力守護是經. 所以者何? 此經則爲閻浮提人, 病之良藥. 若人有病, 得聞是經, 病卽消滅, 不老不死."

다시 석가모니부처님의 설법이 이어진다. 『법화경』과 「약왕보살본사품」을 지켜야 한다고. 본문 중의 염부제는 사바세계에서도 우리들이 살아가고 있는 지역을 의미한다. 그런데 병든 이가 『법화경』을 들으면 병이 나아 늙지도 않고 죽지도 않게 된다고 한다. 어떤 의미가 담겨 있는 것일까. 불교는 생로병사生老病死라는 인간 삶의 현실을 해결하기 위한 종교이고, 불교수행을 통해 올바른 지혜를 이룰 때 그 문제들로부터 초연해지는 경지가 반드시 열리는 것을 암시하고 있는 것이다.

그래서 경전은 『법화경』을 받아 지니는 사람을 보거든 간곡한 태도로 공양해야 한다고 거듭 설하고 있다.

다보여래께서 보탑 중에서 숙왕화보살을 칭찬하며 말씀하셨다. "착하고도 착하다, 숙왕화여. 그대는 불가사의한 공덕을 성취하였으니, 석가모니부처님께 이와 같은 일을 물을 수 있어 한량없는 일체 중생을 이익되게 했다."

多寶如來於寶塔中讚宿王華菩薩言 : "善哉, 善哉! 宿王華! 汝成就不可思議功德, 乃能問釋迦牟尼佛如此之事, 利益無量一切衆生."

마침내 보탑 안의 다보여래도 숙왕화보살의 공덕을 칭찬하면서 「약왕보살본사품」은 끝이 난다.

제24장 중생들에 응하여 갖가지 모습으로 妙音菩薩品

> 그때 석가모니부처님께서 대인상大人相인 육계肉髻의 광명을 놓으시고, 다시 미간백호상의 광명을 놓아 동방 백8만억 나유타 항하사와 같은 모든 부처님의 세계를 두루 비추셨다.
>
> 爾時釋迦牟尼佛放大人相肉髻光明, 及放眉間白毫相光, 遍照東方百八萬億那由他恒河沙等諸佛世界.

석가모니부처님이 다시 육계와 미간의 백호에서 광명을 내자 그 빛이 동방 백8만억 나유타 항하사의 부처님 세계를 두루 비춘다. 본문 중에서 대인상이란 석가모니부처님의 위대한 형상으로 삼십이상을 말한다. 그리고 육계는 부처님의 정수리에 상투처럼 살이 불거져나온 모습이다.

아무튼 그러자 동방으로 백8만억 나유타 항하사의 세계를 지나 정광장엄淨光莊嚴이라는 세계가 있고 그곳에 정화숙왕지여래淨華宿王智如來라는 부처님이 계셔서 무량무변의 보살들에 둘러싸여 설법하고 계시는데, 석가모니부처님의 광명이 그 나라를 두루 비춘다. 그리고 그 나라에 묘음妙音이라는 보살이 있었는데, 석가모니부처님의 광명이 자신의 몸을 비추자 정화숙왕지부처님께 사바세계로 가서 석가모니부처님에게 예배하고 여러 보살들을 친근하겠다는 말씀을 드린다.

> "그대는 그 나라를 가볍게 여겨 하열하다는 생각을 내서는 안된다. 선남자여, 저 사바세계는 높고 낮아 평탄하지 않고, 흙과 돌로 된 모든 산은 더럽고 나쁜 것으로 충만하며, 부처님의 몸이 왜소하고, 모든 보살

들의 모습도 역시 작다."

"汝莫輕彼國, 生下劣想. 善男子! 彼娑婆世界, 高下不平, 土石諸山, 穢惡充
滿, 佛身卑小, 諸菩薩衆其形亦小."

그러자 정화숙왕지부처님께서 묘음보살에게 당부하시는 말씀이다.
사바세계가 평탄하지 않아 높고 낮음이 있고, 더럽고 나쁜 것들이 많
으며, 석가모니부처님이나 보살들의 몸이 작다고 깔보아서는 안된다
는 것이다. 경전에 자주 묘사되는 다른 불국토들에 비해 우리가 살아
가고 있는 현실인 사바세계는 아무래도 너무 형편없다는 생각이 이런
묘사를 하게 된 원인으로 보인다.

아무튼 이어서 경전에서는 묘음보살의 몸이 4만2천 유순이고 정화
숙왕지부처님의 몸은 680만 유순이라고 하며, 묘음보살의 모습은 단
정하고 굉장한 광명을 지니고 있다는 것이다. 그러자 묘음보살은 '제
가 지금 사바세계로 가는 것은 모두 부처님의 힘이고 부처님의 신통
유희神通遊戲이며 부처님의 공덕과 지혜와 장엄'이라고 대답하고 자리
에 앉은 채 몸을 움직이지도 않고 삼매에 들자, 그 삼매의 힘으로 기
사굴산에서 멀지 않은 곳에 8만4천의 보배연꽃이 생겨난다. 그리고
그것을 본 문수사리보살이 석가모니부처님께 그 연꽃들이 생겨난 상
서로움에 대해 여쭙는다.

그때 석가모니부처님이 문수사리에게 말씀하셨다. "이 묘음보살마하
살이 정화숙왕지부처님의 나라로부터 8만4천의 보살에 둘러싸여 이
사바세계로 와서 나에게 공양하고 친근하고 예배하려 하며, 또한 『법
화경』에 공양하고 들으려 한다."

爾時釋迦牟尼佛告文殊師利 : "是妙音菩薩摩訶薩, 欲從淨華宿王智佛國,
與八萬四千菩薩, 圍繞而來至此娑婆世界, 供養·親近·禮拜於我, 亦欲供

養 · 聽法華經.”

　그러자 부처님께서 문수사리보살에게 묘음보살이 부처님과 『법화경』에 공양하려고 사바세계로 오는 것을 일러주신다.

　다시 문수사리보살이 묘음보살은 어떤 보살인지를 묻고 부처님은 여기 멸도하신지 오래된 다보여래가 그 모습을 보여주실 것이라 하시자, 이번에는 다보여래께서 묘음보살을 부르신다. 그러자 묘음보살의 몸이 본래의 곳에서 사라져 8만4천의 보살과 함께 사바세계로 와서 석가모니부처님과 다보여래께 예배하고 문안을 드린다.

> 그때 화덕보살華德菩薩이 부처님께 말씀드렸다. “세존이시여, 이 묘음보살은 어떤 선근을 심고 어떤 공덕을 닦아서 이런 신력을 지니고 있습니까?”
> 爾時華德菩薩白佛言 : “世尊! 是妙音菩薩, 種何善根, 修何功德, 有是神力?”

　그러자 이번에는 화덕보살이 석가모니부처님께 묻는다. 묘음보살은 어떤 착한 일을 하고 어떤 공덕을 닦아서 이런 신통력을 지니고 있는지.

　그러자 부처님께서 화덕보살에게 설명하신다. 과거 운뢰음왕雲雷音王이라는 부처님이 계셨는데, 그곳에서 묘음보살이 만2천 년 동안 10만 가지 기악伎樂으로 그 부처님께 공양하고 8만4천의 칠보로 된 발우鉢盂를 받들어 올린 인연으로 지금 정화숙왕지부처님께 가서 보살로 있다는 것이다. 또한 묘음보살은 일찍이 한량없는 모든 부처님들을 친견하였다고도 하신다.

> “화덕이여, 그대는 단지 묘음보살을 여기에 있는 그 몸으로 보지만, 이

보살은 여러 가지 몸을 나타내어 곳곳에서 중생들을 위해 이 경전을 설한다. 혹은 범[천]왕의 몸을 나타내고 혹은 제석[천]의 몸을 나타내며 혹은 자재천의 몸을 나타내어… 이 경을 설한다. 모든 지옥·아귀·축생 및 여러 어려운 곳에서 모두를 구제할 수 있으며, 내지 왕의 후궁後宮에서는 여자 몸으로 변하여 이 경을 설한다."

"華德! 汝但見妙音菩薩其身在此, 而是菩薩, 現種種身, 處處爲諸衆生說是經典. 或現梵王身, 或現帝釋身, 或現自在天身…而說是經. 諸有地獄·餓鬼·畜生, 及衆難處, 皆能救濟, 乃至於王後宮, 變爲女身, 而說是經.

묘음보살의 신통력에 대해 부처님께서 설하시는 내용이다. 묘음보살은 지금 보이는 모습뿐 아니라 범천왕과 제석천과 자재천 내지는 여인 등 갖가지 몸을 나타내어 중생들을 제도하고 『법화경』을 설한다는 것이다.

또한 묘음보살은 여러 가지 지혜로 사바세계의 중생들을 제도할 뿐 아니라 10만 항하사의 세계에서도 그렇게 한다고 하신다. 성문의 모습으로 득도할 자에게는 성문의 모습을 나타내어 설법하고, 벽지불과 보살과 부처님의 모습으로 득도할 자에게는 각각 벽지불과 보살과 부처님의 모습을 나타내어 설법한다는 것이다. 묘음보살은 이와 같은 신통과 지혜의 힘을 성취했다는 것이 부처님의 설명이다. 그러자 다시 화덕보살이 부처님께 여쭙는다.

"세존이시여, 이 보살은 어떤 삼매에 머물러 이와 같은 변하여 나타남으로 중생들을 제도하여 벗어나게 할 수 있습니까?" 부처님께서 화덕보살에게 말씀하셨다. "선남자여, 그 삼매는 이름이 현일체색신現一切色身이라 하니, 묘음보살은 이 삼매 가운데 머물러 이와 같이 한량없는 중생을 요익하게 할 수 있는 것이다."

"世尊! 是菩薩住何三昧, 而能如是在所變現, 度脫衆生?" 佛告華德菩薩 : "善男子! 其三昧名現一切色身, 妙音菩薩住是三昧中, 能如是饒益無量衆生."

묘음보살이 머무르는 삼매가 어떤 삼매이기에 이렇게 갖가지 몸을 나타내어 중생들을 제도할 수 있는가 하는 질문이다. 그러자 부처님의 대답은 현일체색신삼매라고 하신다. 앞서 「약왕보살본사품」에서 약왕보살이 일월정명덕부처님 아래서 수행하여 얻은 것이 현일체색신삼매였다고 했는데, 그 삼매의 구체적인 신통력이 여기에서 설해지고 있는 것이다.

이렇게 석가모니부처님께서 「묘음보살품」을 설하실 때 묘음보살과 함께 온 8만4천의 보살들이 모두 현일체색신삼매를 얻고 사바세계의 한량없는 보살들도 같은 삼매를 얻는다. 그리고 나서 묘음보살은 석가모니부처님과 다보여래에게 공양을 마치고 본래의 곳으로 돌아가 정화숙왕지부처님께 사바세계에서의 일을 보고하며 「묘음보살품」은 끝을 맺는다.

제25장 일심으로 관세음보살을 부르면 觀世音菩薩普門品

> 그때 무진의보살無盡意菩薩이 자리에서 일어나 오른쪽 어깨를 드러내고 부처님을 향해 합장한 채 이렇게 말씀드렸다. "세존이시여, 관세음보살 觀世音菩薩은 어떤 인연으로 관세음이라 이름합니까?"
>
> 爾時無盡意菩薩即從座起, 偏袒右肩, 合掌向佛, 而作是言:"世尊! 觀世音 菩薩, 以何因緣名觀世音?"

제25「관세음보살보문품觀世音菩薩普門品」은 무진의보살의 질문으로 시작된다. 관세음보살은 어떤 인연으로 관세음이란 이름으로 불리는 지를 석가모니부처님께 여쭌 것이다. 관세음보살은 대세지보살大勢至 菩薩과 함께 서방 극락세계에서 아미타부처님을 모시는 협시보살脅侍 菩薩로 설명되기도 하고, 중생구제의 능력이 걸림이 없어 관자재보살 觀自在菩薩이라고 번역되기도 한다. 『화엄경』에서는 남해南海 보타락산 補陀洛山에 계신다고 하고 있어 그 계신 곳이 사바세계라는 설도 있지 만, 『아미타경阿彌陀經』이나 『무량수경無量壽經』 『관세음수기경觀世音受 記經』 등에서는 항상 극락에서 중생들을 교화한다고 하여 서방정토가 그 본래 계신 곳이라고 하는 널리 중생을 구제하는 대표적인 보살이다.

아무튼 무진의보살의 질문에 부처님께서 다음과 같이 대답하신다.

> "선남자여, 만일 한량없는 백천만억 중생이 여러 고뇌를 받으며 이 관 세음보살에 관해 듣고 일심으로 이름을 부르면, 관세음보살은 즉시 그 음성을 살피고 모두 해탈을 얻게 한다. 만일 이 관세음보살의 이름을 지니면 설사 큰 불에 들어가도 불이 태울 수 없으니, 이 보살의 위신력

威神力으로 말미암는 때문이다."

"善男子! 若有無量百千萬億衆生受諸苦惱, 聞是觀世音菩薩, 一心稱名, 觀世音菩薩即時觀其音聲, 皆得解脫. 若有持是觀世音菩薩名者, 設入大火, 火不能燒, 由是菩薩威神力故."

'세상世의 소리音를 살핀다觀'는 그 이름처럼 중생들이 온갖 고통을 받을 때 일심으로 그 이름을 부르면 관세음보살은 그 음성을 살펴서 모두 건져준다는 것이다. 그래서 관세음보살의 이름을 지니면 큰 불에 들어가더라도 불이 태울 수 없게 되니, 모두가 관세음보살의 위신력 때문이라는 것이다.

또한 만일 큰물에 떠내려가도 그 이름을 부르면 곧 얕은 곳에 이르게 되고, 보물을 구하러 바다로 나갔다가 표류하여 험한 곳에 떨어지더라도 그 사람들 중 한 명이라도 관세음보살의 이름을 부르는 이가 있으면 모두 그 환란에서 벗어나게 된다고 한다. 또 어떤 사람에게 피해가 닥쳤을 때 관세음보살의 이름을 부르면 그를 겨누었던 칼이나 몽둥이가 모두 조각나고, 삼천대천세계에 악한 귀신들이 가득 차서 사람들을 괴롭히더라도 관세음보살의 이름을 부르는 것을 들으면 귀신들이 사람들을 보지 못하게 된다는 것이다. 이렇듯 관세음보살의 이름을 부르는 것만으로도 관세음보살은 중생들을 여러 가지 고통으로부터 구제한다는 것이다.

"무진의여, 관세음보살마하살의 위신의 힘이 크고도 높은 것이 이와 같다. 만일 어떤 중생이 음욕婬欲이 많아도 항상 관세음보살을 생각하고 공경하면 곧 욕망에서 멀어지게 된다. 만일 진에瞋恚가 많아도 항상 관세음보살을 생각하고 공경하면 곧 성냄에서 멀어지게 된다. 만일 우치愚癡가 많아도 항상 관세음보살을 생각하고 공경하면 곧 어리석음에서 멀어지게 된다."

"無盡意! 觀世音菩薩摩訶薩, 威神之力巍巍如是. 若有衆生多於婬欲, 常念恭敬觀世音菩薩, 便得離欲. 若多瞋恚, 常念恭敬觀世音菩薩, 便得離瞋. 若多愚癡, 常念恭敬觀世音菩薩, 便得離癡."

또한 음욕이 많거나 화를 잘 내거나 어리석음이 많은 사람이 항상 마음으로 관세음보살을 생각하고 공경하면 각기 음욕이나 성냄, 어리석음에서 멀어지게 된다고 한다.

그리고 어떤 여인이 아들을 바라 관세음보살에게 예배하고 공경하면 복덕과 지혜를 갖춘 아들을 낳게 되고 딸을 구하면 단정하고 예쁜 딸을 낳게 되는데, 숙세에 덕을 많이 닦아 모든 사람에게 사랑과 공경을 받을 것이라고 한다. 관세음보살에게는 이와 같은 힘이 있어 중생들이 관세음보살을 공경하고 예배하면 반드시 복이 헛되이 없어지지 않을 것이니, 중생들은 모두 관세음보살의 이름을 받아 지녀야 한다는 것이다.

"무진의여, 만일 어떤 사람이 60억 항하사 보살의 이름을 받아 지니고 다시 몸이 다하도록 음식·의복·와구·의약을 공양한다면, 너의 뜻은 어떠하냐? 이 선남자·선여인의 공덕이 크지 않겠느냐?… 만일 다시 어떤 사람이 관세음보살의 명호名號를 받아 지니거나 내지 한때라도 예배하고 공양하면, 이 두 사람의 복은 동등하여 다름이 없으니, 백천만억 겁에도 다해 없어지지 않을 것이다."

"無盡意! 若有人受持六十二億恒河沙菩薩名字, 復盡形供養飲食·衣服·臥具·醫藥, 於汝意云何? 是善男子·善女人, 功德多不?…若復有人受持觀世音菩薩名號, 乃至一時禮拜·供養, 是二人福, 正等無異, 於百千萬億劫不可窮盡."

역시 관세음보살의 이름을 받아 지니고 예배하고 공경하는 공덕이 매우 큰 것을 강조한 대목이다.

그러자 이번에는 무진의보살이 그런 관세음보살이 이 사바세계에서 어떻게 다니고 중생들에게 어떻게 설법하며 방편의 힘은 어떠한가를 묻는다. 그리고 부처님의 다음과 같은 대답이 이어진다.

> "선남자여, 만일 어떤 국토의 중생이 부처님 몸에 응해 제도할 수 있으면 관세음보살은 곧 부처님 몸을 나타내 법을 설한다. 벽지불의 몸에 응해 제도할 수 있으면 곧 벽지불의 몸을 나타내 법을 설한다. 성문의 몸에 응해 제도할 수 있으면 곧 성문의 몸을 나타내 법을 설한다."
>
> "善男子! 若有國土衆生, 應以佛身得度者, 觀世音菩薩即現佛身而爲說法 ; 應以辟支佛身得度者, 即現辟支佛身而爲說法 ; 應以聲聞身得度者, 即現聲聞身而爲說法."

앞서 「묘음보살품」의 현일체색신삼매를 설명하는 대목에서도 비슷한 내용이 나왔는데, 유명한 관세음보살의 삼십삼응신三十三應身이 설해지고 있다. 다시 말해 관세음보살은 제도할 중생의 근기에 따라 33가지 몸으로 나타나 법을 설한다는 것이다. 그 33가지란 부처님·벽지불·성문·범천왕·제석천·자재천·대자재천·하늘 대장군·비사문毘沙門·소왕小王·장자·거사·재관宰官·바라문·비구·비구니·우바새·우바이·장자의 부녀·거사의 부녀·재관의 부녀·바라문의 부녀·동남童男·동녀童女·하늘·용·야차·건달바·아수라·가루라·긴나라·마후라가·집금강執金剛의 몸을 가리킨다. 말하자면 경전에서는 33가지를 들고 있지만, 여러 가지 다양한 모습으로 중생들의 상황에 따라 구제하는 관세음보살의 보살행이 강조된 대목으로 보아야 할 것이다. 본문 중에서 비사문은 다문천多聞天이라고도 하며 수미산의 북쪽을 지키는 선신善神이고, 하늘·용·야차·건달바·아수라·가루라·긴나라·마후라가는 흔히 천용팔부중이라 통칭하는 상상의 존재이며, 집금강은 금강金剛이라는 가장 강력한 무기를 지닌 존재를 말한다.

  아무튼 관세음보살에 관한 부처님의 설법은 다음과 같이 계속해서 이어진다.

> "무진의여, 이 관세음보살은 이와 같은 공덕을 성취하여 여러 가지 모습으로 여러 국토를 다니면서 중생들을 제도하여 벗어나게 한다. 이런 까닭에 그대들은 응당 일심으로 관세음보살을 공양해야 한다. 이 관세음보살마하살은 두렵고 급한 곤란 가운데서 두려움 없음을 베푸니, 이런 까닭에 이 사바세계에서는 모두 그를 일러 시무외자施無畏者라고 한다."
>
> "無盡意! 是觀世音菩薩成就如是功德, 以種種形, 遊諸國土, 度脫衆生. 是故汝等, 應當一心供養觀世音菩薩. 是觀世音菩薩摩訶薩, 於怖畏急難之中能施無畏, 是故此娑婆世界, 皆號之爲施無畏者."

  역시 관세음보살이 중생을 제도하는 능력을 찬탄한 대목으로, 관세음보살이 모든 두려움을 없애주기 때문에 세상에서는 그를 일러 시무외자라고 한다는 것이다. 말 그대로 '두려움이 없도록 베풀어주는 이'라는 의미이다.

  석가모니부처님께서 이렇게 관세음보살의 공덕을 설하시자 무진의보살이 관세음보살에게 공양하겠다며 가치가 백천 냥이나 나가는 보배구슬 영락을 목에서 풀어 관세음보살에게 바치고자 한다. 그러나 관세음보살이 받기를 주저하자, 이번에는 부처님께서 나서서 무진의보살과 사부대중 및 천룡팔부중을 가엾게 여겨 받으라고 하신다. 그러자 관세음보살이 일단은 그것을 받아서 다시 두 몫으로 나누어 석가모니부처님과 다보불탑에 각각 바친다. 그리고는 지금까지와 같은 무진의보살의 질문과 부처님의 대답이 게송으로 다시 한번 반복된다.

> "그대는 관[세]음이 여러 곳에 잘 응해서 행하는 것을 들으라. 넓은 서원은 바다처럼 깊어서 불가사의한 겁을 겪으며 여러 천억의 부처님을 모시고 크고 청정한 원을 발했다. 내가 그대를 위해 요약해 설하니, 이름을 듣고 몸을 보고 마음으로 생각하여 헛되이 보내지 않으면 모든 고통을 없앨 수 있다."
>
> "汝聽觀音行, 善應諸方所, 弘誓深如海, 歷劫不思議, 侍多千億佛, 發大淸淨願. 我爲汝略說, 聞名及見身, 心念不空過, 能滅諸有苦."

부처님께서 게송으로 관세음보살의 공덕에 관해 설하시는 첫 대목이다. 관세음보살은 여러 천억의 부처님을 모시는 동안 청정한 서원誓願을 발해 오늘의 이런 공덕을 성취했으니, 그 이름을 듣고 몸을 보고 마음으로 생각만 하여도 모든 고통에서 벗어난다는 것이다.

> "신통력을 모두 갖추고 지혜의 방편을 널리 닦아 시방의 모든 국토에 몸을 나타내지 않는 곳이 없다."
>
> "具足神通力, 廣修智方便, 十方諸國土, 無刹不現身."

관세음보살의 중생을 구제하는 능력을 설하는 같은 게송의 한 구절이다. 관음정근을 마무리 지을 때 자주 외우는 구절로, 그 원문이 바로 『법화경』에서 유래한 것임을 알 수 있다.

> "티 없는 청정한 빛으로 지혜의 해는 모든 어둠을 물리치고 바람과 불의 재앙을 항복받아 세간을 두루 밝게 비춘다… 관청의 소송을 당하거나 겁이 나는 전쟁터에 있어도 저 관[세]음을 생각하는 힘은 원수의 무리를 모두 흩어버린다… 생각하고 생각하며 의심하지 말아야 하니 관세음보살은 청정한 성자로 고뇌와 죽음의 액운에서 의지할 어버이

시다. 일체의 공덕을 갖추시고 자애로운 눈으로 중생을 보시며 복덕이 바다처럼 한량이 없으니, 그 때문에 마땅히 머리 숙여 예배해야 하네.
"無垢淸淨光, 慧日破諸闇, 能伏災風火, 普明照世間…諍訟經官處, 怖畏軍陣中, 念彼觀音力, 衆怨悉退散…念念勿生疑, 觀世音淨聖, 於苦惱死厄, 能爲作依怙. 具一切功德, 慈眼視衆生, 福聚海無量, 是故應頂禮."

　　관세음보살의 공덕을 찬탄하는 게송의 마지막 대목이다. 역시 중생을 고통에서 구제하는 관세음보살의 능력이 강조되고 있다.
　　경전에서는 이렇게 부처님의 게송이 끝나자 이번에는 지지보살持地菩薩이 곧바로 자리에서 일어나 「관세음보살보문품」을 듣는 이들의 공덕을 칭송하고, 그 자리에 있던 8만4천의 중생이 환희하며 「관세음보살보문품」은 끝이 난다. 이 「관세음보살보문품」은 예로부터 관음신앙의 중요한 근거가 되었기 때문에, 따로 떼어 『관음경觀音經』이란 이름으로도 유통되며 대중들 사이에 자주 애송되어왔다.

제26장 법화경을 위한 다라니를 설하니 陀羅尼品

> 그때 약왕보살이 자리에서 일어나 오른쪽 어깨를 드러내고 부처님을 향해 합장한 채 이렇게 말씀드렸다. "세존이시여, 만일 선남자·선여인이 『법화경』을 수지할 수 있어 독송하여 통달하거나 경권을 서사한다면 얼마만한 복을 얻겠습니까?"
>
> 爾時, 藥王菩薩即從座起, 偏袒右肩, 合掌向佛, 而白佛言 : "世尊! 若善男子·善女人, 有能受持法華經者, 若讀誦通利, 若書寫經卷, 得幾所福?"

다시 『법화경』의 수지·독송과 유포에 관한 공덕을 묻는 약왕보살의 질문으로 제26 「다라니품陀羅尼品」이 시작된다.

그리고 부처님의 답변이 이어진다. 만일 어떤 선남자·선여인이 『법화경』의 4구의 게송 하나라도 수지하여 독송하고 뜻을 풀이하고 설해진 대로 수행한다면 8백만억 나유타 항하사의 부처님에게 공양하는 것만큼의 공덕이 있을 것이라고 하신다.

> 그때 약왕보살이 부처님께 말씀드렸다. "세존이시여, 저는 이제 설법자에게 다라니주陀羅尼呪를 주어 그를 수호하겠습니다… 이 다라니 신주神咒는 62억 항하사와 같은 모든 부처님이 설하신 것이니, 만일 이 법사法師를 침해하는 자가 있으면 곧 이 모든 부처님을 침해하는 것이 될 것입니다."
>
> 爾時藥王菩薩白佛言 : "世尊! 我今當與說法者陀羅尼呪, 以守護之…是陀羅尼神咒, 六十二億恒河沙等諸佛所說, 若有侵毀此法師者, 則爲侵毀是諸佛已."

그러자 약왕보살이 『법화경』을 설법하는 법사에게 다라니주를 주어 그를 수호하겠다고 하고 주문呪文을 외운다. 그러면서 그 다라니 신주는 62억 항하사의 모든 부처님께서 설하신 것이라서, 그 다라니를 외우는 법사를 해치는 자가 있으면 그 모든 부처님을 해치는 것이 된다는 것이다.

그런데 여기에서 다라니라는 것의 성격에 대해 보다 자세히 알아보고 지나가기로 하자. 앞서 「권지품」에서 다라니란 총지總持라고도 하며 부처님의 모든 가르침을 잊지 않을 기억력 내지는 그런 기억술이라고 짧게 설명했는데, 본품의 이름이 「다라니품」인 만큼 조금 더 세밀한 설명이 필요한 것이다. 먼저 『대지도론大智度論』 등의 설명에 따르면 다라니란 '한 법 가운데에 일체의 법을 지니고 한 문장 안에서 일체의 문장을 지니며 한 의미 안에서 일체의 의미를 지니기 때문에 한 법, 한 문장, 한 의미를 기억하여 일체의 법을 연상하고 한량없는 부처님 가르침을 모두 지녀總持 잃어버리지 않는 것'이라고 하고 있다. 따라서 다라니는 모든 선법을 지닐 수 있고 모든 악법을 차단할 수 있는데, 대개 보살은 이타利他를 위주로 다른 사람을 교화하기 때문에 반드시 다라니를 얻어야 한다고 한다. 말하자면 그것에 의해 한량없는 부처님 법을 잊지 않을 수 있고, 대중들 사이에서 두려움을 느끼지 않으며, 자유자재하게 설법할 수 있다는 것이다. 이렇게 보살이 성취해야 할 다라니와 관련해 경론에는 많은 이야기가 전해진다. 그런데 후세에 다라니의 형식이 송주誦呪와 비슷하기 때문에 주문과 혼동하게 되고 마침내 주문을 다라니라고 통칭하기에 이르는 것이다. 특히 대승불교가 점차 밀교화되어가면서 많은 주문들이 다라니라는 이름으로 대승경전에 들어오게 되는데, 대체로 대승경전을 수호하고 나쁜 기운을 제거한다는 의미를 지니고 있다. 이 「다라니품」 역시 『법화경』을 수호한다는 입장에서 경전 끝의 한 부분을 이루고 있는 것이다.

아무튼 경전에서는 약왕보살이 읊은 다라니에 대한 부처님의 칭찬이 이어진다.

> 그때 용시보살勇施菩薩이 부처님께 말씀드렸다. "세존이시여, 저도 역시 『법화경』을 독송하고 수지하는 자를 옹호하기 위하여 다라니를 설하겠습니다. 만일 그 법사가 이 다라니를 얻으면, 야차夜叉나 나찰羅刹…등이 그의 단점을 엿보고 찾으려 해도 쉬운 곳을 얻지 못할 것입니다."
> 爾時勇施菩薩白佛言: "世尊! 我亦爲擁護讀誦受持法華經者, 說陀羅尼. 若此法師得是陀羅尼, 若夜叉·若羅刹…等, 伺求其短, 無能得便."

그러자 이번에는 용시보살이 나서서 『법화경』을 독송하고 수지하는 자를 위한 다라니를 읊겠다고 한다. 이 다라니를 얻으면 야차나 나찰 등이 쉽게 침범하지 못할 것이라고 한다. 자세한 주문의 구절은 본서에서는 모두 생략하기로 한다. 인도 고대어에 기초하고 있지만, 오늘날에는 그 의미를 규명하기가 쉽지 않고 별다른 가치를 매길 수도 없기 때문이다. 한편 본문 중의 야차란 지상이나 공중에 머물며 사람들을 해치기도 하고 정법을 수호하기도 하는 인도신화 속에 등장하는 귀신이며, 나찰도 역시 인도신화 속에 악귀를 의미한다.

아무튼 용시보살의 다라니 역시 항하사와 같은 부처님들이 설한 것이고 함께 기뻐한 것이라 그것을 지닌 법사를 침해하는 자는 그 모든 부처님을 침해하는 것과 같다고 한다. 그리고 이어서 비사문천왕毘沙門天王과 지국천왕持國天王의 다라니가 외워진다. 북쪽을 지키는 비사문천왕과 마찬가지로 지국천왕도 사천왕四天王의 하나로서 동쪽을 지키는 선신善神이다.

> 그때 나찰녀羅刹女들이 있어, 첫째는 이름이 남파藍婆이고… 열번째는

이름이 탈일체중생정기奪一切衆生精氣였다. 이 열 나찰녀가 귀자모鬼子母
와 그 자식 및 권속들을 데리고 함께 부처님 계신 곳으로 와서 같은 소
리로 부처님께 말씀드렸다. "세존이시여, 저희들도 역시 『법화경』을 독
송하고 수지하는 이를 옹호하여 그 쇠약한 병환을 없애주고자 하며, 만
일 법사의 단점을 엿보고 찾으려는 자가 있더라도 쉬운 곳을 얻지 못
하게 하겠습니다."

爾時有羅剎女等, 一名藍婆…十名奪一切衆生精氣. 是十羅剎女, 與鬼子母,
竝其子及眷屬, 俱詣佛所, 同聲白佛言 : "世尊! 我等亦欲擁護讀誦受持法
華經者, 除其衰患, 若有伺求法師短者, 令不得便."

그러자 이번에는 나찰녀들이 귀자모 등을 대동하고 나서서 『법화
경』을 독송하고 수지하는 이를 지킬 다라니를 외운다. 나찰녀는 앞에
서 거론한 나찰의 여성형이며, 보통은 몹시 매혹적인 여성의 모습을
하고 있지만 사람의 피와 고기를 먹는 악귀로 표현된다. 또 본문 중의
귀자모는 본래 5백의 자식을 둔 귀신으로 왕사성에서 사람의 아이들
을 잡아먹으며 살았는데 부처님의 교화로 개과천선하여 불교를 수호
하는 신이 된 존재이다. 다시 말해 부처님이 방편으로 귀자모의 5백
자식 중 하나를 감추자 귀자모가 몹시 애통해하고, 그때 부처님께서
'너는 그 많은 아이 중에 하나를 잃고도 이렇게 슬픈데 남들은 어떻겠
는가' 하여 반성하게 만든 것이다.

아무튼 다라니를 외운 나찰녀 등은 '차라리 나의 머리 위에 오를지
언정 법사를 괴롭히지 말라'고 경고하며 부처님 앞에서 다시 다음의
게송을 외운다.

"만일 나의 주문呪文에 따르지 않고 법을 설하는 자를 어지럽게 하면,
머리를 부수어 일곱 조각을 낼 것이니, 아리수阿梨樹 나무의 가지와 같

게 할 것이다. 부모를 해친 죄와 같이 할 것이고 또한 기름을 짜이는 재
앙과 같이 할 것이니, 됫박과 저울을 속이는 자[와 같이] 조달調達의 승
가僧伽를 파괴한 죄[와 같이 할 것이다]. 이 법사를 범하는 자는 이와
같은 재앙을 받을 것이다."

"若不順我呪, 惱亂說法者, 頭破作七分, 如阿梨樹枝. 如殺父母罪, 亦如壓
油殃, 斗秤欺誑人, 調達破僧罪. 犯此法師者, 當獲如是殃."

　　역시 『법화경』을 설하는 법사를 지키겠다는 결의를 나타낸 것이다.
본문 중의 아리수는 식물인 것은 확실하지만, 예로부터 여러 가지 설
이 분분할 뿐 그 자세한 내용은 알 수 없다. 또한 조달은 부처님의 사
촌인 제바달다의 다른 번역으로, 승가를 파괴한 것 때문에 불교에서
가장 악인으로 취급받는 인물이다.

　　아무튼 나찰녀나 귀자모가 『법화경』을 설하는 법사를 보호하기 위
해서 경고하는 이야기인 만큼 그 표현이 대단히 격렬하다. 그리고 경
전에서는 이와 같은 게송을 읊고 나서 나찰녀들이 『법화경』을 수지·
독송하는 이를 옹호하여 안온함을 얻게 하고 모든 환란이 없게 하며
모든 독약을 녹게 하겠다는 말씀을 부처님께 드린다. 그리고 부처님
의 칭찬이 이어지면서 「다라니품」이 끝난다.

제27장 묘장엄왕을 두 아들이 교화하여 妙莊嚴王本事品

"그 부처님 법 가운데 왕이 있으니 이름이 묘장엄妙莊嚴이고, 그 왕의
부인은 이름이 정덕淨德이며, 두 아들이 있어 첫째는 이름이 정장淨藏이
고 둘째는 이름이 정안淨眼이었다. 이 두 아들은 큰 신력과 복덕과 지혜
가 있었으니, 오랜 동안 보살이 행해야 할 도를 닦았다."

"彼佛法中有王, 名妙莊嚴, 其王夫人名曰淨德, 有二子, 一名淨藏, 二名淨
眼. 是二子有大神力, 福德智慧, 久修菩薩所行之道."

부처님께서 대중들에게 말씀하셨다. '아득한 옛날 무량무변 불가사
의 아승지 겁을 지나 운뢰음숙왕화지雲雷音宿王華智라는 부처님이 계셨
으니, 그 나라 이름은 광명장엄光明莊嚴이고 겁의 이름은 희견喜見'이
라고. 그리고 그 부처님 때 묘장엄이란 왕이 있었고, 그 부인은 정덕
이었으며, 정장과 정안이라는 두 아들은 신통력과 복덕, 지혜를 갖춘
보살이었다고 한다.

그들은 일찍이 각종 바라밀을 닦았고 여러 삼매에 통달하여 있었
다. 그때 운뢰음숙왕화지부처님이 묘장엄왕과 중생들을 위하여 『법화
경』을 설하셨고, 두 아들은 어머니에게 함께 『법화경』을 설하시는 부
처님 전에 나아가 공양하고 예배하자고 한다. 그러자 어머니는 왕이
외도外道인 바라문 법에 집착하고 있는 것을 걱정하며 다음과 같이 말
한다.

"너희들은 너희 아버지를 염려해야 하니, 그분을 위해 신통한 변화를
나타내라. 만일 보게 되면 마음이 반드시 청정해져 우리들[의 말]을 받

아들여 부처님이 계신 곳으로 갈 것이다."

"汝等當憂念汝父, 爲現神變. 若得見者, 心必淸淨, 或聽我等, 往至佛所."

　어머니가 부왕을 외도로부터 교화하기 위해 신통을 보일 것을 아들들에게 이른 것이다.

　그러자 두 보살은 허공으로 높이 솟아올라 가지가지 신통을 보인다. 예를 들면 허공중에서 가고 서고 앉고 눕기도 하고 몸 위로 물을 뿜고 몸 아래로 불을 뿜다가 몸 아래로 물을 뿜고 몸 위로 불을 뿜는 등 그런 신통변화를 부왕에게 보였다.

"그때 아버지가 아들들의 신력이 이와 같은 것을 보고 마음이 크게 환희하여 미증유를 얻고 아들을 향해 합장하며 말했다. '너희들은 스승이 누구며, 누구의 제자냐?' 두 아들이 말했다. '대왕이시여, 저 운뢰음숙왕화지부처님이 지금 칠보의 보리수 아래 법좌 위에 앉아서 일체 세간의 하늘과 사람들 가운데 『법화경』을 널리 설하고 계시니, 그분이 저희들의 스승이며 저희들이 제자입니다.'"

"時父見子神力如是, 心大歡喜, 得未曾有, 合掌向子言 : '汝等, 師爲是誰, 誰之弟子?' 二子白言 : '大王! 彼雲雷音宿王華智佛, 今在七寶菩提樹下法座上坐, 於一切世間天人衆中廣說法華經, 是我等師, 我是弟子.'"

　마침내 아들들의 신통력에 감화된 부왕이 아들들에게 스승이 누구인지 묻고, 아들들은 운뢰음숙왕화지부처님에 대해 이야기한다.

　그리고 함께 부처님에게 가자는 부왕의 말씀을 듣고 아들들은 공중에서 내려와 어머니에게 그 말씀을 전하며 부처님에게 가서 출가하겠다는 뜻을 밝힌다. 또한 게송으로 부처님 만나기 어려움을 호소하며 출가하여 부처님 밑에서 도를 닦을 수 있도록 자신들을 놓아주실 것을 부탁드리고, 어머니는 출가를 허락한다.

> "부처님은 만나기 어려우니 우담바라如優曇鉢羅 꽃과 같고, 또한 외눈박이 거북이가 떠다니는 나무의 구멍을 만나는 것과 같으나, 저희들은 숙세에 복이 깊고 두터워 부처님 법을 만날 수 있게 태어났습니다. 이런 까닭에 부모님은 저희들[의 청]을 받아들여 출가할 수 있게 해주십시오. 왜냐하면 모든 부처님은 만나기 어렵고 [적절한] 때 역시 만나기 어렵습니다."
> "佛難得值, 如優曇鉢羅華, 又如一眼之龜, 值浮木孔, 而我等宿福深厚, 生值佛法. 是故父母當聽我等, 令得出家. 所以者何? 諸佛難值, 時亦難遇."

그리고 두 아들이 다시 부모님께 운뢰음숙왕화지부처님을 뵙고 공양드릴 것을 말씀드리는 대목이다. 부처님 만나기는 우담바라 꽃과 같고, 외눈박이 거북이가 넓은 바다에 떠다니는 나무의 구멍으로 목을 내밀기처럼 어렵다고 한다. 두 가지 모두 만나기 매우 어렵다는 비유인데, 특히 우담발라 꽃은 세간에 좀처럼 나타나지 않다가 부처님이 세상에 나오시거나 입멸하실 때 영험스럽게 나타난다는 전설의 꽃이다. 아무튼 그렇게 부처님을 만나기도 어렵고 적당한 때를 만나기도 어려우니, 이번 기회에 출가하겠다는 두 아들의 이야기이다.

그러자 묘장엄왕의 후궁 8만4천 명이 모두 『법화경』을 받아 지니게 된다. 두 아들과 부인은 이미 오랜 동안 불법을 닦아 상당한 경지에 있었고, 이제 방편력으로 그 아버지를 교화하여 부처님의 가르침으로 인도한 것이다. 묘장엄왕이 여러 신하와 권속들을, 정덕부인은 후궁들을 거느리고 두 아들도 4만2천 인과 함께 부처님께 나아가 예배하고, 부처님은 그들을 위해 설법하신다.

> "그때 운뢰음숙왕화지부처님께서 사부대중에게 말씀하셨다. '그대들은 여기 내 앞에 합장하고 서있는 묘장엄왕을 보고 있느냐? 이 왕은 나

의 법 가운데 비구가 되어 열심히 수련하여 불도佛道의 법을 돕고 부처
님이 될 것이니, 이름을 사라수왕娑羅樹王이라 할 것이고 나라 이름은
대광大光이며 겁의 이름은 대고왕大高王이다.'"

"時雲雷音宿王華智佛告四衆言 : '汝等見是妙莊嚴王, 於我前合掌立不? 此
王於我法中作比丘, 精勤修習, 助佛道法, 當得作佛, 號娑羅樹王, 國名大
光, 劫名大高王.'"

부처님의 설법에 환희하는 묘장엄왕에게 운뢰음숙왕화지부처님이
수기를 내리시는 대목이다. 장래 사라수왕이라는 부처님이 되겠다고.

그러자 묘장엄왕은 곧바로 나라를 아우에게 부탁하고 부인과 두 아
들 및 모든 권속들과 함께 출가한다. 출가하여 8만4천 년을 부지런히
정진하여 『법화경』을 수행한 후 일체정공덕장엄삼매一切淨德莊嚴三昧
를 성취하고 허공으로 높이 날아올라 부처님께 여쭙는다. '세존이시
여, 저의 두 아들은 부처님의 일을 했습니다. 신통변화로 나의 삿된
마음을 돌려 부처님 법 가운데 머물게 하고 세존을 친견하게 했으니,
두 아들은 나의 선지식善知識입니다'라고.

"그와 같고 그와 같아, 그대가 말한 바와 같다. 만일 선남자·선여인이
선근을 심는다면 세세생생 선지식善知識을 얻으며, 그 선지식은 능히
부처님의 일을 할 수 있어 보이고 가르쳐 이롭고 기쁘게 하여 아뇩다
라삼먁삼보리에 들게 한다. 대왕이여, 선지식이란 큰 인연임을 알아야
하니, 이른바 부처님을 볼 수 있도록 교화하고 이끌며 아뇩다라삼먁삼
보리의 마음을 내게 한다."

"如是, 如是! 如汝所言. 若善男子·善女人, 種善根故, 世世得善知識, 其善
知識, 能作佛事, 示教利喜, 令入阿耨多羅三藐三菩提. 大王! 當知善知識者
是大因緣, 所謂化導令得見佛, 發阿耨多羅三藐三菩提心."

그러자 운뇌음숙왕화지부처님께서 묘장엄왕에게 하신 말씀으로, 선지식을 만나는 것이야말로 큰 인연이라는 이야기가 돋보인다. 「묘장엄왕본사품」의 핵심이라고 생각되는데, 이 이야기를 하기 위해 앞에서와 같은 인연이 설해진 것이다.

경전에서는 운뇌음숙왕화지부처님의 말씀이 계속되는데, 묘장엄왕의 두 아들은 이미 65백천만억 나유타 항하사의 모든 부처님을 친견하고 공경하고 공양하였으며 모든 부처님이 계신 곳에서 『법화경』을 받아 지니고 사견邪見의 중생들을 불쌍히 여겨 정견正見에 머물게 하였다는 것이다. 그러자 묘장엄왕이 공중에서 내려와 운뇌음숙왕화지부처님의 공덕을 수없이 찬탄하고 나서 자신은 이제부터 '다시는 스스로의 마음을 따라 행하지 않고 사견과 교만과 성내는 모든 악한 마음을 내지 않겠다'고 한다.

부처님께서 대중들에게 말씀하셨다. "어떻게 생각하느냐? 묘장엄왕이 어찌 다른 사람이겠느냐? 지금의 화덕보살華德菩薩이다. 저 정덕부인은 지금 부처님 앞에 있는 광조장엄상보살光照莊嚴相菩薩이다. 묘장엄왕과 모든 권속을 가련히 여겨 그 가운데 태어났던 것이다. 그 두 아들은 지금의 약왕보살과 약상보살藥上菩薩이다."

佛告大衆 : "於意云何? 妙莊嚴王, 豈異人乎? 今華德菩薩是. 其淨德夫人, 今佛前光照莊嚴相菩薩是. 哀愍妙莊嚴王及諸眷屬故, 於彼中生. 其二子者, 今藥王菩薩 · 藥上菩薩是."

여기까지의 설법을 마치고 석가모니부처님께서 대중들에게 말씀하고 계신 것이다. 묘장엄왕은 화덕보살의 전생이고, 정덕부인은 광조장엄상보살이며, 두 아들은 약왕보살과 약상보살이라는 것이다.

특히 약왕보살과 약상보살은 이와 같은 모든 공덕을 성취하였으므로, 만일 어떤 사람이 이 두 보살의 이름을 알면 일체 세간의 하늘과 사람들은 그에게 예배해야 한다고 한다. 이렇게 석가모니부처님께서 「묘장엄왕본사품」을 설할 때 8만4천 인이 티끌과 더러움을 멀리하고 법안法眼의 청정을 얻었다고 하며 「묘장엄왕본사품」이 끝난다.

제28장 보현보살이 지키고 옹호하리니 普賢菩薩勸發品

> "세존이시여, 저는 보위덕상왕寶威德上王부처님의 국토로부터 이 사바세계에서 『법화경』을 설한다는 것을 멀리서 듣고 무량무변 백천만억의 보살 대중과 함께 듣고 받으려 왔으니, 오직 원컨대 세존께서 설해 주십시오. 만일 선남자·선여인이 여래께서 멸한 후에 어떻게 이 『법화경』을 얻을 수 있겠습니까?"
>
> "世尊, 我於寶威德上王佛國, 遙聞此娑婆世界說法華經, 與無量無邊百千萬億諸菩薩衆共來聽受, 唯願世尊當爲說之. 若善男子·善女人, 於如來滅後, 云何能得是法華經?"

그때 보현보살普賢菩薩이 무량무변의 수를 헤아릴 수 없는 큰 보살들과 함께 동방으로부터 왔는데, 지나오는 모든 나라는 진동하고 보배연꽃이 비오듯 내리며 한량없는 백천만억의 갖가지 기악이 울렸다. 또한 수없는 천룡팔부중이 둘러싸고 위세를 과시하는 가운데 기사굴산 중으로 와서 석가모니부처님께 예배하고 오른쪽으로 일곱번 돌고 나서 말씀드린 대목이다. 보현보살은 본래 문수사리보살과 함께 석가모니부처님의 협시보살로서 유명한데, 문수보살이 사자를 타고 왼쪽에 서고 보현보살은 흰 코끼리를 타고 오른쪽에 선다. 문수사리가 지혜를 상징하는 데 반해 보현보살은 행원行願을 상징해, 부처님에게는 중생들을 제도하기 위한 지혜와 자비가 원만하게 구족되어 있음을 나타낸다. 이 보살은 모습과 공덕이 일체에 두루 미치며 순일하고 훌륭하므로 보현普賢이라고 한다는 것이다. 그런데 『법화경』에서는 그 보현보살이 보위덕상왕부처님의 국토에 있다가 사바세계로 왔다고 한다. 아무튼 보현보살은 『법화경』이 설해지고 있는 것을 멀리서 듣고 왔는데, '부처님이 멸하신 후 선남자·선여인이 어떻게 『법화경』을 얻을 수 있는가'를 묻고 있는 것이다.

> "만일 선남자·선여인이 네 가지 법을 성취한다면 여래가 멸한 후에 이 『법화경』을 얻을 수 있을 것이다. 첫번째는 모든 부처님이 호념護念하시는 것이고, 두번째는 여러 덕의 근본을 심는 것이며, 세번째는 정정취正定聚에 드는 것이고, 네번째는 일체 중생을 구하려는 마음을 내는 것이다. 선남자·선여인이 이와 같은 네 가지 법을 성취하면 여래가 멸한 후에 반드시 이 경을 얻을 것이다."
>
> "若善男子·善女人, 成就四法, 於如來滅後, 當得是法華經 : 一者爲諸佛護念, 二者殖衆德本, 三者入正定聚, 四者發救一切衆生之心. 善男子·善女人, 如是成就四法, 於如來滅後, 必得是經."

그러자 부처님께서 보현보살에게 하신 말씀이다. 부처님이 입멸하신 후 『법화경』을 얻기 위해서는 네 가지가 성취되어야 하는데, 첫째는 모든 부처님이 호념하셔야 한다는 것이다. 부처님으로부터 옹호받을 수 있는 자세 내지 태도로 임해야 한다는 뜻으로 이해하면 되겠다. 두번째는 여러 덕의 근본을 심어야 한다는 것이고, 세번째는 정정취에 들 수 있어야 한다고 하고 있다. 정정취란 정정正定이라고도 하며 바른 선정禪定을 의미하는데, 특별히는 삼취三聚의 하나로서 전도된 생각을 깨뜨릴 수 있는 선정을 가리킨다. 다시 말해 삼취란 정정취와 함께 사정취邪定聚와 부정취不定聚를 가리키는데, 정정취와 달리 사정취는 전도된 생각을 깨뜨릴 수 없는 선정이고 부정취는 인연에 따라 깨뜨릴 수도 깨뜨리지 못할 수도 있는 선정이다. 역시 모든 것이 공空하다는 확실한 이해를 바탕으로 한 정신집중이라고 할 수 있다. 그리고 마지막으로 네번째는 중생들을 구제하려는 마음을 내어야 한다는 것이다.

그때 보현보살이 부처님께 말씀드렸다. "세존이시여, 5백년 후의 탁하고 악한 세상 가운데 이 경전을 수지하는 이가 있으면, 제가 마땅히 수호하여 쇠한 병환을 없애주며 안은할 수 있게 하여, [약점을] 엿보고 찾으려 해도 쉬운 곳을 얻는 자가 없게 하겠습니다."

爾時普賢菩薩白佛言："世尊! 於後五百歲·濁惡世中, 其有受持是經典者, 我當守護, 除其衰患, 令得安隱, 使無伺求得其便者."

그러자 보현보살이 『법화경』의 수호자 역할을 자임하고 나선다. 5백년 후 탁하고 악한 세상에 『법화경』을 수지하는 자는 자신이 지켜주겠다는 것이다.

이어서 어금니가 여섯 난 흰 코끼리 왕을 타고 여러 보살들과 함께 『법화경』을 받아 지니는 자를 지켜 편안하게 해줄 것이고, 『법화경』의 한 구절이나 게송 하나라도 잊어버린 것이 있으면 가르쳐 통달하게 할 것이며, 『법화경』을 수지·독송하는 이가 보현보살의 몸을 보고 환희를 일으켜 더욱 정진하여 삼매와 다라니를 얻게 하겠다고 한다. 그리고 5백년 후의 탁하고 악한 세상에서 『법화경』을 닦고 익히려면 3·7일간 일심으로 열심히 정진하여 그 기간을 채우면 자신이 코끼리를 타고 많은 보살들과 그 사람 앞에 나타나 법을 설하고 다라니 주문을 줄 것이니, 그 주문으로 그 사람을 지킬 것이라고도 한다. 그리고는 부처님의 허락을 받아 부처님 앞에서 주문을 외운 후, 역시 『법화경』의 공덕을 여러 가지로 찬탄한다.

"착하고도 착하다, 보현이여. 그대는 이 경을 보호하고 도울 수 있으니, 많은 중생들을 안락하고 이익되게 할 것이다. 그대는 이미 불가사의한 공덕과 깊고 큰 자비를 성취하고 아주 오래 전부터 아뇩다라삼먁삼보리의 뜻을 내었으니, 이런 신통의 원을 세울 수 있고 이 경을 수호할 수 있다. 나는 신통력으로 보현보살의 이름을 수지할 수 있는 자를 수호하겠다."

"善哉, 善哉! 普賢! 汝能護助是經, 令多所衆生安樂利益. 汝已成就不可思議功德, 深大慈悲, 從久遠來, 發阿耨多羅三藐三菩提意, 而能作是神通之願, 守護是經. 我當以神通力, 守護能受持普賢菩薩名者."

　　그러자 석가모니부처님께서 그런 보현보살을 칭찬하며 하시는 말씀이다. 보현보살은 아주 오래 전부터 여러 공덕과 자비를 성취하고 야뇩다라삼먁삼보리의 뜻을 내었으므로 이런 원력願力을 낼 수 있고 『법화경』을 수호할 수 있다는 것이다. 그래서 부처님도 보현보살의 이름을 받아 지니는 자를 수호하시겠다고 한다.

　　그러면서 『법화경』을 수지·독송하고 바로 외워 기억하고 닦아 익히며 베껴 쓰는 이는 석가모니부처님을 친견하고 이 경전을 듣는 것과 마찬가지이고, 석가모니부처님을 공양하는 것이며, 부처님이 착하다고 칭찬하는 것이고, 석가모니부처님이 손으로 그의 머리를 어루만져주시는 것이며, 석가모니부처님이 옷으로 덮어주는 것이라고 한다. 그런 이는 여러 외도外道나 품행이 나쁜 이들과 어울리지 않을 것이고, 마음과 의지가 곧고 정직해서 머릿속이 여러 가지 나쁜 생각으로부터 혼란 받지 않을 것이며, 욕심이 적고 족함을 알아 보현의 행을 닦을 것이라고도 하신다.

　　"보현이여, 만일 여래가 멸한 후 5백년 뒤에 만일 어떤 사람이 『법화경』을 수지하고 독송하는 자를 보면, 이런 생각을 해야 한다. '이 사람은 머지않아 도량道場으로 나아갈 것이며, 모든 마魔의 무리를 물리치고 아뇩다라삼먁삼보리를 얻어, 법의 수레바퀴를 굴리고 법의 북을 치며 법의 나발을 불고 법의 비를 내려, 하늘과 사람의 대중 가운데 사자

법좌師子法座 위에 앉을 것이다.'"
"普賢! 若如來滅後後五百歲, 若有人見受持·讀誦法華經者, 應作是念 : '此
人不久當詣道場, 破諸魔衆, 得阿耨多羅三藐三菩提, 轉法輪·擊法鼓·吹法
螺·雨法雨, 當坐天人大衆中師子法座上.'"

결국 『법화경』을 받아 지녀 읽고 외우는 이는 마침내 부처님이 될 것이니, 법의 수레바퀴를 굴리고 법의 북을 치며 법의 나팔을 불고 법의 비를 내리며 사자좌에 오를 것이라는 말씀이다.

또한 『법화경』을 수지·독송하는 이는 욕심을 내지 않아도 먹고사는 데 불편함이 없을 것이고 현세에 그 복을 받을 것이라고도 하신다.

"만일 어떤 사람이 그를 가볍게 여기고 비방하여 말하기를 '너는 미친 사람일 뿐이고 헛되이 이 행을 하며 끝내 얻을 바가 없을 것이다'라고 하면, 이와 같은 죄의 업보는 세세생생 눈이 없을 것이고, 만일 공양하고 찬탄하는 자가 있으면 금세今世에 과보가 나타나는 것을 받을 것이다."
"若有人輕毀之, 言 : '汝狂人耳, 空作是行, 終無所獲.' 如是罪報, 當世世無眼 ; 若有供養讚歎之者, 當於今世得現果報."

다시 『법화경』을 비방하는 자들에 대한 경고의 말씀이 이어진다.

위의 말씀 이외에 경전에서는 여러 가지 나쁜 과보를 예로 들면서 『법화경』을 수지하는 이를 보거든 멀리서부터 일어나 맞이하며 부처님을 공경하는 것처럼 해야 한다고 하신다.

부처님께서 이 경을 설하셨을 때 보현 등 모든 보살과 사리불 등 모든 성문 및 모든 하늘·용 등 사람과 사람 아닌 것들의 일체의 큰 모임이

> 모두 크게 환희하며 부처님의 말씀을 받아 지니고 예를 표하고 돌아
> 갔다.
>
> 佛說是經時, 普賢等諸菩薩, 舍利弗等諸聲聞, 及諸天·龍, 人非人等, 一切
> 大會, 皆大歡喜, 受持佛語, 作禮而去.

『법화경』은 이렇게 끝맺고 있다. 다시금 『법화경』의 전체 맥락을 살펴본다면 부처님은 중생들에게 부처님의 지견을 열어 보이고 깨달아 들어가게 하려는 일대사인연으로 이 세상에 출현하시며, 부처님의 수명은 한량이 없어 이미 아득한 옛날에 성불하셨지만 중생들이 교만에 빠지지 않게 하시려 방편으로 열반을 보이신다. 그러나 경전의 곳곳에서 끊임없이 강조되고 있는 것은 『법화경』의 수지·독송과 설해진 바대로의 수행이다. 『법화경』의 말씀대로라면 누구나 부처님이 될 것이고 각종의 공덕이 성취될 것이므로 우리 모두는 보살행의 한 길로 매진해야 한다. 사실 우리들의 보살행을 바탕으로 부처님의 출현이 의미를 지니게 되고 부처님의 영원한 생명이 말 그대로 영원히 이어질 것이기 때문이다.

한편 예로부터 『법화경』의 사요품四要品이라고 해서 제2 「방편품」과 제14 「안락행품」 제16 「여래수량품」 제25 「관세음보살보문품」을 들고 있다. 말할 것도 없이 「방편품」은 부처님이 이 세상에 출현하시는 일대사인연을 설하고 있고 「여래수량품」은 부처님의 영원한 생명이 설해지기 때문인데, 「안락행품」은 다시 『법화경』을 설하기 위한 보살의 수행이 상세히 설명되고 있고 「관세음보살보문품」은 관음신앙의 중요한 근거가 되고 있기 때문이다.

지은이 탄경 세운(誕耿世運)
1960년 강원도 평창 출생
1978년 대한불교천태종 제2대 종정 대충대종사를 은사로 출가득도
2005년 대한불교천태종 대사 법계 품수
2006년 동국대학교 선학과 박사과정 수료
2013년 대한불교천태종 중대사 법계 품수
동국대학교 불교대학 강사 역임
서울지방경찰청 및 울산지방경찰청 경승 역임
현재 대한불교천태종 인천 황룡사 및 언양 양덕사 주지
역서 『정본 천태소지관』(2007), 『천태대사 제참법』(2007), 『초발심
자경문』(2008), 편역서 『천태예참』(2006), 『독송용 약찬게 모음집』
(2009) 등

| 가려뽑은 법화경 명구 진리·생명·실천의 연꽃
The Selected Phrases of Saddharmapuṇḍarīka-Sūtra
2013년 2월 20일 인쇄
2013년 2월 25일 발행
지은이 탄경 세운
발행인 이 희 선
발행처 미들하우스
        서울 종로구 경운동 운현궁SK허브 102동 805호
        전화 : (02) 333-6250
        팩스 : (02) 333-6251
        등록번호 제313-2007-000149호(2007. 7. 20)
ⓒ 2013 by Kim, Se Wun
정가 18,000원